여행항공 실무
Practical Travel Airline

머리말 PREFACE

여행에 대한 사회적 관심과 요구가 커지면서 많은 국민들이 국내외 여행에 참여할 뿐만 아니라 여행에 대한 가치관도 변화하고 있다. 이러한 변화에 대처하기 위해서는 관광학을 연구하는 학생들의 지식수준 또한 한 단계 높여야 하는 것은 당연한 과제이다. 특히 여행분야는 관광의 전 분야의 지식을 포괄적으로 취급하여 하나의 상품이 만들어지기 때문에 항상 변화 속에 새로운 지식과 정보의 습득이 필요하다.

여행사 종사원이 갖추어야 할 기본적인 여행업무 중 여행상품의 기획 및 요금산출, 견적서작성 및 계약, 수배업무, 여권·비자, 항공예약의 기초와 각종 예약코드 등의 사내업무와 출장업무로서 여정관리, 즉 공항 출입국수속, 호텔체크인, 단체행사진행, 사고발생시 대처방법, 귀국업무까지의 과정을 순서대로 수록하였다.

이 책을 통해서 기초이론과 실무를 위한 지침서로서 활용되기를 기대하면서 이 책을 쓰게 되었다. 이 책은 원론적이고 이론적인 내용보다는 여행사 근무자를 위한 보다 현실적이고 실무적인 내용으로 구성되어 있으며 포괄적이고 방대한 내용을 나열하는 것을 지향하고, 저자의 다년간 여행사에 근무하면서 실제적인 경험과 다년간 대학 강의자료로 활용하였던 내용들을 보다 쉽게 이해할 수 있도록 간단명료하게 서술하였다. 또한 이 책은 저자가 그 체계나 내용을 독자적으로 연구한 결과물이라기보다 경험과 연구자들의 여행업 관련서적들의 내용을 실무적인 경험으로 재구성한 것이다.

이 책의 구성은 제1장, 제2장은 이론적인 기본개념에 대한 내용이 서술되어 있다. 제3장부터 제9장까지는 실무위주로 구성되어 있어 현장에서 지침서로 활용할 수 있도록 하였다. 제1장은 여행업의 기초개념과 여행사의 기능 및 특성에 따른 여행사의 기본적인 역할에 대해 이해과정이라 할 수 있겠다. 제2장은 여행사경영에 있어 여행사의 조직관리의 중요성과 방향성을 제시하고 각 조직별 업무관리 및 여행사종사원의 인사관리에 대한 기본적인 방향을 제시하고 있다.

제3장은 여행상품의 기획, 개발, 계획 및 여행일정표 작성시 고객과의 협의사항과 유의사항에 따른 실제적인 고객 맞춤형 여행상품을 기획하여 만들어 보는 과정이다. 제4장은 여행요금 산출 및 가격결정방법에 따른 여행요금을 실제 사례로 원가계산을 하여 예비정산서를 작성하여 가격결정방법에 따라 여행요금을 산출해 보는 과정이다. 제5장은 해외여행조건에 따라 요금견적서를 작성하여 해외여행계약서 작성 사례를 학습하고 고객과 직접 여행계약서를 작성하는 과정을 학습한다. 제6장은 지상수배업무로 관광목적지의 호텔선정 및 객실예약, 식당, 선택관광, 현지여행 일정의 계획 등을 지상수배업무를 다룬다. 제7장은 최근에 여권 및 비자의 조건 등이 많이 변화하고 있는 추세이다. 가장 최근에 변경된 여권·비자제도의 이해와 수속업무에 관한 상세한 내용을 다룬다. 제8장은 항공 실무편으로 항공예약기초, 항공운임, 항공권의 이해와 항공예약용어 및 각종 공항코드, 도시코드, 항공사코드 등의 숙지하여 현장에서 익숙하게 적응하기 위한 과정이다. 제9장은 국외여행 여정관리업무는 고객에 대한 최상의 만족도를 얻기 위해 철저한 준비와 치밀하고 섬세한 서비스를 제공하기 위한 국외여행인솔자 및 관광가이드의 업무라고 할 수 있겠다. 출장준비, 공항출국수속업무, 탑승 후 인솔자업무, 입국수속업무, 호텔수속업무, 현지관광 진행업무, 귀국업무, 귀국 후 업무 등 실무적인 내용을 다룬다.

지금까지 본 교재를 꾸준하게 활용해주시고 계시는 관광관련 교수님들께 진심으로 감사드립니다. 앞으로도 부끄럽지 않도록 지속적으로 연구하고 미비한 점은 점차 보완해나갈 것을 약속드리며, 어려운 출판환경에도 불구하고 이 책을 흔쾌히 출판해주신 한올출판사 임순재 사장님과 편집부 여러분께 진심으로 감사의 마음을 전하고자 합니다.

2020년 1월
저 자

차례 CONTENTS

CHAPTER 9   국외여행 여정관리업무 212

여행항공 실무

Practical
Travel Airline

CHAPTER 1

여행업의
개념과 역할

여행업의 개념과 역할

01 여행업의 개념

1 여행업의 개요

여행업의 등장은 사회·경제적 요인과 맞물려 등장된 것으로 보고 있다. 즉, 2차대전 이후 경제가 발전함에 따라 생활수준이 향상되었고, 개인의 가처분 소득의 증가와 이에 따른 엥겔지수의 저하, 노동자의 근로여건 개선 및 생산수단의 향상에 기인한 여가시간의 증대, 교통수단의 발달에 의한 시간 및 심리적 거리의 단축 등으로 인해 여행을 할 수 있는 여건이 조성되었다. 또한 교육수준의 향상 및 매스컴의 발달 등으로 인한 사회문화적 가치관의 변화 등이 종래의 근로찬미형의 생활의식에서 여행이라는 활동을 통해 휴식과 기분전환 및 재 생산력의 창출을 가져오게 되어 오늘날의 여행은 어느 특정인만이 누릴 수 있는 것이 아니라 국민의 생활과정(life cycle) 가운데 정착하고 있다.

현대에는 국제화·세계화와 글로벌화가 진행되면서 국가 간의 여행이 급증하고 있으며, 관광에 관한 관심이 날로 높아지고 있다. 그에 따라 여행업의 범위도 방대해지면서 여행업도 다양한 의미로 정의할 수 있게 되었다.

우선 여행업에 대한 일반적인 개념을 살펴보면, 여행자에게 관광관련 사업자

(principal)를 알선하고 일정한 수수료를 받는 것과 관광관련 사업자의 사용권(principle)을 판매하여 주고 일정한 수수료를 받는 것을 포함한다. 또한 여행상품이라는 여행사 고유의 상품을 생산 판매하는 3차 산업의 하나로서 독립된 사업이라 할 수 있다.

법률적 개념은 우리나라 관광진흥법 제3조에 의하면 관광사업의 종류를 여행업, 관광숙박업, 관광객이용시설업, 국제회의용역업, 관광편의시설업, 카지노업으로 구분하고 있다.

여행산업이란 여행업을 포함하여 교통·숙박·음식업을 비롯 여행과 관련되는 각종 위락을 제공하는 기업 및 시설을 총칭하여 여행산업이라 할 수 있다. 또한 관광진흥법 제3조에 의하면 여행업은 "여행자 또는 운송시설·숙박시설, 기타 여행에 부수되는 시설의 경영자 등을 위하여 당해시설 이용의 알선이나 계약체결의 대리, 여행에 관한 안내, 기타의 편의를 제공하는 업"이라 정의하고 있다.

2 여행업의 정의

1) 한국관광공사의 정의

관광진흥법상의 여행업은 "여행자를 위하여 운송시설·숙박시설, 기타 여행에 부수되는 시설이용의 알선, 기타 여행의 편의를 제공하는 업", 즉 관광의 주체인 관광객에게 관광의 객체인 관광자원이나 대상지역을 홍보하여 관광의 매체인 항공 및 교통시설과 숙박시설을 연결 수배하여 여행자에게 관광안내 및 편의를 제공함으로써 일정율의 수수료를 받아 기업을 경영하는 것이다.

관광진흥법에서는 여행업을 여행객의 국적과 여행목적지를 기준으로 하여 일반여행업·국외여행업·국내여행업 등 3가지로 구분하고 있다.

① 국내 또는 국외를 여행하는 내국인 및 외국인을 대상으로 하는 일반여행업
② 국외를 여행하는 내국인을 대상으로 하는 국외여행업
③ 국내를 여행하는 내국인을 대상으로 하는 국내여행업으로 구분할 수 있다.

이를 좀 더 구체적으로 살펴보면 다음과 같다.

(1) 관광진흥법상의 여행업

① 일반여행업

일반여행업(general travel agency)이란 함은 마치 무역관련 업무를 종합적으로 처리·취급할 수 있는 종합무역상사와 같이 모든 여행업무를 수행할 수 있는 자격을 갖춘 여행업으로 관광진흥법에서는 "국내 또는 국외를 여행하는 내국인 및 외국인을 대상으로 하는 여행업을 말한다"라고 규정하고 있다.

따라서 이들은 국내여행업무와 인바운드 업무 그리고 아웃바운드 업무를 행할 수 있으므로 내·외국인을 상대로 여행상품의 개발과 판매가 가능하며, 이에 따른 지상수배(land operation)·안내업무, 그리고 기타 필요한 제반조치를 취할 수 있다. 즉 일반여행업으로 등록된 여행사는 국내여행의 아웃바운드뿐만 아니라 인바운드 업무도 행할 수 있다.

일반여행업체는 국내 또는 국외를 여행하는 내국인 및 외국인을 대상으로 하는 관광사업체로서 외래관광객(inbound)을 유치하여 안내하고, 내국인의 국외여행(outbound)을 알선하고, 국내(domestic) 관광을 주요업무로 사업을 운영하는 업체로서 이는 우리나라 관광산업의 중추적인 역할을 담당하고 있다. 외국인 관광객을 유치하고 안내하는 업무를 포함한 국외와 국내여행 모두를 할 수 있는 종합여행사이다. 내·외국인을 상대로 여행상품의 개발과 판매가 가능하며, 지상수배·안내업무 등을 할 수 있다.

일반여행업는 외래관광객 유치를 위해 주요 해외시장에 영업망을 개설하고, 관광객 유치를 위해 판매활동을 전개하고 있다. 이는 국제관광시장에서 우리나라 상품을 알리고, 그들을 유치함으로써 국제수지를 개선하고, 보다 높은 부가가치를 창출해내기 위함이라 하겠다. 또한 유익한 해외여행 정보를 통해 우리나라 관광상품의 장·단점을 현실감각에 맞도록 개발할 수 있다는 이점이 있다.

현재 외래관광객의 입국이 지나치게 특정 국가에 치중되어 있어 업체 간에 과당경쟁으로 이어져 저가상품 개발로 관광의 질적 수준이 낮아지고, 바가지요금으로 관광산업 발전의 저해요인으로 작용되기도 한다. 또한 일반여행사들의 지역 간 편재현상을 보이고 있다. 대부분이 서울에 있고 부산·제주지역에 일부 여행사가 있다. 이러한 현상의 근본적인 원인은 상품개발의 다양성의 결여와 지방의 국제선 항공편수의 부족, 외국인들에 대한 지역의 홍보부족, 그리고 여행사가 해외여행 관련업무 수행시 항공사와 가격교섭 용이성, 비자업무 처리의 편리성, 그리고 각종 여행정보 획득의 신속성과 업무처리의 효율화를 기할 수 있기 때문인 것으로 분석되고 있다.

다시 정리하면 일반여행업(inbound tour + outbound tour)이란 국내 또는 국외를 여행하는 내국인 및 외국인을 대상으로 하는 여행업을 말한다. 따라서 일반여행업은 국내여행업무와 인바운드 업무 그리고 아웃바운드 업무를 행할 수 있으므로 내·외국인을 상대로 여행상품의 개발과 판매가 가능하며, 이에 따른 지상수배, 안내업무 등을 할 수 있다.

② 국외여행업

국외를 여행하는 내국인을 대상으로 하는 여행업으로서 이와 같은 업무를 수행하는 국외여행업은 초창기에는 항공운송대리점으로서의 역할과 기능이 강조되어 항공권 판매업무가 주종을 이루었으나, 1982년 관광사업법이 개정되자 여행대리점으로 명명되었다가 1986년 12월 관광진흥법의 개정을 계기로 현재의 명칭을 가지게 되었다.

국외여행업이란 내국인의 해외여행(아웃바운드) 업무를 행하는 여행업을 말하는데 여기서 기억해야 할 것은 국외여행업은 일반여행업과는 달리 외국인의 국내여행(인바운드) 업무는 할 수 없다는 것이다. 국외여행업은 국외를 여행하는 내국인을 대상으로 하는 여행업을 말하며, 사증을 받는 절차를 대행하는 행위를 포함하는 업체를 말한다고 하였다.

이와 같은 업무를 수행하는 국외여행업은 1989년 1월 1일 해외여행 전면 자유화의 실시로 해외여행 시장은 양적으로 확대되었는데, 특히 정부가 여행업을 허가제에서 등록제로 사업조건을 완화함으로써 국외여행업자는 날로 증가되었다.

③ 국내여행업

국내여행업(domestic tours)이란 국내를 여행하는 내국인을 대상으로 여행상품을 개발, 판매업무를 수행하는 여행업으로 각종 알선 등을 하거나 전세버스 업무도 취급할 수 있는 여행업으로서 국내여행 업무만을 행할 수 있다. 국내여행업으로 등록된 여행사는 인바운드·아웃바운드 업무를 행할 수 없고, 순수하게 내국의 국내여행 업무만을 행할 수 있다.

2) 미국의 여행업

미국여행업은 1850년 Henry Well's에 의해 아메리칸 익스프레스사(American Express Co.)가 설립되면서부터 비약적인 발전을 이룩하였다.

아메리칸 익스프레스사는 세계 여행산업의 역사를 주도하고 있는 세계적인 여행업체이다. 1858년에 아틀랜틱 로얄기선회사(Atlantic Royal Steamship Co.)의 예약대리점으로 여행업무를 시작하였고. 1895년에는 아케리칸 익스프레스사가 파리에 사무실을 개설하였고, 1896년에는 런던에 사무실을 개설하여 수화물과 운행업무를 하였다. 그 후 1909년부터 숙박시설과 교통시설의 수배업무를 하게 되었다. 현재 아메리칸 익스프레스사는 전 세계 1,000개 이상의 영업소를 확보하고 있다.

(1) 미주여행업자협회(ASTA) Travel Agent의 정의

미주여행자협회(American Society of Travel Agents)는 "여행사를 여행관련 업자를 대신하여 제3자와 계약을 체결하고, 또한 이것을 변경 내지 취소할 수 있는 권한이 부여된 자", 즉 1개 이상의 Principal로부터 대리위임을 받아 여행관련 서비스를 파는 개인 또는 법인을 칭한다. 여기에서 Principal란 다음과 같다.

- 교통수단(항공사, 선박회사, 전세버스업, 철도청)
- 숙박시설(호텔업, 모텔업, 여관업)
- 요식시설(레스토랑, 식당)
- 관광대상 목적물(모든 대상물)
- 기념판매점·면세점
- 여행서비스를 대신해서 계약을 체결, 이를 변경·취소할 수 있는 권한이 부여된 자를 말한다.

(2) Travel Agent의 종류

① Tour Operator

여행도매업으로 Principal과 계약 하에 여행상품을 개발하여 이 상품을 직판 또는 Retailer^(여행소매업자)에게 대신 판매하게 하는 여행업자를 말한다. 여행도매업자는 모집 후 직접 관광안내를 하는 업자를 말한다.

② Retailer

여행소매업으로 Principal과 계약 하에 Principal의 상품을 소비자에게 판매 또는 Tour Operator^(여행도매업자)의 상품을 대신 판매하는 여행업자를 말하며, 판매에 대한 일정한 수수료를 받는다.

③ Land Operator

지상수배업자로 Outbound Tour에 해당하며, 국내에서 해외로 여행할 국가의 현지 수배를 담당하는 여행업자를 말한다.

④ Ground Operator

자국을 여행하는 관광객을 대상으로 국내 지상수배업자로 Inbound Tour에 해당하며, 외국의 Tour Operator와의 계약 하에 국내 교통·숙박·위락시설을 수배하는 여행업자를 말한다.

02 여행업의 기능과 특성

1 여행업의 기능

여행업의 업무내용은 아주 다양하게 구성되어 있으나, 이를 여행사의 수입원의 성질과 관련지어 접근한다면 크게 대리업무기능, 판매업무기능, 서비스업무기능으로 대별할 수 있다.

대리업무기능은 여행사가 항공사, 철도 및 버스회사, 렌트카, 호텔과 음식점 등의 시설업자의 이용을 대리·알선하는 기능과 판매업무기능은 여행사가 자체적으로 시장조사를 통해 여행자의 욕구를 파악하여 적합한 상품을 개발하고 이것을 판매하는 기능을 말한다. 그리고 서비스업무기능은 여행사가 갖고 있는 인적·물적 서비스상품을 고객에게 직접 제공하는 기능으로서 여행과 관련된 각종 정보를 제공하고, 여행에 따른 제반 수속과 여행시 안내를 수행하는 각종 서비스를 제공하는 것이다.

구체적으로 정리한다면 여행업은 여행자를 위하여 시설의 알선, 기타 여행의 편의를 제공하는 업이다. 여행사는 여행상품을 생산·판매하고 여행객을 안내하며, 여행객과 여행 관련업자를 위하여 상호 알선하고 관광관련업자의 이용권을 매개하며, 기타 관광에 필요한 업무를 수행하는 기능을 갖고 있다.

이를 좀 더 세분화하면 여행사업자 측면과 고객측면, 매개체적 측면으로 구분지어 설명할 수 있겠다.

1) 여행사업자 측면에서의 기능

(1) 여행정보 제공 및 상담기능

여행상품, 목적지, 여행일정, 소요경비, 기후, 음식, 화폐, 출입국 수속절차 등에 관한 정보를 제공하고 소비자가 원하는 패키지 여행상품과 항공사, 선박회사·철도회사·호텔, 기타 관련업체의 상품에 대한 상담하는 기능이다.

일반적으로 여행에 대하여 충분한 지식이 없는 여행객에게 필요한 각종 정보를 제공하며, 여행의 상담을 접수하고, 상품설명 등 여행객의 요구에 대해 코스설정이나 여행요금의 견적을 해주며, 여행객에게 필요한 각종 서비스를 제공하는 기능이다.

최근에는 여행객들이 개인적으로 인터넷을 통하여 관련 홈페이지, 호텔예약 사이트 등을 통해 정보취득이 용이하므로 여행서비스 제공과 상담이 대체로 손쉽게 제공되고 있다.

(2) 예약·수배기능

항공 좌석, 호텔 객실, 식당, 관광지, 선택관광 등을 신속·정확하게 예약하고, 예약된 항공권 및 쿠폰을 발권하며, 또한 지상수배업자를 통한 현지의 호텔·식당·관광지 등 각종 수배를 하는 기능이다.

수배기능은 여행에 필요한 가공서비스의 예약과 그것의 변경·취소 등을 행하는 기능이다. 여행사에서 고객이 주문한 상품을 현지에서 지상수배를 할 경우, 지상수배업체에 수배를 의뢰하거나 그것을 취소할 수 있다. 여행상품의 품질은 수배의 정확성 여부에 따라 결정될 수 있다.

(3) 여행상품 판매기능

여행도매업체의 패키지 여행상품의 판매 및 기획·개발한 상품 판매를 주로 하며, 판매 대리점으로 계약된 Principal의 상품의 판매를 하는 기능이다.

영업사원이 고객을 방문하여 직접 판매하는 아웃 세일(out sale), 여행사의 카운터에서의 판매하는 카운터 세일(counter sale), 최근에는 인터넷 홈페이지, 블로그, SNS 등 온라인을 이용한 판매 등을 주로 하는 기능이다.

(4) 수속 대행기능

여행자를 대리하여 여행에 필요한 제반수속을 여행사가 대행해 주는 것으로, 국외여행시 사증(visa)의 취득수속, 여행자보험 가입, 출입국 수속, 세관수속 등 여행에 관련된 모든 수속을 대리하는 기능이다.

(5) 발권기능

예약에 부수되는 업무로서 항공사·선박회사·철도회사·호텔·관람지 등에 이미 예약된 각종 항공권, 철도승차권, 선박권, 호텔숙박권, 쿠폰 등 각종 권류를 직접 발권하는 기능이다.

최근에는 항공권 등을 개인 E-메일을 통해 E-티켓이 발행되어 개인적으로 프린트하여 바로 사용할 수 있어 갈수록 각종 권류 발권이 줄어들고 있는 추세이다.

|그림 1| E-티켓

(6) 여행일정 관리기능

국내외여행의 인솔 및 안내서비스로서 여행코스, 여행기간, 방문지역, 항공편수, 출발시간, 도착시간, 관광지 관람 내역, 식사조건, 숙박호텔, 여행조건, 여행요금 등을 포함한 여행일정(travel itinerary)을 예정대로 원활히 진행하기 위해 관리하는 기능이다.

관광객의 안전한 여행과 계약된 여행일정을 관리하기 위해 직접 동행인솔, 또는 안내서비스를 함으로 불편함이 없이 여정을 관리해주는 기능을 말한다.

(7) 정산기능

여행관련업체의 상품구입에 따른 사전 여행상품 견적서, 또는 예비정산서에 의해서 여행대금의 청구 및 항공료·선박료·숙박료·관람료·식사대 등 행사를 집행 또는 지불을 하고, 행사 종료 후 불참자가 있을 경우 여행요금 환불 및 항공권 환불 등을 정리하고, 예비정산서에 근거한 결과를 비교하여 본 정산을 함으로써 손익계산을 하는 기능이다.

2) 고객 측면에서의 기능

(1) 편리성

여행객들이 여행을 떠나기 전에 숙박지·교통편에 관한 사전예약은 필수적이다. 최근에는 인터넷상에 정보가 풍부하여 여행객이 직접 예약하는 것이 충분히 가능하다. 그러나 정보를 수집하기엔 시간이 많이 소요되고, 적정한 가격과 현지 관광지의 정보를 수집하려면 결코 쉬운 일은 아니다. 그러므로 여행사에 신청하면 시간절약과 직접 예약하는 것보다는 저렴한 경비뿐만 아니라 개인 예약에 대한 불확실성을 해결할 수 있다.

여행사는 소비자를 위한 모든 정보를 제공하며, 원스톱 서비스를 가능하게 하는 편리성이 여행사의 가장 큰 역할이다.

여행상품의 특성 중 하나가 무형성과 인적 의존도가 높다는 점이다. 여행객이 여행에 필요한 모든 사항을 사전예약 없이 여행을 한다면 여행객은 심리적 불안감을 느껴 만족한 여행을 할 수 없을 것이다. 따라서 여행사가 진행하는 철저한 예약과 완벽한 인적 서비스 업무를 통해 여행객은 여행출발 전에 안도감을 줄 수 있고, 또한 여행종료 후 최고의 만족감을 느낄 수 있으며, 향후 여행객은 여행사를 신뢰하고 재수요 창출에 도움이 될 것이다.

(2) 종합서비스화

여행일정을 종합화한 것이 패키지 상품이다. 패키지 상품으로 인한 소비자에게 저렴한 요금으로 제공하는 것은 물론이고 소비자는 경비만 준비하면 모든 것을 여행사에서 해결해줄 수가 있다.

비자·보험·호텔·항공뿐만 아니라 원하는 모든 상품을 제공할 수 있으며, 외국어를 구사하지 못해도 쉽게 해외여행을 할 수 있도록 종합적인 서비스를 한다.

(3) 제안력

현대인의 핵가족화로 인한 여행의 형태가 단체여행에서 개인여행(FIT)으로, 그리고 단순히 눈을 보고 관람하는 관광에서 체험관광·모험관광의 형태로 변화하고 있으며, 그에 따른 여행사의 상품 또한 다양화·특수화되는 것은 당연하다.

여행시 필요한 여행상품처럼 획일적으로 갖추고 있다면 그 백화점식 상품으로는 여행사는 미래가 밝지 않을 것이다. 그러므로 고객이 원하는 주문식 여행상품을 갖추고 있어야 한다. 소비자의 감성에 맞는 여행이 될 수 있도록 제안력과 조성력이 무엇보다도 중요하다.

(4) 염가성

가격은 여행의사 결정을 하는 데 가장 민감하고 중요시되는 요소 중의 하나이다. 패키지여행의 보급과 단체요금의 할인 등으로 자신이 수배하는 것보다 저렴하기 때문에 소비자는 여행사를 이용하는 것이다. 그러므로 여행상품의 비중을 가장 많이 차지하는 항공요금과 호텔요금의 결정에 따라 고객의 여행선택이 결정된다고 할 수 있다.

여행사는 여행관련 시설업자로부터 대량의 구매를 통하여 경쟁력있는 가격을 제공받을 수 있다. 따라서 여행객은 여행사를 통하여 보다 저렴한 여행상품을 구매할 수 있다.

(5) 정보의 제공

여행의 대중화에 따른 대중매체, 즉 TV나 인터넷 등 각종 여행에 관한 정보가 제공되고 있지만 한정적일 수밖에 없다. 반면 여행사는 전 세계에 걸쳐 정보수집 능력을 보유하고 있고, 동시에 어느 한정된 지역에 관해서는 관광지·관광시설·호텔 등 여행자가 알고 싶은 정보를 풍부하게 가지고 있다. 또한 고객이 요구한 그 시점에서의 현지의 기후, 이벤트 개최 등 동태정보로서 소비자에서 정확하게 정보를 제공할 수 있다.

관광정보와 광고는 TV·신문·잡지·인터넷 등에서 얼마든지 여행객은 손쉽게 접할 수 있게 되었으나, 관광에 대한 정보의 홍수로 인해 오히려 자신에게 유효한 정보를 선택하려면 판단력이 요구된다. 그러나 여행사는 여행객의 입장에서 전문적인 지식과 경험적인 노하우를 활용하여 여행객을 돕고 직접적인 상담으로 자신에게 가장 유효한 정보만을 제공받을 수 있다.

3) 매개체 측면에서의 기능

(1) 관광주체의 대리인 기능

관광의 주체는 관광객이다. 즉 관광욕구에 따라 관광행동을 유발하는 수요자이자 소비자를 말하며, 관광수요시장 형성의 주체적 요소이다. 그러므로 여행객의 욕구를 충족시켜줄 수 있는 대리인 역할을 하는 것이 여행사인 것이다.

관광행동을 구체화시키고, 여행에 관한 예약·수배·정보제공·일정관리·안전관리, 나아가서는 여행에 관한 만족감을 제공해야 하는 기능이다.

(2) 관광객체 대리인 기능

관광의 객체는 관광객이 보고, 이용하고, 즐길 수 있는 대상체, 즉 관광자원으로서 관광시설, 관광목적물, 관광행동의 목표가 되는 것을 의미한다. 관광대상이 되는 여행소재를 종합하여 여행상품을 기획, 즉 관광사업자가 제공하는 각종 서비스 재료의 유통을 촉진하고, 각종 관광소재를 조합하여 최적의 상품을 만들어 관광객을 유치함으로써 관광대상 사업자의 판매촉진을 위한 대리인의 기능을 하는 것이다.

(3) 관광매체 대리인 기능

관광주체와 관광객체를 연결시켜주는 것으로 관광객에 대한 여론형성과 관광행동의 조언, 관광기반시설 조성과 관광자원 개발을 위한 조언의 기능이다. 다시 말하면 관광객에게 관광사업자 ① 교통기관(항공사·선박회사·전세버스업·철도청), ② 숙박업체(호텔업·모텔업·여관업), ③ 요식업체(레스토랑·식당), ④ 관광대상 목적물, ⑤ 기념판매점·면세점을 대신해서 여행서비스에 대해 계약을 체결하거나 이를 변경, 취소할 수 있는 권한을 부여받아 매개체 역할을 하는 기능이다.

2 여행업의 특성

여행업의 특성은 다양한 측면에서 이해할 수 있지만, 이 책에서는 여행업의 경영적 특성, 구조적 특성, 사회 현상적 특성으로 분류하고자 한다.

여행사는 일반기업에서 발견하기 어려운 경영적 특성을 가지고 있다. 여행사가 생산하여 고객에게 제시하는 상품은 인적인 서비스가 대부분이다. 물론 약간의 부수적인 재화와 서비스가 부가되어 있으나 주된 것은 인적 서비스로 구성되어 있는 상품이다.

여행객은 본질적으로 여행서비스를 구매하는데 여행객이 여행을 마치고 출발지로 귀환할 때에는 그들이 지불한 여행비용에 상응하는 유형재는 아무것도 남지 않는다는 뜻이다.

여행상품의 서비스는 생산되는 순간에 소비되지 않으면 상품으로서 가치는 소멸된다. 예를 들면 항공좌석은 당해 운항편에 모두 판매되지 않으면 판매되지 않은 여석은 상품으로서의 가치를 상실하게 되고 만다. 이것은 생산과 소비가 동시에 이루어지며, 재고판매가 존재할 수 없다. 이러한 여행상품의 특성은 서비스의 수용적 특성이기도 한 시간적 집중성 및 비연속성과 어우러져 서비스업의 과잉수요 또는 과잉공급 현상을 초래시킨다. 이에 따라 여행업은 제조업과는 상이한 구조적 특성을 형성하게 된다.

1) 여행업의 경영적 특성

(1) 회사설립의 용이성

관광진흥법 시행령에 따라 여행업을 일반여행업, 국외여행업, 국내여행업으로 구분된다. 여행업의 자본금의 규모는 각 1억원 이상, 3천만원 이상, 1천 5백만 원 이상으로 여행사 창업이 항공업·숙박업 등 타 업종과 비교해서 고정자본의 투자액과 비용투자가 적어 최소한의 위험 부담률을 갖는다. 따라서 여행사의 설립이 용이하다.

(2) 위험부담이 적다

여행업은 타 업종에 비해 자본투자가 적어 회사의 설립이 용이하며 위험부담이 적다는 것이다. 항공좌석과 호텔객실 취소시 책임한계가 적고, 상품생산을 위해 선투자하거나 재고가 발생하지 않는 안전한 영업을 할 수 있다.

그러나 최근에는 다양해져가는 여행수요에 대처하기 위해 주문생산이 아닌 기획생산 체제로 변화함으로써 항공좌석 확보, 상품광고비, 항공권 예약 발권을 위한 판매보증보험 예치금과 컴퓨터 시스템의 설비투자 등의 부담이 증대되고 있다.

(3) 자본금 대비 영업매출 규모가 대규모적이다

소자본 투자에 비해 영업규모는 대규모적이고, 고객으로부터 미리 받은 항공권 판매대금, 여행상품 판매계약금 등을 관광수탁금 계정에 예치함으로써 단기간의 자금으로 운영하고 있다. 그러므로 여행경비는 관련업자에게 행사 후 지불을 하기 때문에 단기간 수탁자금이 자본금을 초과할 경우도 있다. 특히 은행정산제 취급대리점(BSP Agent)은 판매일에 따라 15일~45일 후에 대금을 결제함으로써 단기간의 자금운용이 가능하다.

(4) 다품종 대량생산의 시스템산업

여행의 대중화로 시장규모도 커지고 있으며, 여행상품의 생산방식이 주문생산에서 기획생산으로 변화하고 있다.

기업의 창의성과 판로개척으로 여행목적지가 전 세계를 대상으로 하기 때문에 굉장히 다양한 상품이 등장하고 있고, 상품의 생산과정과 판매과정, 판매관리 등이 개인위주의 업무에서 조직위주의 분업화된 업무와 다품종 대량생산 시스템화가 되고 있다.

(5) 신용의 산업

여행상품은 무형의 상품이다. 즉 여행상품은 생산과 소비가 동시에 이루어짐으로써 단순히 여행일정표, 브로셔 및 호텔의 팸플릿 정도로 여행을 결정할 수도 있다.

가장 중요한 것은 회사의 신용도이다. 따라서 신용은 여행사의 사업성공과 실패를 좌우할 수 있는 중요한 요소이다. 그러므로 신용도를 높이기 위해 양질의 서비스를 제공하고 소비자와의 약속한 여행조건을 정확히 지키는 것이 무엇보다도 중요하다 하겠다. 그러므로 여행관련 소재업자의 선정에 있어 신뢰성을 바탕으로 공급량을 적절히 조절할 필요가 있다. 또한 기업의 이미지를 위한 적극적인 광고활동으로 자사상품의 브랜드(brand) 상표 전략화가 필요할 것이다.

2) 여행업의 구조적 특성

(1) 입지적 특성

여행사의 사무실은 고객이 접근하기 용이하고, 고객의 눈에 잘 띄는 곳에 있어야 한다. 따라서 여행시장은 대도시에 집중되어 있다.

항공권예약과 발권이 용이한 항공사 밀집지역, 여권·비자수속이 용이한 시청·구청·외국대사관 밀집지역, 무역회사, 상권지역, 교통의 요충지, 주차가 용이한 지역 등의 유인력을 유지해야 한다. 여행사의 위치·규모에 따라 신용도를 좌우할 수도 있다는 것을 명심해야 할 것이다.

(2) 노동집약적 특성

여행업은 노동의 투자가 자본의 투자보다 높은 노동집약적 산업이라 할 수 있다. 여행업은 소비자의 욕구나 여행형태가 매우 다양하여 기계화가 불가능하다.

여행사의 항공 예약·발권을 위한 CRS의 업무도 전문직원에 의해 이루어짐으로 기계적인 설비는 보조수단에 지나지 않는다. 여행서비스란 기능적 요소보다는 서비스를 제공하는 직원의 태도와 같은 정신적인 요소가 더욱 중요시된다.

(3) 인간 위주의 경영

여행사 경영은 여행사 직원의 전문성 및 경험에 의한 서비스의 제공에 달려 있기 때문에 인적 요소가 중요시된다. 여행상품을 기획하고 생산하여 판매하는 주체가 사람이라는 점과 기업을 운영하거나 조직을 관리하는 주체가 사람이기 때문이다. 여행에 필요한 사전준비부터 여행종료까지 수반되는 고객과의 접촉, 여행상품의 상담, 일정표의 작성, 여행안내에 이르기까지 인적 서비스가 모든 업무의 중심이다.

여행상품의 질은 접객태도, 예약의 신속성과 정확성, 서비스의 자세, 고객의 욕구와 취향에 적합한 상품의 제시와 완벽하고 친절한 안내에서 결정된다. 고객관리에 리피트 세일즈(repeat sales), 즉 고객과의 어떠한 인간관계를 형성하느냐에 달려있다 하겠다. 그러므로 여행사업은 인간관계 사업(human business)이다.

(4) 과당경쟁의 특성

여행사는 타 여행관련업에 비하여 비교적 소규모 자본에 의해서도 운영이 가능한 사업이므로 여행사를 경영하고자 하는 사람은 누구든지 쉽게 창업할 수 있기 때문에 경쟁업체수가 증가할 수밖에 없다. 또한 허가제가 아니라 등록제이기 때문에 과당경쟁을 야기하고 있다. 특히 여행상품은 여행사 상품, 브랜드명이 특허권으로 인정되지 않기 때문에 모방이 쉽고, 여행상품을 단기간에 생산·제조할 수 있어 특화된 상품이나 서비스 품질로 경쟁을 하지 못하는 것이 과당경쟁의 요인이 되고 있다.

3) 여행업의 사회적 특성

(1) 계절 집중성

여행수요는 계절에 따라, 요일에 따라 시간적 요인으로 집중현상이 심하여 성수기와 비수기의 구별이 심하다. 주말·연휴·여름방학·겨울방학의 휴가철에 집중현상이 심하게 나타나고 있다. 그러므로 차별화된 여행상품과 여행조건, 여행안내를 통하여 성수기·비수기, 계절성과 관계없는 차별화된 독창적인 여행상품개발과 경영전략이 필요할 것이다.

(2) 저장 불가능성

여행상품의 소재인 Principal은 교통기관을 통하여 이동하거나 행동하지 않으면 소비되지 못하므로 여행상품은 생산과 소비가 동시에 이루어지는 무형의 공간상품이다. 따라서 동시에 여러 가지의 상품을 소비하지 못하고 재고 판매가 불가능하다. 즉 저장이 곤란하다.

(3) 독자적인 상품조성 곤란

여행업이 매체의 역할을 하므로 Principal을 조립하여 여행상품을 생산하지만 독자적인 상품을 만들지 못한다. 또한 상품에 대한 평가가 최종적으로 소비자 개인의 만족도나 효용도에 따라 달리 측정됨으로써 표준화된 상품을 낼 수 없는 특성이 있다.

(4) 제품 수명주기 단명성

여행상품은 모방이 용이하므로 장기간 독점생산하거나 판매할 수 없다. 또한 상품의 수명이 짧기 때문에 지속적으로 자사의 상품을 개발·기획하고, 독특하고 강한 상품의 이미지 전략을 강구해야 한다.

(5) 공익성

여행업이 단순한 영리사업뿐만 아니라 자국의 이미지를 부각하거나 손상시킬 수 있는 가능성을 가지고 있다. 여행사는 관광대상지가 전 세계이므로 이들 나라와 경영활동을 하고 있어, 여행객들의 방문국 여행지에서의 행동 하나하나가 개인뿐만 아니라 해당국가의 이미지와 연결되어 평가가 된다.

여행업은 여행 그 자체를 판매하는 것이 아니라 어떤 서비스를 추가하여 이를 상품화하여 판매에 연결하는 것으로 그 서비스를 추가하는 역할을 담당하는 것이 여행사라고 말할 수 있다. 즉 서비스란 여행객의 입장에서 여행객을 도와주는 것으로 여행에 관한 필요한 제반행위를 대행해주는 것이 곧 여행사의 역할이고, 여행객이 여행사를 이용함으로써 얻게 되는 이점이라 할 수 있다.

여행업의 기본적인 역할은 여행객을 위하여 관광매력물, 운송시설업체나 숙박시설업체 및 여행시설업체의 예약으로 여행일정표 작성 및 여행에 관한 정보수집과 여행에 필요한 각종 행위를 여행객을 대신해서 필요한 제반행위를 대행해주는 것이다. 즉 여행자에게 편의제공을 위해 비자 취득을 위한 수속, 항공예약·발권, 숙박예약, 전반의 업무를 대행함으로써 여행자는 경비만 지급하고 안심하고 안전한 여행할 수 있게 모든 편의를 제공하는 것이다.

02 여행사의 역할

1 여행객 측면

(1) 신뢰성 확보

여행상품의 특성 중의 하나는 무형성과 인적 의존도가 높은 것이다. 여행객이 여행에 필요한 모든 사항을 사전예약 없이 여행을 한다면 여행객은 심리적 불안감을 느껴 만족한 여행을 할 수 없을 것이다. 따라서 여행사가 진행하는 철저한 예약과 완벽한 인적 서비스 업무를 통해 여행객은 여행출발 전에 안도감을 줄 수 있고, 또한 여행종료 후 최고의 만족감을 느낄 수 있고, 향후 여행객은 여행사를 신뢰하고 재수요 창출에 도움이 될 것이다.

(2) 정보 판단력

관광정보와 광고는 TV·신문·잡지·인터넷 등에서 얼마든지 여행객은 손쉽게 접할 수 있게 되었으나, 관광에 대한 정보의 홍수로 인해 자신에게 유효한 정보를 선택하려면 판단력이 요구된다. 그러나 여행사는 여행객의 입장에서 전문적인 지식과 경험적인 노하우를 활용하여 여행객을 돕고 직접적인 상담으로 자신에게 가장 유효한 정보만을 제공받을 수 있다.

(3) 시간과 비용의 절약효과

여행객 자신이 여행관련 시설업자에 직접 예약과 수배를 할 수 있으나 여행사에 모든 사항을 의뢰하게 되면 시간과 비용의 절약은 물론 예약·수배에 대한 확실성을 보장받을 수 있으며, 전문가의 여행정보와 상담내용을 기대할 수 있다.

(4) 여행요금의 염가성

여행사는 여행관련 시설업자로부터 대량의 구매를 통하여 경쟁력있는 가격을 제공받을 수 있다. 따라서 여행객은 여행사를 통하여 보다 저렴한 여행상품을 구매할 수 있다.

2 경제적 측면

(1) 국제수지 개선의 효과

국제수지란 보통 1년간 자국의 외국에 대한 지출과 외국으로부터 수취한 화폐액 총계(관광수지)를 말한다. 무역외 수지 중 관광수입은 무형의 수출로서 관광 외화획득은 외화가득률이 평균 91.8% 이상이다. 일반적인 원자재를 수입하여 가공 수출하는 상품의 외화가득률은 65.2%인데 비하면 상당히 높게 평가된다. 즉 관광객의 수용은 바로 수출의 효과이며 외화의 획득 효과에 지대한 영향을 미친다고 할 수 있다. 특히 후진국이나 개발도상국은 자원의 부족, 기술의 부족, 자본의 부족으로 수출이 어렵다. 그러므로 후진국이나 개발도상국의 관광객 수용은 자연경관·문화자원 등 특별한 투자 없이 비교적 쉽게 외화수입을 얻을 수 있다.

|표 1-1| 관광수지의 항목

관광수지표의 항목	
수취항목	지급항목
외래관광객 소비	자국민의 국외관광 소비
관광상품 수출	원자재의 수입
국제 운송료(항공·운임)	국제 운송료
국내 관광산업에 투자	해외 관광산업에 투자
해외 관광산업 투자에 대한 수입	해외자본에 대한 지불
관광광고 등에 따른 수입	관광광고 등에 따른 해외지출

(2) 자원절약의 효과

관광산업은 관광자원에 직접적인 손상을 일으키지는 않는다. 물론 일부 관광지 개발을 할 경우는 예외이다. 1, 2차 산업처럼 공해를 초래하지 않고, 자연 그대로를 보여주는 것으로 자원의 소모, 상실이 없다.

(3) 고용의 효과

외국관광객 수요증가로 관광수입이 증가됨으로써 파생되는 연관업체 수입이 증가되므로 관련기업들의 대량고용 증대의 효과가 있다. 즉 교통업, 요식업, 식품생산업은 인적 자원과 서비스자원 증대에, 호텔업, 종합레저업, 국제회의업은 건설업 및 관련업체의 고용증대 효과 고용증대 효과가 지대하다고 할 수 있다.

여행산업은 노동집약적 산업으로 미숙련 노동까지 다양한 인력을 수급함으로써 고용이 증대된다. 또한 인적서비스산업으로 고용 인력의 다변화와 인적산업으로 대량고용 증대에 크게 기여하고 있다. 고용증대로 국가의 세수가 증가되고, 정부는 충분한 재정이 확보됨으로써 다시 관광업체 및 기반산업에 재투자를 할 수 있다.

(4) 국민소득 창출의 효과

관광업체가 획득한 외화수입으로 외화보유액을 높이고 재투자 자원을 창출한다. 관광업체의 필요한 재화를 국내 민간업체에서 구입함으로써 관련기업의 매출증가에 따른 소득의 창출효과와 종사원의 소득의 증대효과가 있다. 관광수입의 국민소득에 대한 승수효과는 3.2%~14%로 매우 크다.

(5) 재정수입의 효과

관광객 입국 후 국내에서 소비는 체재기간이 길수록 소비규모가 크다. 관광소비, 즉 수입(숙박비·유흥비·기념품구입비·관광교통비)에 각종 세금을 부과함으로써 안정된 재정수입원을 확보할 수 있다. 재정수입의 확보로 정부와 공공단체가 관광기반시설에 투자를 함으로써 관광산업 활성화에 기여하는 효과가 있다.

3 사회적 측면

(1) 홍보의 효과

외국관광객이 자국을 방문하여, 관광자원·문화자원과 모든 분야의 참모습을 직접 보고, 들음으로써 그 나라를 재인식하게 되며, 귀국하여 그 나라 국민에게 소개·선전하게 된다. 막대한 홍보비를 지불하지 않고 자국을 홍보할 수 있는 좋은 기회가 될 수 있다.

(2) 국제친선의 효과

내국인과 외국인 또는 지역주민과 관광객의 접촉은 서로의 이해증진과 친선도모, 그리고 화합의 길로 통하는 것이다. 이와 같은 교류는 과거 적대관계의 국민들과의 이해 촉진은 물론 상호 오해와 편견을 해소할 수 있다.

(3) 균형된 지역개발의 효과

낙후된 지역이나 미개척지역이 관광개발을 통해 지역발전을 촉진하고, 공업·농업 등 발달되지 않는 곳에서 관광개발과 외래 관광객의 방문은 그 지역발전에 크게 기여한다. 그 나라의 균형 있는 지역사회 발전에도 이바지하고, 도시에 집중된 인구를 지방으로 분산시킴으로써 과밀인구 해소에 도움을 주고 있다.

여행항공 실무
PRACTICAL
TRAVEL AIRLINE

CHAPTER **2**

여행사
경영관리

여행사 경영관리

01 여행사 조직관리

1 여행사조직의 개념

여행사의 조직은 여행사의 특성에 맞는 적절한 조직이 구성되어야 한다. 경영조직의 합리화는 종사원 개개인에게 책임과 권한을 명확하게 할 수 있고, 종사원 스스로 조직의 일원으로서 자발적으로 협조하도록 동기를 부여함으로써 효율적으로 경영의 목적을 달성할 수 있을 것이다. 또한 건전한 경영조직은 기업의 존립뿐만 아니라 나아가 기업의 다각화를 기할 수도 있고 사업 확장과 종사원의 복지증진에도 기여할 것이다. 따라서 여행사의 경영조직은 여행사의 업무상 인적의존도가 높다는 측면에서 종사원의 권한여부가 매우 중요한 성패요인이 될 수 있다.

여행사의 존립은 고객에 의해 좌우된다는 측면에서 조직의 구성은 고객지향적이어야 하며, 영업부문의 역할이 가장 강조된다. 아울러 경쟁이 심화되어 가는 환경에서 기존의 정형화된 조직구성으로는 새로운 환경에 적응할 수 없으므로 동적 경영조직으로 구성되어야 한다.

여행사의 조직은 서비스업으로서 고객중심의 조직이 되어야 한다. 여행사 조직의 경영자는 합리적인 조직을 편성하여야 한다. 조직을 효율적으로 관리해야 하고, 능력과 숙련을 겸비한 종사원을 배치함으로써 업무의 효율을 높일 수 있다. 경영조직의 기본적 개념은 다음과 같다.

- 여행사의 경영조직은 성취하고자 하는 사업목적과 목표에 적합해야 한다.
- 경영의 여러 직능을 분할하고, 이에 권한을 적절히 배분하며, 분화된 경영조직과 권한을 조직구성원 각자에게 나누어 여행사종사원이 자발적으로 조직에 참여해 나갈 수 있도록 해야 한다.
- 경영목적에 달성될 수 있도록 종사원 개개인이 보다 창의적으로 참여할 수 있는 환경을 조성해주고, 조직 내의 인간관계를 원만히 유지할 수 있도록 조정해주어야 한다.

2 여행사조직의 중요성

여행사에서 판매되고 있는 여행상품의 질이 종사원에 의해 결정되기 때문에 전문 인력의 확보가 요구되며, 종사원의 사기도 매우 중요한 역할을 한다. 이에 여행사의 경영조직은 인간중심적인 기업경영이 필수적이라 할 수 있다. 즉 여행사는 무형의 상품을 판매하므로 어느 기업보다도 인적 의존도가 높은 편이다. 여행사의 특성에 맞는 경영조직이 구성되어져야 한다.

최근 인터넷의 보급으로 조직은 다양화지고 있으며, 특히 개인의 능력과 적성에 알맞은 업무분장은 여행사 직원 개개인에게 책임과 권한을 명확히 해주고, 조직의 일원으로서 자발적으로 협조하도록 동기를 부여함으로써 조직관리의 극대화와 경영효율화를 이룰 수 있을 것이다.

오늘날 여행사 경영의 특성은 다음과 같다.

① 자본투자 규모가 증대되고 경영활동도 복잡성을 띠고 있다.
② 여행업무를 보다 체계적으로 수행하기 위해 조직화가 필요하다.

③ 경영조직을 합리화하여야 여행환경에 적절히 대응할 수 있다.

④ 경영기술을 가장 효과적으로 활용하며, 창조적이어야 한다는 것이다.

따라서 여행사 조직을 구성할 때 주의해야 할 점은 다음과 같다.

- 조직은 사업목적 달성에 도움을 주어야 한다.
- 조직은 가능한 한 중간계층이 적고 명령경로가 짧아야 한다.
- 내일의 최고경영자의 육성 및 그들의 능력발휘를 할 수 있는 구조를 갖추어야 한다.

경영조직의 목적은 다음과 같다.

① 기업의 목적 또는 각 기업단위의 목적을 능률적으로 유효하게 달성할 수 있도록 조직의 각 구성원간의 협력관계를 확립해야 한다.

② 각 개인의 창의력을 충분히 발휘시켜 각 개인이 기업의 목적에 적극적으로 공헌할 수 있는 조직을 마련해야 한다.

③ 각 개인의 책임체제를 마련해야 한다.

④ 기업의 성장을 촉진하고, 또한 그것에 대비할 수 있는 조직을 마련해야 하는 것 등이다.

3 여행사조직의 방향성

(1) 고객지향성

여행사의 상품은 무형의 상품이다. 이는 대인관계에 의한 판매이기 때문에 조직은 고객 지향적이지 않으면 안 된다. 여행업은 인적 서비스, 대인관계로 상품을 판매하므로 원활한 업무진행이 필요하고, 또한 고객 중심으로 조직이 형성되어 입체적으로 대응할수 있도록 간소한 조직이 되어야 고객에게 편한 느낌을 줄 수 있다. 예컨대 담당자가 부재중이라고 해도 업무가 지연되거나 원활한 업무진행이 안 되면 문제가 생긴다.

여행사의 조직은 고객을 처음부터 끝까지 입체적으로 대응할 수 있는 간소한 조직이 되어야만 고객에게 편안한 느낌을 줄 수 있다.

(2) 영업부문 위주의 조직

고객이 없이는 회사도 있을 수 없다. 고객 지향적인 경영체계와 종사원의 인원 배치 시 영업부문을 제1순으로 배치한다. 관리부문, 서비스부문 중에서도 영업부문을 가장 중요시해야 한다.

(3) 동적 조직

기업은 항상 앞을 보아야 한다. 기업환경은 급속한 변화와 신상품의 개발, 판매촉진의 개발을 계획적으로 해나가야 한다. 기존의 조직으로 대응할 수 없는 경우에는 수시로 프로젝트팀, 판촉팀제 등 조직을 탄력적으로 운영해야 한다.

4 여행사의 조직구조

여행사의 조직은 여행사의 규모, 여행사의 업무영역과 주력부문, 사무자동화 정도와 종업원 수에 따라 조직형태와 조직구성의 내용이 차이가 있다. 또한 여행사의 조직은 일반적으로 여행형태별 특성이 있으므로 국내여행·국제여행·해외여행으로 구분하여 부서를 두고 전체를 위한 기획 및 판매부서, 해외지사 부서를 운영하는 것이 바람직할 것이다.

1) 조직구성 원리

여행사의 조직은 직계(line) 조직과 참모(staff) 조직의 형태로 구성된다. 직계조직은 모든 기본목표와 방침을 결정하고, 참모조직은 직계의 활동을 촉진한다.

(1) 직계조직의 업무내용

경영자로 구성되는 임원회의에서 여행사의 기본목표나 방침을 실현하기 위해서 실제로 영업활동을 하는 부문을 말한다. 사업부나 영업부는 영업소를 통괄하고, 업무부 단위의 판매계획의 입안이나 영업소의 판매활동에 대한 지도 등을 한다. 영업부 내에는 다시 기획부문·수배부문으로 구분된다.

영업소는 직접 고객과 접촉하여 여행상품을 판매하거나 출국수속·안내 등의 여행서비스를 제공하는 일 외에도 승차권이나 항공권의 예약, 발권 등의 업무를 행하는 곳이다.

일반적으로 영업소에서는 단체판매(group sales), 개인판매(FIT), 점두판매(counter sales), 수배(arrangement), 출국수속(passage procedure), 발권(ticketing), 경리회계(accounting), 서무(general affairs) 등의 업무를 수행한다.

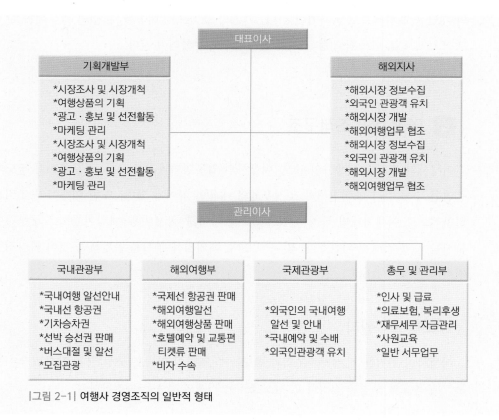

|그림 2-1| 여행사 경영조직의 일반적 형태

(2) 참모조직의 업무내용

영업부문의 판매활동을 지원하기 위하여 전문적인 지식을 조언하거나 상담에 응하는 등의 서비스를 하여 간접적으로 여행사의 목표에 기여하는 부문으로 기획·구매·수배·업무·정산·심사부문 등이 이에 포함된다.

① 기획부문

- 경영기획부문(사장실, 기획실) : 일반적으로 '사장실', '기획실'의 부문을 말하며, 여기서는 경영기획의 입안, 시장조사, 연구, 신규 사업의 개발 등 매출목표 선정, 이익목표 설정 등의 업무를 수행한다.
- 영업기획부문 : 고객의 수요예측이나 조사·분석 등의 판매계획을 입안하는 업무를 한다. 대형여행사에서는 국내여행부, 국외여행부, 포괄여행부(package tour) 등의 독립부서를 운영한다.
- 상품기획부문 : 영업기획부문의 판매계획에 따른 상품을 만드는 부문이다.

② 구매부문

판매기획과 상품기획에 입각하여 실제로 항공좌석, 호텔의 객실 등 구매하는 중요한 부서이다. 구매의 상황의 원할 함에 따라 경영성과와 경영이익에도 영향을 미치는 부서이다.

③ 수배부문(판매관리)

외국의 지상수배나 구매한 객실이나 항공좌석을 판매상황에 맞추어 관련업체와 연락을 취하면서 조정하는 부문으로서 세심한 배려와 정확성이 요구된다. 우리나라에서는 구매와 수배부문이 따로 독립되어 있지 않고 대개는 한 부문 즉 수배부문으로 통합하여 관리하고 있다.

④ 업무부분

각종 서비스 제공기관과의 계약, 요금표에 대한 각종 정보제공, 관계법령의 사내제도에의 적용검토 등을 행하는 부문으로서 정보산업으로서의 여행업에 있어서 매우 중요한 업무부문이라 할 수 있다.

⑤ 정산 · 심사부문

여행사가 교통기관 등으로부터 대리위임 받아 발행하고 있는 항공권이나 기차표 등의 자사발행업무 부문에 있어서 적정하게 발행되었는지를 검토하여 정산을 하는 부문이다.

5 여행사의 조직유형과 조직별 업무

(1) 부문별조직

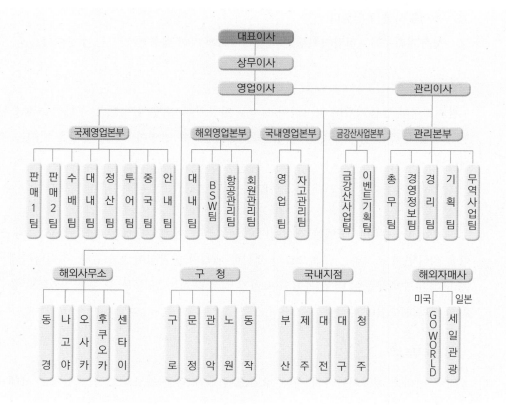

(2) 관리부서의 조직

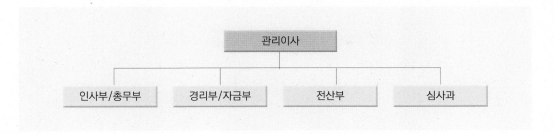

① **인사과** 공정한 인사관리, 최적비용을 계획·관리, 인력의 수요를 계획, 인력공급 관리, 채용·교육·배치·이동·승진 등을 계획하고 관리, 사원표창·징계에 관한 업무 수행한다.

② **경리부** 회계업무 관리, 순이익의 증대 도모, 원활한 자금조달 계획 수립, 거래처의 지불금과 미수금을 관리하고 통제한다.

③ **회계과** 회계자료의 취합·처리·분류, 세무신고업무 관리, 행사에 필요한 전도금과 행사비 지출한다.

④ **자금과** 자금의 투자수익을 관리, 외부 자금조달을 위하여 금융기관과 긴밀한 관계 유지한다.

⑤ **심사과** 예산서와 결산서를 확인하고 행사종료 후 최종수익금의 심사업무 관리, 각종 수수료와 광고협찬금의 입금을 관리한다.

⑥ **전산부** 업무프로그램을 개발·보수·유지·관리, 직원교육 실시, 전산시스템이용에 관한 업무를 한다.

⑦ **프로그래머** 모든 업무의 흐름을 통합 전산화하여 효율적인 MIS시스템 구축, 통합 고객관리 프로그램을 개발한다.

⑧ **정보처리과** 부서에서 필요로 하는 데이터베이스를 구축·가공·제공, 정보시스템을 최적화하여 연계시키고 확장한다, 또한 홈페이지의 관리 등을 담당한다.

(3) 국내여행(domestic)부서 조직

① **영업부** 국내관광 여행단체의 판매 업무를 하고 기획 상품과 각종 패키지 투어를 일반여행객을 대상으로 국내여행상품을 판매하는 부서이다.

② **행사부** 국내단체 관광객을 직접 인솔 및 안내하는 업무를 주 업무로 각 단체의 행사과정을 준비·체크하여 안내원의 안내 업무를 교육하고 지도하는 부서이다.

③ **차량관리부** 전세버스 및 렌터카의 관리를 맡고 있으며, 특히 차량수배와 배차 그리고 차량관리 등의 전세업무를 하고 있는 부서를 말한다.

④ **카운터** 패키지투어 및 기획 상품을 상담하고 판매하며, 호텔·콘도·항공·골프장·선박·식당 등의 예약 업무를 하고, 철도승차권·항공권 등을 예약하고 판매하는 부서이다.

(4) 외국인여행(inbound)부 업무조직

① **상품기획부** 여행주체가 누구냐에 따라 여행상품의 형태를 분류하면, 여행사가 미리 개발하며 만든 기획상품과 여행객이나 해외도매업자의 주문에 의해서 만든

주문상품, 이러한 여행상품을 만들기 위해 주기적으로 현지시장정보 및 여행소재를 합쳐 시장성이 있는 상품의 개발과 조립 등의 기획업무를 담당하는 부서이다.

② **판매과** 업무협의, 판촉활동, 관광일정표 작성, 견적 산출, 단체 확정 통보, 행사 후 평가, 보고서 발송 등의 업무를 부서이다.

③ **수배과** 외국여행업체가 의뢰한 관광일정과 조건에 맞는 숙박시설·식사·교통수단 등의 예약·수배업무를 담당하는 부서이다.

④ **단체부서(통역안내부서)** 외국인여행객이 국내를 여행할 경우, 입국에서부터 모든 일정을 끝마치고 귀국할 때까지 전반적인 현지일정의 진행을 담당하며, 회사의 업무를 최 일선에서 수행하는 부서이다.

⑤ **정산과** 상품의 판매와 더불어 수익성을 향상시킬 수 있는 역할을 할 수 있는 위치로서 행사의 종료 후 안내원이 보고한 행사의 정산을 전담하며, 행사집행의 재정을 전담하는 부서를 말한다.

(5) 해외여행부(outbound) 업무조직

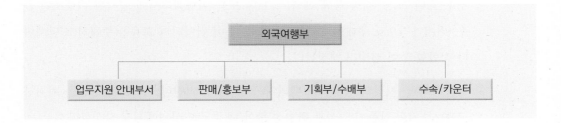

① **업무 지원부** 수속업무가 원활히 진행될 수 있도록 관리, 항공사로부터의 공급이 원활할 수 있도록 협조, 소비자의 불평요인을 찾아내어 해소, 종합적 고객관리 프로그램을 고안·시행한다.

② **수속과** 비자 수속업무를 수행, 수속의 대상고객에게 편의를 제공한다.

③ **발권과** 철도·항공·선박의 예약업무를 수행하고 그에 따른 요금을 산정하며 발

권, 해외여행보험의 발권 및 요금을 산정한다.

④ **고객관리과** 고객 불편 사례가 있는 경우 이에 대한 보상처리업무를 수행, 불편사례가 재발되지 않도록 함, 사보의 발행 또는 고객 데이터베이스를 이용하여 신상품 소개 등을 알려 주어 관심을 유지, 여행에 참가한 고객대상으로 설문조사 실시한다.

⑤ **상용여행부** 주문여행시장에서 신규고객을 확보하고 출장여행의 항공권 판매영업을 수행, 각종 협회 및 공공기관과 유대 강화, 주요거래처 및 신규거래처 관리한다.

⑥ **상용과** 해외출장이 잦은 기업체 및 개인 등의 상용고객을 정기적으로 방문 항공권 판매활동 수행, 각 항공사의 상용여행자에 대한 새로운 항공요금을 입수하고 이를 영업활동에 적극적으로 활용한다.

⑦ **단체과** 해외 산업시찰, 연수 등을 목적으로 조직되는 각 협회 및 기관 등을 정기적으로 방문하고 요구되는 일정에 의해 여행조건과 여행 요금을 제출하고 성사되는 경우 수배과에 의뢰, 해외전시회 및 박람회여행을 개발하고 판매한다.

⑧ **수배과** 단체의 여행계약이 이루어지거나 패키지여행의 최소출발인원이 성원된 경우 호텔·교통·식당 등을 예약, 홍보물 또는 여행계약서에 명시된 여행조건 준수, 최저가격으로 수배될 수 있도록 한다. 투어 컨덕터의 교육을 주관하고 단체마다 적합한 투어 컨덕터 배정한다.

⑨ **상품기획과** 시장의 상황과 고객의 욕구를 분석, 적절한 시기에 신상품을 기획하고 출시, 기획 상품 수익성과 위험성 분석, 최적규모 사업계획서 작성한다.

⑩ **판매과** 상품구매문의에 친절한 상담, 여행 상품판매 관련 지식습득, 상품별 계약접수 현황을 수시로 파악, 출국설명회를 준비하여 실행한다.

⑪ **홍보과** 홍보예산을 수립하고 집행, 해당상품에 적당한 매체를 선정, 기업의 이미지제고 및 고객의 로열티를 얻어내기 위한 광고 안을 대행사와 협의하여 이미지 홍보를 실행한다.

6 여행사조직의 경영지침

여행사경영조직에 있어서 우선 전제되어야 하는 것은 여행업의 채산성에 대한 실태의 조사가 반드시 이루어져야 할 것이며, 여행업을 어떤 목표를 두고 운영하고 영업을 전개할 것인지에 대한 이해와 장래성에 대한 검토가 이루어져야 할 것이다.

오늘날 여행업의 형태를 살펴보면, 여행업을 전업이 아닌 겸업으로 취급하고 있는 회사들이 많다는 것이다. 특히 겸업회사의 경우에는 백화점, 금융기관, 신용카드사, 신문사, 운송업체 등 대기업에서 본업 자체의 판매력, 고객동원력, 집객력을 여행업과 연관해서 운영을 하고 있는 경우가 있다. 하지만 이들 기업은 기업의 채산성에 중점을 둔다기보다는 기업의 이미지에 이용하는 경우나 사원 또는 당사의 고객에 대한 서비스차원에서 또는 해외출장에 지출할 비용을 자사에서 흡수할 목적으로 운영하고 있는 경우가 많다. 그러므로 여행사경영자들은 경영지침을 확실하게 해 둘 필요성이 있다 하겠다.

여행사경영자의 경영지침을 살펴보면 다음과 같다.

① 신규고객을 창조해야 한다.

여행사 경영에 있어서 신규고객을 창조하는 것이 무엇보다도 중요할 것이다. 신규고객은 여행사경영의 기반이 되고 기둥이 된다.

② 기업의 특징을 살려야 한다.

여행사의 규모가 소규모인 회사의 경우에는 훌륭한 서비스를 목표로 하든지, 아니면 타사에서 취급하지 않는 특정지역, 특정부문의 전문여행사로서 특징이 필요하다. 가능성이 있는 부문을 설정하여 집중·전문화해야 한다.

③ 사회적 책임을 진다.

기업은 사회 속에서의 한 개인이다. 그 개인의 존재가 어떤 형태로든 사회에 공헌하는 데에 기업의 존재의의가 있다 하겠다. 여행을 통한 외화획득이나 자국을 널리 알리는 것은 국가발전에 크게 공헌하는 것이다.

④ 이윤을 추구해야 한다.

기업의 정상적인 활동을 통하여 기업의 이윤 획득은 계속기업(going concern)으로 살아 남기 위해 필수불가결한 것이다.

⑤ 여행업의 비전을 확립해야 한다.

여행업은 여행이라는 서비스를 판매하는 것이지, 무상의 봉사를 하는 것은 결코 아 니다. 여행업은 국민의 여가활동의 조정자(coordinator)이며, 상담자(consultant)이다. 여행 사의 근무자가 결코 여행객들의 심부름이나 해주는 잡역부가 아니다. 대외적으로 민간 외교관이라는 긍지와 여행조정자이고 여행에 관한 컨설턴트인 것이다.

02 여행사의 업무관리

1 여행사의 업무

여행업무는 여행업의 종류에 따라 경영규모, 내부조직에 따라 업무내용도 달라져야 한다. 즉 일반여행업, 국외여행업, 국내여행업에 따라 법적으로 업무내용이 다를 뿐만 아니라 동일업종일지라도 자본구성이나 경영규모의 대소가 존재하며 자체의 업무내용 에도 다르다는 것이다.

일반적으로 여행업은 여행업의 공통의 업무가 있다. 관광진흥법 제3조 제1항 제1호 에서는 여행업을 "여행자, 운송시설, 숙박시설 기타 여행에 부수되는 시설의 경영자 또 는 여행업을 경영하는 자를 위하여 동 시설이용의 알선, 여행에 관한 안내, 계약체결의 대리, 기타 여행의 편의를 제공하는 업"이라고 정의하고 있다.

이의 내용을 구체적으로 살펴보면 다음과 같다.

- 여행자를 위해 운송, 숙박 기타 여행에 부수되는 시설의 알선이나 대리계약을 체

결하는 일.

- 타인이 경영하는 여행관련 행위에 부수되는 시설을 이용하여 여행자에게 편의를 제공하는 일.
- 여행관련사업을 경영하는 자를 위하여 여행자의 알선이나 대리계약을 체결하는 일
- 여행자를 위해 사증을 받는 절차를 대행하는 일.
- 여행자를 위해 여행정보를 제공하고 상담하는 일들이다.

다시 말하면, 여행사의 업무는 교통기관이나 숙박시설 등의 여행소재를 효율적으로 구입해서 일련의 상품으로 만들어 소비자에게 제공하는 업무이다. 이러한 교통기관(항공사·철도·선박·버스·렌터카)이나 숙박시설(호텔·리조트·콘도미니엄), 관광시설(박물관·사찰 등) 등의 예약을 대행하고 여행상담을 통한 정보의 전달과 계약업무를 한다. 여행사의 업무과정을 구분하면 여행상품을 생산하는 생산업무·판매업무·안내업무·수배예약업무, 각종 수속대행업무 및 관리업무 등이 있다.

여행사업무의 구체적 업무내용은 다음과 같다.

(1) 수속대행업무

해외여행의 경우 고객과의 상담과정에서 여행요금, 여행지의 코스 다음으로 비자의 수속에 관한 문의이다. 여권업무는 대행은 하지 않지만 발급받을 수 있도록 구비서류 등을 안내해주어야 한다. 따라서 수속대행업무는 근무자 모두가 기본적으로 하는 업무이기 때문에 담당자가 아니더라도 꼭 알고 있어야 하는 업무이다.

(2) 수배예약업무

여행사는 고객의 원활한 여행을 위해 항공예약을 제외한 호텔숙박, 교통기관의 예약과 이용, 식당, 관광지 및 편의시설 등에 대한 수배를 통해 여행상품을 생산하고, 그에 따른 수배를 통해 여행을 완성하게 된다.

외국여행을 하는 경우 여행객은 현지의 호텔이나 항공예약, 교통기관 등을 예약

을 한다는 것은 쉬운 일은 아니다. 그래서 여행사가 여행객을 위해 항공예약·호텔숙박·교통기관·골프장·음식점·관광지·편의시설 등에 대한 수배를 하고 그에 맞는 예약을 통해 원활한 여행이 될 수 있도록 하는 중요한 업무 중에 하나이다.

또한 외국관광객의 편의를 위하여 관광관련기업(principle)의 예약과 수배는 Inbound 측면에서 지상수배를 의미한다. 여기에서 예약은 발권카운터의 영업분야에 대한 예약이 아니라 지상수배를 위한 예약을 의미한다. 일반여행업의 경우 지상수배과(land operation)로 별도 운영되는 경우도 있다.

(3) 생산업무

여행상품은 일반상품처럼 공장제조물로서의 상품이 아니라, 무형의 재화를 파는 가치로서의 상품이다. 여행상품은 재화 중 경제재화의 한 부분으로서 용역재화에 해당하는 선매품의 성격을 가진 상품이라고 할 수 있다.

여행사의 본래의 의무는 여행상담과 교통기관의 예약과 수배라고 할 수 있다. 그러나 현대의 여행업은 고객의 욕구에 따라 여행을 조립하는 '수주생산형(incentive tour)'이 아니라 먼저 여행을 설정하고 참가자를 모집하는 '기획생산형(package tour)'으로 전환됨에 따라 취급한다는 것은 생산된 것이 유통경로에 유통되어 소비자에게 판매된다는 것을 의미한다.

여행상품의 생산업무는 여행관련 사업자들로부터 제공되는 상품을 조합하여 하나의 완성된 상품으로 만들어내는 업무과정을 말한다. 즉 항공사·호텔·교통기관·음식점, 기타 관련시설 등의 알선 및 예약을 통하여 여행상품을 만드는 업무이다.

또한 여행상품을 만들기 위해서는 여행일정 작성과 여행관련업자의 공조를 통해 가격을 결정하고, 상품의 원가를 분석하고, 기타 여행정보의 수집 등 영업을 할 수 있는 기반을 조성하는 업무과정을 말한다.

(4) 영업판매업무

여행업의 영업은 판매를 포함한 넓은 의미로서 판매와 관련된 일체의 활동을 의미한다. 영업의 형태는 일반여행업, 국외여행업, 국내여행업에 따라 다소 그 형태를 달리하는데 일반여행업의 경우 Inbound 고객유치를 위한 외국주재사무소의 영업활동과 외국인 국내여행상품의 판매에 관한 영업활동을 한다.

국외여행업의 경우 내국인의 외국여행에 대한 항공권, 선박권, 해외여행상품 등에 관한 영업활동을 하며, 국내여행업의 경우 국내의 운송기관, 숙박 등의 국내여행상품을 판매하기 위한 영업활동을 한다.

여행사의 영업판매업무는 여행사의 성패와 직결되는 문제로 판매는 여행사 경영에서 가장 중요한 부분으로 업무의 비중이 크다. 아무리 훌륭한 상품을 생산·개발하더라도 판매가 이루어지지 않는다면 회사의 경영은 어려워지기 때문이다. 구체적인 영업활동은 국내여행상품 판매업무, 국외여행상품 판매업무, 외래관광객 유치 영업업무, 항공·승선 및 승차권 예약 및 발권에 관한 판매업무, 해외 현지사무소 판촉업무, 광고 및 홍보 업무 등을 들 수가 있다.

(5) 안내업무

여행일정 중에서 안내업무의 결과에 따라 여행의 만족과 불만족에 많은 영향을 가져온다. 안내업무를 하는 인솔자는 해외여행의 출발준비로부터 여행종료에 이르기까지의 전 과정을 지휘하고 관리하는 사람이다. 아무리 좋은 여행일정이라도 인솔자의 역할을 제대로 하지 못한다면 회사의 영업에 막대한 손해를 끼치게 된다.

여행을 안내하는 인솔자는 국외여행시 내국인을 인솔하여 해외여행을 안내하는 T/C(Tour Conductor)와 외국인의 국내여행을 안내하는 T/G(Tour Guide), 즉 관광통역안내사가 있다. 관광상품의 성공적인 판매는 훌륭한 안내가 뒷받침되지 않고서는 이루어지지 않는다. 깨끗한 용모와 풍부한 지식, 교양 등이 요구되는 업무이다.

(6) 관리업무

어떤 기업을 막론하고 기업경영에 있어 가장 큰 축은 생산, 판매, 관리라는 세 가지 측면이다.

관리업무는 영업이나 판매부서를 지원하는 업무로 종합적인 경리·총무 등의 행정업무가 주요업무이다. 관리업무는 판매로부터 발생되는 판매관리업무, 즉 유가증권인 항공권의 보관 및 입·출금에 대한 관리, 판매보고서 작성, 관련업체와의 금전관계 업무와 송금 및 입금관계, 급여 및 상여금 지급업무, 고객관리업무, 경영정보 system 관리업무 등의 업무를 한다.

또한 직원들의 총무관계 업무, 즉 병무 및 건강보험, 국민연금관계와 잡다한 근무 외적인 살림을 도맡아하는 업무이다.

이와 같이 여행사의 업무와 관련한 구체적인 업무는 다양하다. 생산업무와 관련된 기획업무, 출국수속업무, 공항 센딩(sending) 및 미팅(meeting)와 정산업무 등 여행사의 특성이나 취급하는 여행상품의 특성에 따라 타경쟁사와 차별화하기 위한 부단한 노력을 하고 있다.

|표 2-1| 여행사의 업무내용

업 무 구 분	업 무 내 용
수속대행업무	• 비자 수속 대행업무 • 보험 및 기타 대행관련업무
수배예약업무	• 호텔, 관광지, 식당, 버스, 승선 및 시설물에 대한 예약 및 지상수배업무
생산업무	• 여행상품 기획과 개발업무 • 여행여정의 작성업무 • 항공·호텔·식당·버스 및 기타 관련업자와의 협의업무 • 여행상품의 가격결정 및 원가분석 업무 • 여행정보 수집업무, 팸플릿 제작 업무
영업판매업무	• 국내여행상품 판매업무(전세버스 외) • 국외여행상품 판매업무 • 외래관광객 유치 영업업무 • 항공, 승선 및 승차권 예약 및 발권에 관한 판매업무 • 해외 현지사무소 판촉업무 • 광고 및 홍보 업무
안내업무	• Tour Guide 업무(inbound)-행사일체의 재확인, 안전업무 • T/C(Tour Conductor)업무(outbound), 행사관리업무
관리업무	• 경리업무 • 총무 및 인사관리 업무 • 경영정보 및 고객관리 업무

03 여행사 인사관리

1 여행사 인사관리의 의의

여행사도 타 기업과 마찬가지로 궁극적인 목적은 이윤추구를 통한 여행의 확대에 있다는 점을 고려할 때 여행관련 시설이 아무리 훌륭하고 여행 일정이 아무리 잘 구성되어 있다 해도 이를 효율적으로 관리하는 여행업은 종사원의 좋고 나쁨에 따라 그 여행의 성패가 달려 있다. 여행상품의 가치를 창조하는 것이 이를 결합하는 인간의 정신적·육체적 능력에 의한 것이기 때문에 매우 중요하다.

경영의 요체가 물건을 관리하는 일이 아니라 사람을 관리하는 일이라고 한 것에서 잘 알 수 있는 것처럼 인간이 조직을 통하여 각자의 능력을 발휘하는 과정을 적절히 기업 전체의 기능과 연결시키는 것은 경영성과를 높이는 데 중요한 요소가 된다.

2 여행사종사원의 종류

1) 영업직 종사원

영업직 종사원은 여행사를 대표하여 거래처나 고객과 직접 대면하여 접촉하기 때문에 ① 좋은 인상을 주는 종사원, ② 자기규제능력 및 판매능력을 겸비한 사람, ③ 업무 완수능력이 있는 사람이라야 한다.

2) 관리직 종사원

관리직 종사원은 서무회계 및 정산심사부문에 종사자하는 사람들로서 영업에서 발생하는 수익 및 지출을 관리하는 업무를 비롯하여 후방부문을 담당하는 종사원이다. 관리부문 종사원의 자세를 살펴보면 다음과 같다.

- 원리원칙을 준수하는 사람(업무관리 · 사람관리)
- 과학적 · 창조적인 사람, 즉 자료에 의해 검토와 목적을 위해 합리적인 처리와 항상 전향적인 자세로 개선이나 혁신을 위해 노력해야 한다.
- 원가의식이 있어야 한다. 최소의 투입으로 최대의 산출을 추구하기 위한 노력이 필요하다.
- 건전한 판단이 필요하다. 독단적인 의사결정이 아닌 회사의 방침, 원리원칙에 입각한 폭넓은 지식으로 자신의 기업관 · 직업관 · 인간관 · 인생관 등의 이념에 비추어 판단해야 한다.
- 직장인은 누구나 각자의 능력을 가지고 있다. 업무 수행에 있어 각각의 능력을 최대한 살리도록 해야 한다.

3) 안내직 종사원

안내직 종사원에는 관광통역안내사(tour interpreter guide)와 국내여행안내사 및 국외여행인솔자(tout conductor) 등을 들 수 있다. 이들 안내직종사원은 여행서비스의 품질과 직접적인 관계가 있기 때문에 관광진흥법에서도 안내원에 관한 일정한 자격요건을 구비하도록 규정하고 있다.

(1) 안내원에 관한 일정한 자격요건

■ 관광통역안내사

자격증 소지자로서 외국인 관광객의 국내여행과 내국인 관광객의 국외여행을 위한 안내를 할 수 있다.

■ 국외여행인솔자

관광통역안내사 자격증 소지자나 여행사에 6개월 이상 종사하고 해외여행 경험이 있는 자로서 소정의 소양교육을 이수하고 자격증을 소지한 자로서 내국인 관광객을 국외로 여행할 시 안내 업무를 할 수 있다.

|표 2-2| 국외여행인솔자 양성교육

자격요건	1. 2년제 이상 관광학과 전공 대학생 및 졸업생 2. 관광관련 실업계고 졸업자 3. 관광관련 취업 희망자 4. 관광관련업체 6개월 이상 근무경험자 5. 관광관련 복수전공자, 부전공자, 학점은행제 관광관련전공자(60학점이상 이수자) 6. 관광관련학과 석·박사 과정 수료 (예정자) 이상
교육시간	연간 100시간 이상 교육이수시 가능
필요서류	1. 관련학과 졸업증명서(졸업예정증명서, 재학증명서) 2. 사진 (반명함판)

■ 국내여행안내원

내국인 관광자의 국내여행을 위한 안내 업무를 한다.

③ 여행사종사원의 관리방향

1) 종사원의 채용

여행업의 최대의 자원은 인적 자원이다. 기업으로서 최대의 투자는 인재에 두어야 한다. 즉 우수한 인재 확보하는 능력에 따라 기업의 승패를 좌우할 수 있다고 할 수 있다. 우수한 인재의 채용에서 교육훈련, 능력 개발 및 활용, 도덕성에 중점을 두어야 한다. 여행사 종사원의 채용기준에 적합한 인재는 다음과 같다.

- 업무처리를 빠르게 할 수 있는 사람
- 성격이 원만한 사람
- 건강한 사람
- 여행을 좋아하는 사람

- 상식이 풍부한 사람
- 어학의 소양이 있는 사람
- 자기계발에 노력하는 사람
- 행동력이 있는 사람
- 대인관계가 원만한 사람
- 세심한 배려를 할 수 있는 사람
- 성실하고 타인으로부터 호감이 가는 사람

2) 종사원의 교육훈련

관광진흥법 제39조에서 "모든 관광종사원은 문화관광부령이 정하는 바에 의하여 교육을 받아야 한다."고 규정하고 있다. 교육내용은 ① 관광통역안내원에 대한 기초교육 및 양성교육, ② 여행상품 개발요원 교육, ③ 항공권 발권업무 담당자 교육, ④ 여행업무 담당자 교육 등이 있다. 그러나 이들 교육은 대개 일과성 교육 또는 실적 위주의 교육으로 그치고 있다.

(1) 교육훈련의 목적

조직구성원의 능력개발을 통한 성과의 향상을 주목적으로 하며, 업무수행 방법, 품질관리, 질적인 서비스가 될 수 있도록 교육하는 것이다.

- 신입사원에게 조직과 직무에 대한 이해를 돕는다.
- 현재의 직무를 잘 수행하도록 돕는다.
- 미래의 직무에 대한 자격을 갖도록 돕는다.
- 조직의 변화에 대한 정보를 제공한다.
- 개인적인 발전의 기회를 제공한다.

(2) 교육훈련의 효과

• 생산성의 증가 : 종사원의 직무가 원활하고 효과적 수행함으로써 고객만족도가 높아지고 재방문을 하게 함으로써 생산성이 증가한다.

• 조직 속의 동질감을 느끼게 함으로써 결근률 이직률을 줄인다.

• 종사원의 직업에 대한 긍지를 심어줌으로써 고객에 대한 더 나은 매너와 서비스를 제공하게 된다.

(3) 교육훈련의 필요성과 시기

• 매출액이나 생산성이 저하할 때 : 마음에서 우러나오는 서비스를 못할 때에 생산성은 떨어진다.

• 고객의 불평건수가 증가할 때 : 불성실한 태도가 종사원의 얼굴에 나타남으로 고객의 불평과 불만은 증가한다.

• 생산원가의 증가시 : 애사심 결여는 재료 및 소모품의 낭비를 가져올 것이다.

• 종사원의 재해 및 안전사고의 발생 또는 증가 시 : 정신무장이 안되고, 근무의 태만으로 인한 사고가 발생할 수가 있다.

• 이직률 및 결근율의 증가 : 이미 마음이 떠나 있는 직원을 파악하여 해고 및 정신교육이 필요하다.

• 종사원의 사기 저하 : 저임금, 노동시간의 과다, 회사에 대한 비전이 없거나 경영주의 횡포 등으로 사기가 저하할 때 교육훈련이 반드시 필요할 것이다.

위와 같은 현상이 일어나면 직무상의 요구능력과 종사원의 실제능력과는 차이가 날 수밖에 없을 것이다. 그러므로 사전에 종사원의 직무태도를 파악하여 직무상의 여러 가지 체계적인 기법을 동원하여 교육훈련을 실행할 필요가 있다.

여행항공 실무

PRACTICAL
TRAVEL AIRLINE

CHAPTER **3**

여행상품
기획

여행상품 기획

01 여행상품의 기획

1 여행상품 계획의 의의

여행사의 상품계획은 장기적 비전을 가기고 계획되어져야 하며, 상품계획에 앞서 전제가 되는 것은 상품계획을 위한 시장조사 즉 여행상품 판매실적, 상품의 객관적 평가, 경쟁실태조사, 판매방안 및 방법, 여행자가 추구하는 것, 상품의 다양성, 마케팅 활동, 점포의 상황 등을 고려하여 그에 따른 전문 인력이 확보되지 않은 상황에서는 원활한 진행과 판매가 이루어지지 않을 것이며 또한 수많은 여행사들 간의 경쟁에서 살아남기 어렵다.

지금까지는 여행상품 담당자들은 여행시장의 동향과 수요를 예측하여 여행상품을 기획·제작하여 왔다. 아니면 판매담당자로부터 의뢰된 단체에 대해 수배, 여행일정의 작성, 숙박, 식사 등을 선정하여 여행비용을 산출하는 것이었다. 그러나 최근의 업계에서는 마케팅전략을 도입, 개개의 상품기획보다는 장기적으로 폭넓은 상품계획입안의 업무가 요구되는 실정이다.

여행사 상품계획은 항공기의 좌석확보와 호텔 객실의 확보 등이 선행되어야 하고 동시에 주문여행 분야에서도 사전에 확보된 항공기의 좌석이나 호텔 등의 블럭(block)을 가지고 있는가에 따라 영향을 미치게 되는 상황에 처해 있다고 할 수 있다.

상품계획은 여행사경영계획에 있어서 매우 중요하다. 지금까지 해외여행 자유화에 따른 시장의 자연성장에 힘입어 미래의 계획을 안일하게 생각해온 여행사도 상당수 존재하고 있다. 그러나 여행사의 난립과 여행사들이 사이의 경쟁상황이 날로 치열한 상황에서 한 여행사의 시장 전체의 점유율도 전반적으로 낮아지고 있는 것이 현실이다. 이것은 분명 상품계획의 결여와 경영전략의 모순에 기인한 결과로 생각된다.

그러므로 상품계획은 시장조사에 입각하여 사전에 입안과 동시에 판로대책, 홍보, 광고활동, 판매촉진활동과 판매관리를 포함한 전반적인 계획에 연결시키지 않으면 안 된다.

1) 여행상품의 기획전략

오늘날 변화무쌍한 소비자들의 요구와 환율의 변동으로 여행상품을 기획하기가 쉽지 않다. 그로인해 기업환경의 변화의 흐름 속에서 살아남기 위해 제일 중요시되는 요인은 변화에 대응하여 지속적인 상품개발이 우선시 되어야 한다. 왜냐하면, 경쟁업체와의 관계와 변화의 물결에서 생존하기 위해서는 고객들의 입맛에 맞는 상품이 절대적으로 필요하기 때문이다.

이러한 환경에서 효과적인 시간관리와 조직업무의 체계화를 이루기 위해서는 단계별 여행상품의 기획 전략이 필요하다.

|표 3-1| 단계별 기획전략

구 분	내 용
제1단계 (아이디어 구상단계)	현재와 미래의 여행자들이 추구하는 상품에 대한 기획을 위해 정보수집을 해야 한다.
제2단계 (관련업체와 협상단계)	아이디어 구상 후에는 여행상품을 판매함에 있어서 직접·간접으로 관련되어 있는 업체와의 가격결정을 사안별로 이루어져야 한다.
제3단계 (손익분기점 결정단계)	안전한 여행을 위해서 숙박, 항공, 차량, 식사요금 등의 여행경비 원가를 적정한 선에서 책정해야 한다.
제4단계 (상품의 영업활성화단계)	완전한 상품이 나오면 여행 소비자에게 판매 할 수 있는 판매방법을 강구해서 적극적인 마케팅촉진을 위해 전 조직원을 가동해야 한다.

2) 여행상품 기획시 고려요소

(1) 내적인 조직자원

새로운 여행상품이 기획되고 출시를 앞둔 상황에서 중요시 되는 요소로 신상품에 맞는 조직력이 있는가이다. 따라서 이러한 질문에 대처하기 위해 필요한 것은 인적자원 확보이며 영업 활성화에 촉매역할을 할 수 있는 조직원의 적극적인 사고전환과 서비스 체계의 일대 혁신에 있다.

(2) 시장의 연속성

출시를 앞둔 여행상품이 현재와 미래의 여행자들이 수용할 수 있는가 아니면 불가능한 상품인지를 명확하게 인지할 필요성과 지속적으로 이러한 상품을 여행시장에 광고할 수 있는 지를 사이클 측면에서 고려해야 한다.

(3) 여유 자본금의 상태

통상적으로 여행사의 한 사이클은 3년으로 책정하여 볼 수 있다. 이러한 토대로 보았을 때 운영할 수 있는 여유자금의 유무가 여행사의 지속성과 여행상품의 고객 선호도 비율을 확대시킬 수 있는 원천이 된다.

2 여행상품의 개발

여행상품은 여행사의 지속적인 성장을 위해서는 관광환경의 변화에 대처할 수 있는 새로운 여행상품개발을 끊임없이 해야만 한다.

여행상품개발은 여행사의 시장점유율의 확대는 물론이고, 새로운 시장의 개척으로 인한 수요의 창출을 촉진하게 되므로 매우 중요하다 하겠다. 이러한 관점에서 현대의 여행업의 역할과 기능 중 가장 중요시 되는 것은 고객의 욕구에 부응할 수 있는 다양한 신상품의 개발이라고 하겠다. 특히 여행사간의 치열한 경쟁 속에서 독창성을 부각시키기에는 너무나도 어려운 것임에 틀림이 없다. 그러나 여행상품의 개발이라는 것이 패키지투어(package tour)만을 가리키는 것은 아니다. 즉, 여행사에서 여행자에게 제공하는 유·무형의 서비스를 포함한 모든 상품이라 할 수 있으며, 이러한 요소들 또한 새로운 상품개발의 중요한 대상이 된다. 여행상품의 개발과정을 살펴보면 다음과 같다.

■ 시장조사

시장조사는 시장의 특성과 문제점을 규명하여 새로운 경영활동의 창출과 개선, 평가, 성과를 추정하고 통합하는 과정에서 정보를 파악함이 그 목적이라고 할 수 있다. 따라서 시장조사는 신상품의 기획과정에서 뿐만 아니라 경영활동의 전반에 걸쳐 이루어져야 한다.

시장조사는 소비자의 새로운 욕구의 변화와 기존상품에 대한 특성과 시장점유율, 이에 대한 소비자들의 태도와 의견, 그리고 잠재적인 상품속성의 소구력파악, 상품별 주요시장의 파악, 기존상품의 과제 및 보완대책에 관한 사항도 검토된다. 또한 경쟁기업과 잠재고객의 동향분석도 함께 이루어져야 한다.

■ 수요예측

여행시장의 동향분석에 기초하여 미래의 수요의 규모를 측정하여 시장조사의 결과와 비교·분석할 필요가 있다.

시장조사는 전체적인 고객의 욕구성향과 기존상품의 과제를 중심으로 한 정성적 분석의 성격이 강한 반면에 수요예측은 수요의 규모를 적절한 통계방법에 의한 정량적 분석이 강한 것이 특징이라 할 수 있다.

■ 타당성분석

경영목적, 경영전략, 실제적인 공급 및 생산의 가능성을 검토하는 단계라고 할 수 있다. 타당성 분석은 다음과 같은 관점에서 이루어져야 한다.

첫째, 시장성 분석이다. 즉 비용과 편익의 관점에서 나름대로의 적절한 이윤의 창출이 가능한가를 판단하는 것이다.

둘째, 영속성과 장래성분석이다. 즉 여행자, 여행시장, 여행환경에 대한 정확한 미래 예측과 미래 동향을 판단해야 한다.

셋째, 현재의 기업의 내부여건, 즉 생산가능성에 대한 분석이다. 이는 기업내부의 준비성을 검토하는 것이라 할 수 있다.

■ 상품의 개발

이러한 분석과 예측을 기초로 하여 실제 생산과 판매를 위한 상품을 구체화하는 것이라 할 수 있다. 물론 이러한 과정을 거쳐 개발된 상품이라 할지라도 일정기간 테스트 과정을 거쳐야 비로소 시장에 판매할 수 있는 상품이 되는 것이다.

3 여행상품 개발의 전제조건

여행상품을 개발하기 위해 여행시장의 조사와 여행수요의 예측과 타당성의 분석을 통해 새로운 여행상품을 개발하기 위해서는 여행상품에 대한 고객의 대상과 구체적인 테마와 여행상품의 구성요소와의 적절한 결합 등 소비자의 구매경향에 알맞게 상품을 개발을 하여야 할 것이다.

여행상품 개발에 있어서 주목해야 할 조건을 다음과 같이 제안하고자 한다.

- 여행상품의 구매가치가 있어야 한다. 상품의 존재가치보다 그 상품을 직접 경험하고자 하는 방문자와 구매자가 있을 때 상품의 가치가 있다. 즉 이벤트성이 있어야 한다.
- 여행상품의 가치는 유인력에 있다. 상품의 가치는 찾아오는 관광객의 수에 의해 결정(구매수요가 측정)되며, 상품의 주제, 개성, 차별화된 서비스로 유인력을 높일 수 있다.
- 유인력이 없는 상품은 자연도태 된다. 즉 관광객이 찾지 않는 상품은 가치가 없다.
- 여행상품의 유인력은 홍보에 의해서도 좌우된다. 아무리 좋은 상품이라도 관광객이 알지 못하면 상품의 가치가 없다. 상품의 가치는 홍보, 광고, 구매수요의 증가

로 인한 재구매 홍보효과로 가치증대를 가져온다.

4 여행상품이 갖추어야 할 기능

- 구매가치를 창출할 수 있는 상품, 즉 방문할 만한 가치를 잠재고객에게 인식시키고, 상품의 주체가 인정되는 상품이라야 한다.
- 방문의 동기를 부여해줘야 한다. 상품의 특색, 주제(이벤트)가 있는 상품으로 구매와 방문동기를 심어 주어야 한다.
- 시장 침투력을 갖는 상품이라야 한다. 시장 다양화로 인한 수요를 발생시키는 지역상품, 국내 상품, 국외상품, 지리적 시장, 연령별시장, 이벤트행사별 시장, 종교적 시장 등 다양화된 상품을 만들어야 한다.
- 다양한 수요발생 시기 : 하루 중 시간대, 주중과 주말상품, 계절상품 보다는 꾸준히 이용할 수 있는 시기에 구애받지 않는 상품이 좋다.
- 체류기간을 연장할 수 있는 다양한 프로그램 개발 : 체류기간의 연장이 가능한 상품을 개발해야 한다. 상품 경험에 필요한 소요시간을 연장시키는 참여, 체험 프로그램이 있어야 한다.
- 독특한 매력을 보유할 수 있는 상품의 개발 : 독특한 개성, 그 곳이 아니면 볼 수 없고 체험할 수 없는 상품의 개발이 필요하다.

5 여행상품 개발의 문제점

■ 근본적 문제
- 불확실, 비효율적인 생산계획
- 대량생산의 이점을 살리기 어렵다.
- 품질관리 및 객관적 측정이 곤란하다.

- 인적요소에 대한 원가관리가 곤란하다.
- 소비자의 이질성에 따른 여행자 위험과 불평다발 문제
- 마케팅 조직상의 문제점

■ **현상적 문제**

- 인적 서비스산업으로 기계화의 한계가 있다.
- 여행상품에 대한 법률적 보호 장치가 별로 없다.
- 사회적 인식의 낙후성, 산업정책면에서 과소비향락산업으로 인식하는 경우가 있다.
- 선불계약 및 예약취소에 관한 문제

02 여행일정표 작성

1 여행일정표(tour itinerary)작성의 의의

여행일정표는 국내여행(domestic tour), 국외여행(outbound tour), 국제여행(inbound tour)에 따라 약간의 형식이나 양식에 차이가 있을 수 있으나, 근본적으로는 비슷하다 할 수 있다.

여행사에서의 시각적으로 보이는 상품이 바로 여행일정표라 할 수 있다. 이는 여행사에서 무형의 여행현상을 유형의 상품으로 구체화시킨 것으로서 여행업과 관련된 Principal, 즉 숙박업, 교통업(항공교통, 육상교통, 해상교통), 레저산업, 유·무형의 관광지의 상품을 가장 잘 조화롭게 구성한 여행일정표가 유형의 상품으로 만들어지는 것이라 할 수 있다.

여행일정은 크게 여행의 조건에 영향을 받고, 여행상품의 주체가 여행사인지, 여행자의 주문에 의해 만들어진 것이냐에 따라 그 작성에 있어서도 다수의 차이가 있을 수 있다. 작성된 여정에 따라 여행사의 이미지와 직결되며 여행자들이 여행상품 구매시

제일 먼저 일정표를 보고 비교하므로 여행계획의 성패를 좌우할 수 있다 하겠다. 그러므로 여정작성 업무는 여행업 업무 중에서 기본적이면서도 가장 중요한 업무 중의 하나이다. 특히 해외단체관광 상품은 여행일정의 기획에서부터 고객이 희망하는 조건과 적합한 여정을 작성하여야 하고, 그들의 욕구가 충족되고 만족감을 느낄 수 있도록 정확하고 유용한 여정으로 작성되어야 한다.

여행일정표 작성과정은 다음과 같다.

① 여행목적지, 여행시간과 일수, 여행비용 등에 대한 충분한 의사교환 및 희망사항을 파악한다.

② 대상 고객의 선호, 목적에 따라 원가계산서를 작성하여 상품의 가격을 결정한다. 여행시기, 출발일자, 단체인원 수, 항공사별 요금을 구분하여 몇 가지를 작성하여 고객과 협의하는 것이 좋다.

③ 항공사의 항공일정 및 좌석 상황 판단, 항공요금, 랜드사의 지상경비, 지방은 국내선 항공 좌석 및 시간 파악 등 예비수배를 한다.

④ 고객이 원하는 여행조건에 맞는 일정표를 작성한다.

⑤ 여행조건서, 여행일정표를 제시 상호 협의 후 수정보완 후 승낙을 받는다. 고객과의 충분한 의사교환을 통해서 여행자들이 가장 희망하는 사항을 확인하고, 그들의 욕구가 충족됨으로써 만족감을 느낄 수 있는 여행일정이 된다.

⑥ 국외여행인솔자는 고객의 여행조건과 여행일정, 여행자들의 희망사항을 반드시 알고 출발하여야만이 만족한 여행이 될 수 있다는 것을 명심해야 한다. 즉 팀의 특성과 여행의 목적이 무엇인지를 알 수 있다는 것이다.

또한 여행일정의 작성은 기획여행일 경우와 주문여행일 경우에 따라 작성에 차이가 있다 하겠다.

1) 기획여행상품의 경우

여행사가 미리 여행소재를 대량 구입하여 기획·생산하는 주최상품으로 지속적으로 일정기간 동안 해당 지역에 송객하는 기획여행상품, 즉 Package Tour 상품을 말한다.

여행사의 본래의 임무는 여행객이 원하는 여행목적지, 숙박시설, 운송기관을 예약·수배해주고, 그들에게 여행정보를 제공하는 일이었다. 그러나 오늘날의 여행사는 여행관련 부품업자(Principle)로부터 여행소재를 대량 구입함으로써 원가절하가 가능해졌고, 그것은 여행경비를 대폭 절감시켜 여행객들에게 저렴한 가격조건을 제시하게 함으로써 여행상품 생산체계를 이른바 기성상품(ready made) 체제로 전환시키게 되었다. 그 결과 여행상품의 판매가 크게 신장되어 대량판매가 가능해지자 여행사가 항공사의 발권대리자라는 종속적 개념에서 탈피하여 항공사는 이제 여행사의 선택의 대상이라는 인식으로 주도권이 여행사로 이양된 경향을 보이게 된 것이다. 이러한 여행상품 개발이 확정되면 여정을 가장 먼저 작성하게 된다. 이때 여정은 여행상품의 무형성이기 때문에 여행자들이 상품 구매시 눈으로 비교·검토할 수 있는 유일한 것이다. 그러므로 일정표에는 여행이 어떻게 진행될 것인가를 일목요연하게 상상할 수 있을 정도로 상세하게 명시되어야 한다.

2) 주문여행상품의 경우

15명이상의 단체가 형성될 때 여행객의 주문에 의하여 상품을 생산·판매하는 맞춤여행상품으로 상품기획 및 수배 등이 다소 다양하고 복잡할 수 있다. 이는 개인 또는 단체를 불문하고 여행객의 희망에 따라 일정을 작성하고, 이 일정에 의해서 여행조건과 여행비용을 제시하여 총비용이 얼마인가 하는 형식으로 일정을 주문 맡아서 시행하는 여행을 말한다.

주문여행은 여행자가 가장 효율적이고도 경제적이며, 편리한 여행을 하기 위해 여행사를 방문, 자신의 희망과 조건에 적합한 여정을 작성해주도록 의뢰하게 된다. 이때 여행사는 고객과의 충분한 의사교환을 통해서 여행자들이 가장 희망하는 중점사항을 확인하고 고객들의 욕구가 충족됨으로서 만족감을 느낄 수 있는 여정이 되도록 해야 한다. 가장 훌륭한 여정이란 절대적인 관점에서가 아니라 여행자의 요구조건, 기호, 특성, 여행목적, 여행경비 등을 고려한 상대적 관점에서 접근되어야만 한다.

2 여행일정 작성시 협의사항

여정을 작성하기 전에 여행객과 충분하게 협의하여 그들의 욕구를 정확히 파악한 후 여정을 작성해야 한다. 여정 작성시 고객으로부터 사전에 알아보아야 할 기본적인 사항으로는 다음과 같다.

1) 여행목적이 무엇인가?

① 어떤 목적의 여행인가에 따라 여행목적지 선택을 달리할 수 있다. 고객은 목적의 정보에 대해서 정확하게 알지 못할 경우가 있기 때문에 여행목적에 따라 목적지를 추천해 줄 경우도 있다.

② 여행목적은 순수관광(효도관광, 신혼여행 등), 사업목적, 연수참가, 친지방문 등으로 분류할 수 있다.

③ 협의 담당자는 여행목적지에 폭넓은 정보와 다양한 지식, 그리고 풍부한 경험을 바탕으로 협의하여야 한다.

④ 고객이 원하는 특정장소에 대한 분명한 이유가 있는가.

⑤ 여행목적지가 그 단체고객들의 유형에 잘 맞는지 그리고 목적지가 고객의 욕구를 충족시킬 수 있는 조건이 되는가를 판단해야 한다.

2) 여행시기와 일수는 언제 어느 정도의 기간을 원하는가?

① 여행시기와 일수는 여행경비의 산출과 여행일정을 결정하는데 중요한 요소이다. 왜냐하면 여행일시가 성수기 비수기에 따라 단 하루간이라도 항공요금·숙박요금의 달라지기 때문이다.

② 어느 시기에 얼마정도의 기간으로 여행하느냐에 따라서 여행일정은 조정될 수밖에 없으므로 여행시기와 여행기간이 명확해야 한다. 또한 고객이 원하는 기간 내의 항공스케줄과 일치해야 한다. 그러므로 담당자는 항공사별 스케줄을 늘 염두에 두어야 한다.

③ 일수^(시간)에 제한이 있는 경우에는 특히 주말이나 성수기에는 항공좌석 상황, 항공요금, 숙박요금 등이 대체로 비싼 요금이 적용된다.

④ 일수^(시간)에 제한이 없는 경우에는 비수기의 주중요금, 예약 상황이 원활하고 저렴한 요금이 적용된다.

3) 여행비용은 얼마 정도를 예상하는가?

① 여행경비는 지불능력, 경제력의 표시이기 때문에 여행을 결정짓는 중요한 요소의 하나이다.

② 여행객의 여행에 대한 얼마의 경비를 예상하고 있는지를 정확하게 파악해야 한다. 여행비용은 여행일수·여행조건·여행목적지에 따라 요금에 차이가 있기 때문이다.

③ 여행요금에 제한 있는 경우와 금액에 제한이 없는 경우에 따라 여정을 달리 작성할 수 있기 때문이다. 즉 타사와 비교하여 가격경쟁력을 갖추어야 하기 때문이다.

4) 여행경험의 유무

① 여행경험의 유무에 따라 여행목적지의 선정·여행내용·여행형태 등에 대한 선호도가 달라질 수 있기 때문에 중요한 요소가 된다. 최근에는 해외여행 경험이 있는 여행객들이 대체로 많다.

② 여정 작성시 여행객의 여행경험 유무를 반드시 염두에 두어야 한다.

3 여행일정 작성시 유의사항

1) 일반적인 유의사항

√ 여행자들의 구성원의 성향을 잘 파악하여 구매취향에 잘 맞는 여행일정을 작성하여야 한다.

√ 여행자들이 희망하는 출발시각과 현지 도착시간을 정확하게 확인하여 능률적인

수배로 가급적 비용을 저렴하게 책정해야 한다.

√ 조기출발, 심야도착은 가급적 피하는 것이 좋다.

√ 여행 중 다양한 교통기관을 병행해서 이용할 때 고객이 가장 선호하는 교통기관을 선정한다. 교통기관을 선정 시 환승시간을 여유 있게 배정해야 한다.

√ 여행의 최종일은 가능한 편안한 일정으로 편성하는 것이 좋다.

√ 호텔선정에 신중을 기해야 하며, 객실의 고급화도 중요하지만 호텔의 고급화 특히 로비라운지나 Front Desk가 넓은 호텔을 택하는 것이 유리하다.

√ 식사계획은 메뉴가 다양화하여야 한다. 특히 조식은 호텔 내에서 하는 것이 좋고 아니면 호텔에서 가까운 곳에 위치한 식당을 선정하는 등 불필요한 이동은 피하는 것이 좋다.

√ 무리한 스케줄은 피하는 것이 좋다. 하루 최대 관광시간은 10시간을 초과하지 않도록 한다.

√ 적절한 쇼핑과 적절한 자유 시간을 할애해주어야 한다.

√ 계절과 시간을 고려해야 한다.

√ 여행성수기에 만원인 때를 대비하여 제2교통편이나 적절한 호텔에 대한 고객의 희망을 문의해두는 것이 좋다.

√ 여정은 가능한 한 관광자원이 풍부하고 주변경관이 아름다운 코스를 선택하고 목적지 도착에 편안하고 효과적이어야 한다.

√ 볼 것과 할 것 등을 적당히 배합하는 것이 좋다. 가능한 한 실제로 직접 경험할 수 있는 체험관광을 최근에는 선호한다.

√ 고객이 원하는 일정에 무리 또는 모순이 있을 가능성이 있을 때는 주저하지 말고 사전에 납득시켜 일정을 변경하여 출발하는 것이 좋다.

2) 고객 형태별 유의사항

(1) 가족여행일 경우

• 특별한 요구사항이 없는 한 가장 연소자와 연로한 고객을 기준으로 편안한 여정

을 작성해야 한다.

- 연령에 따라 숙박요금이나 운임의 차이가 있으므로 어린이를 동반할 때는 반드시 연령을 확인해야 한다.
- 호텔의 선정은 가족에 알맞은 객실(연결된 방-connecting room)이 있는지, 호텔 내의 부대시설의 경우 해당 가족이 이용할 수 있는 범위를 확인하여야 한다.

(2) 단체여행일 경우

- 운송기관을 이용시 일어날 수 있는 접속시간과 환승시간을 충분하게 여유를 두어야 한다. 최근에는 공항이 대체로 혼잡하여 수속이 지연되는 경우가 많은 점을 항상 고려해야 한다.
- 방 배정을 위해서 사전에 반드시 성별·연령·일행여부를 구분해서 확인해두어야 한다.
- 단체의 특성에 맞는 볼 것과 할 것 등을 충분히 고려해야 한다.

(3) 신혼여행일 경우

- 결혼을 할 예식장 장소의 위치확인과 결혼식 시간 및 피로연여부와 종료 예정시간을 반드시 확인하고, 교통기관을 결정해야 한다. 특히 공항으로 이동하는 시간을 사전에 고려하여 여유 있게 계획하여야 한다.
- 특히 1일째는 별도의 희망이 없는 한 밤늦게 호텔에 체크인하지 않도록 배려해야 한다.
- 가능한 한 그들만의 시간을 많이 가질 수 있도록 하고 객실은 조용하고 전망이 좋은 Room을 배정해야 한다.
- 가능하면 무리한 스케줄은 삼가고, 추억에 남을 만한 관광지나 사진 촬영 시간을 많이 할애해야 한다.
- 신혼여행이니 만큼 여유 있게 그들만의 시간을 가질 수 있도록 자유시간을 충분히 할애해야 한다.

4 여행일정표 작성의 실제

1) 여행일정표여행일정표의 구성요소

여행일정의 구성요소로 여행기간·여행구간·교통편·숙박시설·식사조건·관광일정 등을 들 수 있다.

- 여행단체명
- 여행지역 및 여행구간
- 숙박시설
- 여행기간과 일시
- 교통편
- 식사조건
- 관광일정

2) 여행일정표의 기입방법

- "일자"란은 출발 일을 제 ○일~제 ○일을 기입하고 일자 란의 날짜는 현지의 실제 월, 일, 요일을 기입해야 한다.
- "행선지 지역"란은 해당 국가의 지역을 교통편의 일정과 행사일정의 내용에 맞추어 기재해야 한다.
- 교통편은 이용하고자 하는 교통기관, 편명, 전용버스, 유람선, 철도 등을 나타내며 교통편과 행선지와 행사일정시간에 맞추어 기재한다.
- "시간"란은 현지 국가의 실제 출발시간~일정시간~도착시간으로 구분하여 기재하고 알아보기 쉽게 오전, 오후, 전일로 표시하기도 한다.
- "일정"란은 현지국가에서 실제로 이동 순서대로 일정을 가능하면 상세하게 나타내는 것이 좋다.
- "식사"란은 식사의 종류를 B-Breakfast, L-Lunch, D-Dinner 또는 호텔식, 현지식, 한식, 기내식으로 구분하며, 특별식이 있을 경우 수끼, Sea Food 등으로 나타내며, 만약에 식사가 없을 경우에는 자유식 등 식사제공에 대해 명확하게 표기하여 오해가 없도록 한다.
- "숙박"란은 행사일정에 따라 숙박하는 호텔 명칭과 등급을 기재하고 기차나 항공기내 선박 내에서 숙박할 시에는 차내 숙박, 기내숙박, 선내숙박 등으로 반드시 표기해야 한다.

⏱ 여행일정표

사례 1

단 체 명	○○대학교 관광경영학과 일본문화탐방 PTY
여행기간	○○○○년 ○○월 ○○일 ~ ○○월 ○○일 (3박 4일)
여행지역	나가사키-아소-쿠마모토-벳부

날 짜	행선지	교통편	시 간	행사일정	식 사
1일째 ( )	부 산 부 산 후쿠오카 나가사키	KOBEE001 전용버스	07:45 09:15 12:10	• 부산국제여객터미널 1층 관광카운터 개별집결 • 부산출발 하카다항 향발 • 하카다항 도착 입국수속 후 • 나가사키로 이동 • 원폭자료관, 평화공원 관광 후 • 호텔로 이동 석식 및 휴식	L:현지식 D:호텔식
				HTL : 리조트(4-8인) 또는 동급호텔	
2일째 ( )	나가사키 운 젠 시마바라 쿠마모토 아 소	전용버스 페 리 전용버스		• 호텔 조식 후 운젠으로 이동, 운젠 지옥관광 • 시마바라로 이동, 미즈나시혼진 화산피해마을 • 관광 후 시마바라항 / 쿠마모토항(선편 이용) • 쿠마모토 도착 후 쿠마모토성 관광 • 아소로 이동 호텔 체크인 후 휴식 및 온천욕	B:호텔식 L:현지식 D:호텔식
				HTL : 아소청소년의 집(합숙) 또는 동급호텔	
3일째 ( )	아 소 벳 부	전용버스		• 호텔 조식 후 세계최대의 칼데라식 복식화산인 • 아소산 분화구관광(편도 로프웨이 이용), • 벳부로 이동 명소관광(야생원숭이공원, 바다지옥, 유노하나) • 호텔 체크인 후 석식 및 온천욕	B:호텔식 L:현지식 D:호텔식
				HTL : 스미요시하마 리조트(4-8인) 또는 동급호텔	
4일째 ( )	벳 부 후쿠오카 부 산	 KOBEE004	 12:45 15:40	• 호텔 조식 후 – 후쿠오카로 이동 • 베이사이드 프레이스 관광 후 • 하카다항으로 이동 • 하카다항 출발 • 부산도착	B:호텔식 L:현지식

☞ 상기 일정 및 호텔은 현지사정에 의해 변경될 수도 있습니다.

⏱ 여행일정표

사례 2

단 체 명	○○대학교 관광경영학과 PTY
여행기간	○○○○년 ○○월 ○○일 ~ ○○월 ○○일 (3박 5일)
여행지역	하와이

날짜	행선지	교통편	시간	행사일정	식사	호텔
제1일 ( )	인 천 호놀룰루	KE 052 전용버스	19:30 09:00 (오전)	• 인천국제공항 집결 • 인천 출발 호놀룰루 향발 – (날짜 변경선을 지나서) – • 호놀룰루 도착 후 레이 증정 및 입국수속 후 • 바람의언덕, 펀치볼, 이올라니궁전, 이승만동상, 주정부 청사 등 시내관광 후 • 호텔투숙 후 자유휴식	B:현지식 L:현지식 D:한 식	Deluxe Class Hotel
제2일 ( )	호놀룰루	전용버스	08:00 전일	• 호텔 조식 후 • 전일 오하우섬 일주관광(다이아몬드 헤드, 가하라 고급주택가, 한국지도마을, 하나우마베이, 자연분수, 일출봉, 모자바위, 폴리네시안 민속촌, 사탕수수농장, 진주만 등 관광 후 • 호텔 투숙 후 자유휴식	B:호텔식 L:현지식 D:한 식	Deluxe Class Hotel
제3일 ( )	호놀룰루 마우이 호놀룰루	전용버스 (항공편)	08:00 전일 18:00	• 호텔에서 조식 후 • 아름다운 낭만의 와이키키 해변에서 해수욕 및 자유시간 – 희망시 선택관광(힐로섬, 마우이섬 등) • 석식 및 호텔 투숙	B:호텔식 L:현지식 D:한 식	Deluxe Class Hotel
제4일 ( )	호놀룰루	KE 051	08:00 10:20	• 조식후 공항으로 이동 출국수속 후 • 호놀룰루 출발 인천 향발 (한국 PM 5:20) – (날짜 변경선을 지나서) –	B:호텔식 L:기내식	기내 1박
제5일 ( )	인 천	KE 1517	16:00	인천 도착 후 자유해산		

☞ 상기 일정은 항공 및 현지사정으로 인하여 변경될 수도 있습니다.

여행항공 실무

PRACTICAL
TRAVEL AIRLINE

CHAPTER **4**

여행요금
산출 및
가격결정방법

여행요금 산출 및 가격결정방법

01 여행요금산출

1 여행요금 산출의 의의

여행요금은 여행조건에 따라 달라질 수 있으므로 사전에 충분한 정보의 입수와 고객의 요구조건 등을 신중하게 고려해 여행요금을 산출해야 한다. 여행조건이란 여행목적지로서 동남아시아, 유럽, 미주 등 여행참가자의 수로서 그룹 또는 개인, 여행시기와 일수로서 비수기, 성수기 및 단기, 장기, 교통편으로서 항공, 철도, 선박, 버스, 여행서비스의 품질수준 및 여행의 구성내용 등을 포함한 것을 말한다.

즉 여행요금은 운임(교통기관) + 지상비(랜드비) + 기타 비용(공항세, 출국세, 보험료, 출장비 등) + 이윤을 포함한 것이다.

2 여행요금의 구성요소

(1) 운임(Transportation)

• 출발국과 여행목적지와의 왕복이동에 필요한 교통기관(항공기·선박·철도·버스)의 운임

이다.

- 운임이 차지하는 비율이 높기 때문에 항공사와의 항공운임에 대한 가격절충 및 좌석확보 능력에 따라 여행요금 산출의 관건이다.
- 항공운임은 여행조건, 인원, 여행목적지와 시기, 여행객의 신분과 연령, 항공권 사용기간, 여행경로(직항, 경유), 이용항공사 등에 따라 복잡하고 다양하며 많은 차이가 있기 때문에 숙련된 전문요원이 담당하여야 한다.

(2) 지상경비(land fee)

지상비란 Land Fee라고 하는데 현지 관광목적지 내에서 여행관련 시설을 이용하고 제공받는 모든 서비스비용, 즉 각 지역의 관광에 포함되는 모든 경비를 포함한다.

■ 숙박비(accommodation charge)

여행객이 관광 중에 머무르는 호텔 등의 체제비로 지불하는 요금이다. 숙박비도 항공료와 같이 여러 조건에 따라 요금의 차이가 있다. 즉 호텔의 위치(시내, 시외), 등급(deluxe, superior first, first, second, tourist), 객실유형(single, twin, double, triple, suit room), 이용시기(성수기, 비수기) 인원(그룹, 개인) 등에 따라 다양한 요금이 산출된다. 또한 호텔은 요금운영방식에 따라 요금이 산출된다.

- 호텔 객실요금 체제

  European Plan : 객실요금만을 포함하는 요금의 형태

  American plan : 객실요금에 2식이 포함되는 요금의 형태

  Continental plan : 객실요금에 조식이 포함되는 요금의 형태

■ 식사비(meal charge)

- 식사비용은 여행일정 중에 제공되는 식사의 종류, 식사수와 식사의 제공 장소에 따라 식사비(meal charge)는 다르다.
- 관광단체의 식사의 종류는 호텔식, 현지식, 한식으로 구성되어 있으며, 여행지역

에 따라 차이는 있으나 적절한 식사의 종류를 배분할 필요가 있다. 특히 여행 중 기내식을 할 경우가 있으므로 항공시간표의 기내식 제공여부를 확인해야 한다.

■ **지상 교통비**(ground transportation)

지상 교통비란 목적지의 교통수단(버스, 기차, 선박, 렌터카) 등의 경비를 말한다. 단체여행객에게는 전세버스를 이용하는 경우가 대부분이다. 하지만 목적국가에서 다른 지역으로 이동시 항공편·기차편·선박편이 있을 때 포함 여부를 반드시 확인해야 한다. 특히 트랜스퍼 비용(transfer charge)의 포함 여부를 반드시 확인해야 한다. 공항·기차역·부두에 도착한 후 호텔 등 다른 장소를 이동할 시에 소요되는 운송비용의 포함 여부(수하물만을 이동하는 경우가 있다)를 반드시 확인해야 한다.

■ **관광비용**(sightseeing charge)

관광비용이란 현지관광지를 여행할 때 소요되는 비용으로 관광지의 입장료, 관람료, 가이드요금 등이 해당된다. 유료관광지 내의 가이드의 포함 여부, 시찰이나 회의참석 및 견학 등과 같은 특수목적의 여행인 경우 전문통역원의 동행 여부 등을 확인하여야 한다.

■ **포터비**(porterage)

포터비란 공항, 부두, 역 등과 숙박하는 호텔에서 손님들이 짐을 들지 않고 포터를 통하여 운반시키는데 소요되는 비용을 말한다. 대부분 포터리지 비용은 별도로 하는 경우가 많다.

■ **세금**(tax)

여행 중에 부과되는 각종 세금(tax)으로 각국의 공항세(airport tax), 공항사용료(airport facility), 통행세, 유흥음식점세(숙박, 식당, 나이트입장, 극장입장) 등의 포함여부를 확인해야 한다.

■ **팁**(tip)

현지가이드, 버스기사, 호텔 및 식당의 종사원 등에게 주는 팁(tip)의 지불 여부를 말한다. 팁의 지불의 대상이나 인원수를 고려하여 팁의 액수를 사전에 정해 놓고 여행객 부담으로 할 것인지, 아니면 지상경비에 포함할 것인지를 사전에 구분해 두어야 한다. 팁은 대부분 별도로 하는 경우가 많다.

(3) 기타 비용(Miscellaneous Expenses)

기타비용이란 운임이나 지상비 이외에 지출되는 여행경비를 말한다. 여기에는 여행 경비에 포함되는 것과 포함되지 않는 경우로 구분할 수 있다.

① 여행요금에 포함되는 비용

• 국외여행인솔자(tour conductor)의 경비

국외여행인솔자의 항공운임과 공항이용료, 출장비 등의 요금이다. 이는 국내선 항공료, 공항이용료, 출국납부금 등은 단체와 상관없이 국외여행인솔자도 지불을 해야 하는 비용을 말한다. 단체가 15명 이상일 경우에 인솔자는 국제선항공운임은 무료운임으로 별도로 지불하지 않는 경우도 있지만 그 이하 일 경우에는 할인율을 파악하여 참가 인원에 따라 분할해서 책정하여야 한다. 즉 4~9명까지는 소그룹으로 항공사별 규정에 따라 10~14명은 50% 할인, 15~29명은 1명 FOC(Free Of Charge), 30~44명은 2명 FOC로 적용하여 항공운임을 계산한다.

• 해외여행자보험료

여행 중 불의의 사고가 발생할 때의 보상금액과 여행기간에 따라 차등적으로 적용되는 여행자보험은 반드시 가입하여야 한다. 통상적으로 1억 원의 보상금액 보험에 가입한다.

• 국제여객공항이용료, 출국납부금, 국제질병퇴치기금

공항이용료는 국제공항별로 요금이 다르므로 반드시 현지 공항에서 공항이용료를 확인해야 한다. 최근에는 항공요금에 공항이용료가 포함되어 있는 경우도 있다.

국제여객공항이용료, 출국납부금, 국제질병퇴치기금은 국외여행인솔자도 반드시 납부하여야 한다.

|표 4-1| 국제여객 공항이용료 납부 및 면제대상

구 분	내 용	
납부대상	인천공항에서 출발하는 항공편을 이용하는 국제항공여객	
징수금액	• 국제여객공항이용료 : 출발여객 1인당 17,000원, 환승여객 1인당 10,000원 • 출국납부금 : 출발여객 1인당 10,000원 • 국제빈곤퇴치 기여금 : 출발여객 1인당 1,000원	항공권에 포함하여 징수
면제대상	• 2세미만의 어린이 • 대한민국에 주둔하는 외국인 군인 및 군무원 • 국외로 입양되는 어린이 및 그 호송인 • 입국이 불허되거나 거부당한 자로서 출국하는 자 • 통과여객 중 다음 경우에 해당되어 보세구역을 벗어난 후 출국하는 여객 • 항공기접속 불가능으로 불가피하게 당일 또는 그 다음날 출국하는 경우 • 공항폐쇄나 기상관계로 항공기 출발 지연되는 경우 • 항공기 고장, 납치 또는 긴급환자발생 등 부득이한 사유로 불시착한 경우 • 외교관 여권 소지자 환불시 확인사항 : 외교관 여권, e-티켓 확인증(TAX 상세내역 표시), 탑승권	면제대상은 관련 법규에 따라 달라 질 수 있음

② 여행요금에 포함되지 않은 비용

• 여권수속비용 및 비자발급 수속비용

• 개인비용으로 식사시 추가 주문한 음료, 주류대금, 세탁비, 전화사용료, 초과수하물, Pay TV 시청료 등을 비용이다.

• 현지에서의 선물비와 기념품비 등의 비용과 여행 출발시 및 귀국시에 공항까지 운송에 소요되는 교통비(sending, pick-up), 광고·선전·홍보·인쇄비·기타 Baggage Tag 등을 기타비용으로 간주되지만 통상적으로 이러한 비용은 원가에 포함시키지 않는다.

(4) 이윤(Margin)

- 이윤의 결정은 여행사 자체 이익계획상의 이윤을 가산한다. 단체의 종류에 따라 회사의 가격결정 방법에 따라 다소 차이를 두고 있다. 통상적으로 여행요금원가에서 10% 정도로 측정한다.
- 이윤의 측정은 가격결정방법에 따라 다르다. 즉 가격결정은 ① 경쟁여행사 수 ② 경쟁여행사와의 가격경쟁 ③ 기존상품과 제공 상품 간의 차이 유무 ④ 기존 패키지상품의 가격과 유사 ⑤ 상품의 수명주기의 각 단계에 의해서 설정되는 가격은 다르다 할 수 있다.

3 여행요금의 산출방법

여행요금의 산출방법은 여행사마다 약간의 차이는 있다. 일반적인 여행요금의 산출방법은 다음과 같다.

첫째, 각 항목별로 한 사람을 기준으로 요금을 산출하여 인원 수 만큼 합산하는 방법이다.

둘째, 각 항목별로 전체의 예상 인원의 요금을 계산하여 총 여행비용을 1인당 요금으로 나누어 계산하는 방법이다.

여행요금은 개인별로 산출할 수 있는 항공운임과 식사요금 등이 있는가 하면 버스요금, 가이드경비 등과 같은 경우에는 전체 인원수로 나누어 산출해야 함으로, 일반적으로 각 항목별로 예상인원과 예상금액 전체를 합산하여 산출된 총 여행경비를 예상인원수로 나누어 1인당 여행요금을 산출하는 방법을 사용하는 것이 더 편리할 것이다.

3 원가계산서 작성의 실제

여행요금계산은 여행조건과 경비내역을 상세하게 빠짐없이 산출하여야 한다. 경비

내역은 실제 수배능력에 따라 또는 예상인원의 변동이나 상황에 따라 수시로 변화할 수 있다는 점을 참조하여 정확하게 꼼꼼히 계산을 하여야 한다. 고객은 여행요금에 민감함으로 정확한 요금을 제시하여야 한다.

요금산출방법 중 각 항목별 전체그룹의 요금을 계산하여 그것을 총합산한 다음 전체 여행참가의 인원수로 나누어 원가계산서를 하는 가장 쉬운 사례를 가상의 조건에서 살펴보면 다음과 같다.

1) 여행요금 산출의 근거

(1) 여행조건

① 단체명 : ○○대학교 항공관광과 졸업여행

② 여행목적 : 홍콩-태국

③ 참가인원수 : 20명(인솔자 포함)

④ 여행기간 : ○○○○년 ○○월 ○○일 - ○○월 ○○일(3박4일)

(2) 여행경비 산출내역(환율기준: 1$ = ₩1,000)

① 항공요금 : ₩500,000

② 현지 지상비 : 홍콩 $70 태국 $100 (현지숙박비+식대+관광경비 포함)

③ 기타경비

- 국제선 공항이용료: ₩17,000
- 해외여행자 보험료(1억): ₩5,000
- 출국납부금(출국세): ₩10,000
- T/C 출장비: 1박당 $30
- 기여금 : ₩6,200

④ 판매이익 : 10%

2) 여행요금 계산의 이해

(1) 항공요금의 계산

항공요금은 총 인원수가 15명 이상의 단체이면 1명이 FOC를 받을 수 있기 때문에 전체인원 20명 중 실제 항공요금의 지불은 19명이 된다. 그러므로 19명으로 계산한다. 단 산출내역에는 없지만 국내선을 이용하여 국제선을 탑승할 경우에는 FOC 적용이 되지 않으므로 인솔자도 요금을 계산하여야 한다.

(2) 지상비의 계산

현지의 지상비의 계산은 환율기준에 따라 1$=₩1,000로 계산한다. 최근에는 현지의 지상수배를 랜드사(land operator)를 통해 수배함으로 일괄적으로 현지숙박비·식대·관광경비 등을 모두 포함하여 견적을 받음으로 계산은 대체로 간단하다. 지상비 계산 또한 인솔자는 요금에 포함하지 않으므로 19명으로 계산되었다.

(3) 기타경비의 계산

국제여객공항이용료·여행자보험·출국납부금·국제질병퇴치기여금 등은 인솔자도 반드시 지불하여야 함으로 여행원가에 포함되어 20명으로 계산된다.

국외여행인솔자의 항공료는 위의 국제선항공료에서 1명의 FOC를 적용하여 계산되었기 때문에 이중으로 계산하지는 않는다. 단 10명 또는 15명의 단체가 구성이 되지 않을 경우 FOC를 받지 못함에도 불구하고 인솔자를 동반할 경우에는 인솔자의 항공료를 포함하여 계산하여야 한다.

(4) 1인당 여행요금의 계산

여행경비 지출총액에서 10%의 판매이익을 계산하고 지출총액(₩13,614,00)+판매이익(₩1,361,400)을 합산하여 여기에서 실효인원 즉 실제로 여행요금을 지불할 인원수(19명)로 나누어 계산된 금액(₩788,178)에서 만 단위이하는 삭제하면 1인당 여행요금은

₩780,00이 계산된다.

|표 4-2| 해외여행 원가계산서(예비정산서) 사례

단체명	○○대학교 항공관광과 졸업여행
여행기간	○○○○년 ○○월 ○○일 ~ ○○월 ○○일 (3박 4일)
여행지역	홍콩 – 태국

행사인원	FOC	실효 인원	1인당여행비	여행요금 총계	
20명	1	19	₩780,000	₩14,820,000	
지출총액		₩13,614,000		예상수입금	
예상수입금		₩1,206,000		₩1,206,000	

국제선 항공료	대 인	₩500,000×19명=₩9,500,000	₩9,500,000
	소 인		
국내선 항공료	대 인		
	소 인		
합 계			₩9,500,000
지상비	홍콩(1박)	$70×₩1,000=₩70,000×19명=₩1,330,000	₩3,230,000
	태국(3박)	$100×₩1,000=₩100,000×19명=₩1,900,000	
공항세	국제선	₩17,000×20명=₩340,000	₩340,000
	국내선		
여행자보험	1억원	₩5,000×20명=₩100,000	₩100,000
기타 추가경비	인솔자항공료	FOC	
	출장비	$30×₩1,000=30,000×4일=₩120,000	
	출국세	₩10,000×20명=₩200,000	
	기여금	₩6,200×20명=₩124,000	
	전세버스		
지출총액	₩13,614,000		
예상이익	₩1,361,400		
판매총액	₩14,975,400÷19명 = ₩788,178 → 1인당 요금: ₩780,000		

02 여행상품 가격결정방법

1 가격결정의 의의

가격은 상품에 대한 수요수준에 영향을 끼칠 뿐 아니라 그 여행사가 판매하고 있는 것을 고객에게 제시하는 지표로서 여행자의 여행사 선택에 많은 영향을 미친다. 가격은 기초가격·가격변경·가격조건·할인 등의 결합에 의해 형성되며, 여행업의 수입에 직접적인 영향을 미치므로 여행업 경영에 있어서 중요한 전략요소의 하나이다.

여행상품 가격의 중요성은 상품과 고객의 형태에 따라 달라진다. 여행자는 가격 (price)을 상품의 구매대가로 지급하는 단순한 화폐적 개념 이외에도 상품이 가진 품질, 기능, 감각적 가치 및 긍지 등을 포함한 종합가치의 구매대가 개념으로 지각하고 있다. 그러므로 여행업에서는 객관적 가격보다는 여행자가 가격을 보고 정당한 가치가 있다고 진심으로 믿도록 이미지를 형성하는 것이 중요하다.

2 가격결정 요인

여행상품의 가격결정 요인은 이미지를 포함한 호텔·교통기관·식사 등의 기본요인과 여행시장의 수요와 공급의 원칙에 따른 시간, 참가인원 등의 수급원칙 요인과 이미지를 포함한 서비스·신뢰·실적 등 간접적 척도에 따른 요인 등을 말한다.

■ 1차적 요인

• 호텔조건 : 호텔별 가격차가 크다. 호텔의 위치(시내, 시외), 등급(deluxe, superior first, first, second, tourist), 객실유형(single, twin, double, triple, suit room), 이용 시가(성수기, 비수기), 인원(그룹, 개인) 등에 따라 다양한 요금이 산출된다.

- 교통기관 : 각종 교통기관의 이용료, 즉 항공기·선박·철도·버스 등의 운임으로 지불하는 요금이다. 가장 비중을 많이 차지하는 것이 항공료부문으로 전체경비의 50% 이상을 점하고 있다.
- 식사 비용 : 여행일정 중에 제공되는 식사의 종류, 식사수와 식사의 제공 장소에 따라 식사비(meal charge)는 다르다.

■ 2차적 요인

여행시장의 수요와 공급의 원칙에 따라 가격결정 요인이 다르다.

- 시간 : 여행 시기는 성수기와 비수기에 따른 수요와 공급의 원칙에 따라 성수기요금과 비수기요금이 구분된다. 또한 주중요금과 주말요금에도 차등을 두어 가격을 결정한다.
- 계절 : 여름·겨울(성수기), 봄·가을(비수기)에 따라.
- 참가인원 : 4명 이상~9명 이하(소그룹 요금), 15명 이상(그룹 요금)

■ 3차적 요인

간접적 척도에 따른 요인으로 이익 목적 보다 기업 이미지를 위한 가격결정을 한다. 여행요금은 객관적 가격보다는 여행자가 가격을 보고 정당한 가치가 있다고 진심으로 믿도록 이미지를 형성하는 것이 중요하다.

실제로 책정된 가격보다는 지각하는 여행자의 주관적인 가격인지(價格認知) 심리적 가격의 신뢰성 등이 여행사 선택과 여행상품 선택에 많은 영향을 미치게 된다.

그러므로 때때로 여행상품의 가격은 이미지를 비롯한 서비스, 신뢰, 실적을 목적으로 가격을 결정하는 경우도 있다. 이는 서비스 목적으로 원가의 가격으로 여행상품을 판매하여 여행사를 알리고 차후에 일어날 비자, 항공권판매 및 가족의 신혼여행·효도관광 유치를 목적으로 하는 경우와 여행사의 실적을 목적으로 대형 학생단체 등을 유치함으로써 여행상품 판매의 목적보다는 항공사의 항공실적을 높임으로 향후의 항공좌석 확보를 위한 블락(block)을 받거나 항공운임에 있어 좋은 조건을 유지하기 경우도 있다.

3 가격결정방법

여행사가 어떠한 가격을 설정하는가는 그 여행사가 존립하고 있는 시장상황이나 제공 상품에 의해서 상당한 차이가 있다.

① 경쟁 여행사 수
② 경쟁 여행사와의 가격경쟁
③ 기존상품과 제공 상품 간의 차이 유무
④ 기존 패키지 상품의 가격과 유사
⑤ 상품의 수명주기의 각 단계에 의해서 설정되는 가격은 다르다.

가격결정 방법에는 여러 가지 방법이 있을 수 있으나 여행업에서 일반적으로 적용하고 있는 가격결정 방법은 다음과 같다.

- 원가지향적 가격결정 방법(cost-oriented pricing)
- 수요지향적 가격결정 방법(demand-oriented pricing)
- 경쟁지향적 가격결정 방법(competition-oriented pricing)
- 마케팅지향적 가격결정 방법(marketing-oriented pricing)

물론 여행상품의 가격결정은 중요한 부분이기는 하지만 보다 중요한 것은 여행상품의 질을 높이는데 있으며, 부가가치가 높은 상품을 개발하고 수익성을 높이기 위해서는 비가격 경쟁을 통한 양질의 상품개발 및 인적인 여행서비스 질의 향상을 통해 여행수요를 창출하여 여행업 전체의 평균적 이익이 보장되는 방법을 연구하는 것이 무엇보다도 선행과제일 것이다.

1) 원가지향적 가격결정방법

(1) 원가가산법(cost-plus pricing)

원료비나 임금 등의 직접비와 간접비를 추가하여 원가를 산출하여 그 원가에 일정률의 이익을 가산하여 가격을 결정하는 방법이다. 그러나 여행업의 현실에서는 적용되지 못하고 있다. 여행사에서는 여행소재의 가격에다 여행사의 일정비용을 합산한 가격에 수수료를 가산한 가격으로 책정하고 있다.

- 직접비(원료비·임금 등) + 간접비(감가상각비 + 이자 등) + 일정한 이익
- 여행요금(항공료 + 현지 지상비 + 공항세 + 보험료 + 국내교통편 + 안내원경비 + 안내 출장비 + 일정한 수수료)

원가가산법의 장점으로는, 첫째, 판매자가 수요보다 원가를 확실히 알 수 있으며, 가격결정의 기본이 된다. 둘째, 모든 여행사가 이 방법을 선택하면 가격경쟁을 극소화할 수 있다. 셋째, 대다수 소비자들은 이 방법이 구매자 모두에게 공정한 방법이다. 그러나 단점으로는 품목에 대한 수요나 경쟁이 전혀 고려되지 않다는 점과 간접원가의 배부방법이 주관적이어서 비현실적이라 할 수 있다.

(2) 목표이익법(target return pricing)

예상 판매수량에 기초하여 그 비용을 보전하여 특정의 수익률 목표를 달성할 수 있는 가격을 결정하는 것이다. 즉 상품판매의 예상인원을 측정하여 일정한 이익목표를 설정한다. 예를 들면, 여행사에서 행사 최소인원을 결정할 경우 이 방법을 적용하면, 행사의 최소인원은 고정비 + 목표이익/가격 - 변동비라는 공식으로 산출된다.

최소 예상인원을 16명으로 설정하여 항공료 + 지상비 + 고정경비(안내원 + 직원 출장비) + 일정한 목표이익을 산출했을 때 실제인원이 예상인원 이하이었을 때는 목표이익이 아니라 손해를 입을 경우가 많다.

(3) 손익분기점 분석법(break-even point pricing)

손익분기점 즉 비용과 수익이 동액이 되는 매출액을 기준으로 가격을 결정하는 방법이다. 손익분기점=고정비/(1-변동/매출액)

2) 수요지향적 가격결정방법

수요지향적 가격결정방법은 여행자의 지각이나 수요의 증감 등에 따라 상품원가를 바탕으로 하지만 이윤의 측정을 소비자의 관심에 따라 판매가격을 결정하는 방법이다. 여행자의 ① 가격평가나 여행상품에 관한 지식이 증가됨에 따라, ② 시장이 성숙하여 상품의 차별화나 시장세분화의 필요성이 높아짐에 따라서 상품의 가격보다 상품의 가치를 중요시하기 때문에 이 방법이 점점 더 늘어날 것이다.

(1) 가치가격법(value pricing)

가치가격법이란 여행자가 여행상품에 관해 지각하는 가치에 입각하여 가격을 결정하는 방법이다. 즉 이미 한 여행사의 상품을 경험한 여행자가 상품에 대한 가치를 인정하고 원가와 상관없이 그 상품을 선택하는 것이다. 이 방법의 가격결정은 여행상품의 상표(brand) 또는 여행사의 인적 서비스가 중요한 역할을 한다.

(2) 차별가격법(fare discrimination pricing)

여행사에서 수요의 평준화 또는 비수기의 타개책으로 많이 쓰고 있는 방법으로 예를 들면 성수기 때 할증요금을 적용하고, 비수기 때 할인요금을 적용하는 것이다.

3) 경쟁지향적 가격결정방법

여행시장에 있는 자사와 동질의 여행상품을 판매하고 있는 여행사들의 가격을 참고하여 가격결정을 하는 것이다. 즉 경쟁상대의 가격을 자사의 가격에 끌어들이는 방법이다. 이 방법은 아래와 같이 설정할 수 있으나 이들 중에서 어느 것을 선택하는가는 상품의 동질성, 상품수명주기의 단계, 기업의 목적 등에 의하여 달라진다. 설정방법은 다음과 같다.

- 경쟁상대와 같은 가격
- 경쟁상대보다 높은 가격

• 경쟁상대보다 낮은 가격설정

(1) 현행 시장가격에 의한 가격결정

가장 많이 사용되는 가격결정 방법으로 업계의 가격수준에 자사의 가격을 맞추는 것이다. 자사의 이익계획상의 이윤을 측정한 다음 그 가격이 현행 시장가격과 비교 검토하여 여행상품 가격을 결정하는 것이다. 이 방법은 일반적으로 여행사에서 가장 빈번하게 사용하는 방법 중의 하나이다.

(2) 입찰에 의한 가격결정

여행을 많이 취급하는 공사·협회·교육청·관급행사 등에서 다수의 여행사를 불러 여행가격을 결정하는 방법으로 경쟁상대가 어떤 가격을 내는지를 예상하면서 자사의 비용이나 이익을 감안하여 가격을 제시하는 방법이다. 경쟁상대의 입찰가격에 관한 정보를 수집하고 자사에 있어 각 가격안내별로 기대이익이나 낙찰 가능성을 산출한 것을 감안하여 최종적으로 입찰가격을 결정해야 한다.

가격결정의 목적은 어디까지나 낙찰을 받아 계약을 체결하는 것이기 때문에 입찰에 참가하는 경쟁상대보다도 싼 가격을 제시할 필요가 있다. 그러나 입찰의 조건에 따라 지나치게 싼 가격을 제시하는 것만이 가장 유리한 것은 아니다 왜냐하면 입찰조건이 가장 높은 가격과 가장 낮은 가격의 평균가격으로 낙찰되는 경우도 있기 때문이다.

4) 마케팅지향적 가격결정

마케팅 시점에서의 가격결정으로 파악하려는 것이다. 즉, 비용·수요·경쟁이라는 개개의 요인에 입각하여 가격결정을 하는 것이 아니라 이들 모든 요인의 조건을 갖춘 마케팅 시점으로 가격결정을 하는 것이다. 마케팅의 4P 제품(product), 유통경로(place), 판매가격(price), 판매촉진(promotion) 등을 고려하여 합리적으로 결합시켜 가격을 결정하려는 방법이다.

√ 표적시장의 선정

√ 상표 이미지의 선정

√ 마케팅 믹스의 구성(product, place, price, promotion)

√ 가격정책의 선택

√ 가격전략의 결정

√ 구체적 가격의 요인들을 단계별로 분석 검토해 나가면서 가장 최적의 가격을 결정
하는 것이다.

여행항공 실무
Practical
Travel Airline

CHAPTER **5**

여행견적서 작성 및 여행계약업무

여행견적서 작성 및 여행계약업무

01 여행조건 및 요금견적서 작성

1 여행조건서 작성의 의의

여행의 조건은 예상 단체여행객의 요구에 따라 결정된 내용을 항목별로 세부적으로 구분하여 한 눈에 볼 수 있도록 작성하여야 한다. 여행담당자는 일상적인 내용이라 할지라도 여행자가 구체적인 내용을 확인하지 않을 경우 오해의 소지가 있을 수 있다. 간혹 계약서를 작성하여 계약금을 지불 후에도 다른 요구를 할 경우 그에 소요되는 추가 경비가 있다면 이미 계약할 때 제시한 여행조건과 대조하여 설명하면 편리하고 오해가 발생되지 않는다.

여행조건서의 구성은 여행요금 부분과 여행조건 부분으로 구분할 수 있다.

여행요금부분은 참가단체의 예상인원수의 증감에 따른 요금기준 인원수를 정하고, 참가확정 인원수에 따라 FOC(free of charge) 적용 인원이 결정되기 때문에 그에 따른 1인당 요금을 기재해야 한다.

- 여행조건 부분은 해외여행시 이용하는 교통편, 숙박, 식사, 관광, 국외여행인솔자 동행 여부, 현지가이드, 현지의 교통편, 공항세, 포트비, 여행자보험료, 출국세, 선

택관광, 여권, 비자 등이 개재되어야 한다.

- 교통편의 조건은 항공, 선박, 철도, 버스교통 등을 이용시 좌석의 조건을 명확하게 기재하여야 한다.
- 숙박조건은 숙박시 사용하는 호텔, 리조트, 모텔 등의 구분과 숙박호텔의 등급, 숙박시 2인 기준인지, 1인 기준인지를 기재한다.
- 식사조건은 조식의 횟수, 중식의 횟수, 석식의 횟수, 기내식의 여부 등을 기재한다. 만약에 식사가 제공되지 않을 경우는 자유식이라 명기해야 한다.
- 현지관광의 조건은 현지관광지를 여행할 때 소요되는 비용으로 관광지의 입장료, 관람료, 가이드요금 등이 해당된다. 해외 단체여행임으로 관광의 포함과 불포함 여부를 기재하면 된다.
- 인솔자의 동행여부조건은 포함과 불포함으로 구분하면 된다.

현지 가이드의 동행여부조건은 현지 가이드의 외국어 구사능력과 한국어 구사능력에 맞추어 가능언어를 표기하고, 단독가이드(through guide)일 경우에는 현지가이드가 불포함인 것을 기재하여야 한다.

- 현지의 이용교통편의 조건은 이동시에 이용하는 교통편이 택시, 리무진, 대형버스, 중형버스 등으로 구분하여 표시하여야 한다.
- 공항세(airport tax)의 조건은 공항이용료는 국제공항별로 요금이 다르므로 반드시 현지 공항에서 공항이용료를 확인해야 한다. 최근에는 항공요금에 공항이용료가 포함되어 있는 경우가 많다. 여행 중에 부과되는 각국의 공항세(airport tax), 공항사용료(airport facility) 등의 포함여부를 명확하게 개재해야 한다.
- 포트비의 조건은 공항, 부두, 역 등과 숙박하는 호텔에서 손님들이 짐을 들지 않고 포터를 통하여 운반시키는데 소요되는 비용을 말한다. 대부분 포터리지 비용은 별도로 하는 경우가 많다.
- 여행자보험료의 조건은 여행 중 불의의 사고가 발생할 때의 보상금액과 여행기간에 따라 차등적으로 적용되는 여행자보험은 반드시 가입하여야 한다. 통상적으로 1억 원의 보상금액 보험에 가입하는 데 보험료의 포함여부를 기재해야 한다.

- 출국납부금의 조건은 한국인이 국외로 출국하는 자로서 외교관여권소지자(GTR제외) 2세 미만 어린이, 해외입양아동 및 그 호송인, 입국불허·거부자로서 출국하는 자, 국비강제 추방자, 공항통과여객을 제외하고는 출국하는 자는 누구나 납부해야 한다. 현재는 출국납부금을 항공요금에 포함하여 징수하는 경우가 많음으로 포함에 표시하면 된다.
- 선택관광의 조건은 선택관광은 여행 중 자유 시간에 이루어지는 것으로 단체여행객들의 선택에 의해 이루어지는 것이 원칙이나 최근에는 기본적인 선택관광을 포함하여 여행상품을 기획하는 경우도 있다. 그러므로 선택관광의 포함과 불 포함여부를 기재해야 한다.
- 여권·비자의 조건은 대부분은 개인적으로 여권을 소지하고 있는 여행자가 많음으로 불 포함으로 기재한다. 단체여행자의 요구에 따라서 포함과 불포함여부를 명확하게 기재해야 한다.

2 해외여행조건 및 요금견적서 작성의 실제

|표 5-1| 해외여행조건 및 요금견적서 사례

해외여행조건 및 요금견적서	
단 체 명	○○대학교 관광경영학과 PTY
여행기간	○○○○년 ○월 ○일 ~ ○월 ○일 (10박 11일)
여행지역	유럽 7개국(일정표 참조)

1. 여행요금

요금기준된 인원수	FOC	1인당 요금	기 타
가: 30명 이상	1 TC	₩2,350,000	KE + 특급호텔
나: 50명 이상	2FOC+1TC	₩2,150,000	CX + 1급호텔
다: 60명 이상	3FOC+1TC	₩2,000,000	OZ + 1급호텔

* 상기요금은 2020년 월 일 현재 정부의 적용환율 및 항공요금에 근거하여 산출된바, 환율 및 항공요금 변동시에는 이에 준하여 재조정될 수 있다.(적용환율: 1$ =1,150원)

2. 여행조건

항공	☐ FIRST CLS		☐ BUSINESS CLS		☑ ECONOMIC CLS	
숙박	☑ 특급 HTL ☐ 2인 1실		☐ 1급 HTL ☐ 독실		☐ 2급 HTL ☐ 기타	
식사	☑ 조 식(10회) ☑ 석 식(9회)	☑ 중 식(10회) ☑ 기내식(2회)				
관광	☑ 포함			☐ 불포함		
안내인솔자	☑ 포함 ☐ 불포함					
현지가이드	☑ 한국어	☐ 영어		☐ 일어		☐ 기타
교통편	☑ 대형버스	☐ 중형버스	☐ 기타			
공항세	☑ 포함			☐ 불포함		
포트비	☐ 포함			☑ 불포함		
여행자보험료	☑ 포함			☐ 불포함		
대회등록비	☐ 포함			☑ 불포함		
출국세	☑ 포함			☐ 불포함		
선택관광	☐ 포함			☑ 불포함		
여권비자	☐ 포함			☑ 불포함		
기타잡비(팁)	☐ 포함			☑ 불포함		

02 여행계약서 작성

1 여행계약의 의의

여행사를 경영하는 자는 여행객과 여행계약을 체결하는 때에는 당해 서비스에 관한 내용을 기재한 계약서를 교부하여야 한다(관광진흥법 제13조의 2).

여행계약서 교부 위반시 등록취소 및 정지, 과징금 징수 등 행정처분(관광진흥법 시행령·규칙)을 받을 수 있다.

여행계약은 여행약관에 따라 체결하는 것으로 여행자와 구두상의 합의된 사항을 구체적으로 문서화하는 것이다. 여행자와 여행계약을 체결할 때 여행서비스에 관한 내용, 기타 문화관광부 장관이 정하는 사항을 설명하도록 의무화하고 있다. 여행계약은 주최여행계약과 수배여행계약 그리고 여행상담 계약 등으로 구분할 수 있다.

주최여행계약은 여행업자가 정한 여행일정에 따라 운송기관, 숙박기관 등의 여행서비스를 계약해 놓은 것을 여행자가 받아들이는 것이고, 수배여행계약은 여행자의 희망에 따라 운송, 숙박기관 등을 수배하는 것으로 여행업자는 타 지상수배업자에게 대행시킬 수도 있다. 그리고 여행상담 계약은 여행자의 요구에 따라 여행 상담에 응하고 여행일정의 작성과 여행요금의 계산을 인수하는 계약을 말한다.

이와 같이 계약은 신청금을 접수한 때에 성립된다. 그러나 수배여행계약에 있어서는 서명에 의한 특약이 있으면 신청금의 접수가 없다 해도 수배여행계약을 성립시킬 수 있다. 또한 여행상담 계약의 성립에는 정해지지는 않고 있지만 여행자의 요구를 승낙한 때에 성립하는 것으로 간주된다.

2 여행계약서의 기재사항

계약서란 당사자의 법률행위의 내용을 표시한 문서로서 원칙적으로 계약서의 작성과 계약의 체결 사이에는 불가분의 관계가 있는 것은 아니다. 계약이라는 것은 당사자 간의 합의내용이 기재 된 문서라면 계약이 성립되고, 기타 사회질서에 위배되지 않는 한 계약방식에는 제한이 없다.

따라서 계약서란 계약한 내용대로 이행이 어려울 경우에 언제, 어디서, 어떤 내용의 계약을 누구와 체결하였는가를 입증하기 쉽고 또한 분쟁을 사전에 방지하기 위한 예방차원에서 계약서를 작성하는 것이다. 그러므로 계약서는 권리와 의무의 발생, 변경, 소멸을 꾀하는 것이므로 우선 육하원칙에 따라 간결, 평이, 명료하게 작성하여야 한다.

여행계약서에 기재해야 할 사항은 다음과 같다. 다만 관광진흥법 제21조의 3의 규정에 의해 광고 등에 구체적으로 그 내용을 표시한 경우에는 이를 생략할 수 있다.

- 계약을 체결하는 여행업자의 등록번호·상호·소재지 및 연락처 기재한다. 만약에 기획여행을 실시하는 업자가 따로 있을 경우에는 그 여행업자의 등록번호·상호·소재지 및 연락처를 포함한다.
- 여행상품의 명칭과 종류를 기재한다.
- 여행일정 및 여행지역을 기재한다.
- 총 여행경비 및 계약금의 금액을 기재한다.
- 교통편·숙박 및 식사조건 등 여행자가 제공받을 구체적인 서비스의 내용을 포함한 여행조건을 기재해야 한다.
- 국외여행인솔자의 동행여부를 기재한다.
- 여행자보험 가입내용과 보상금액을 기재한다.
- 여행계약의 성립, 계약해제 및 계약조건 위반시의 손해배상 등 여행업약관 중 중요사항을 기재해야 한다.

이러한 사항 이외에도 여행사가 고객들과의 분쟁의 소지가 될 수 있는 계약내용이 있는 경우에는 그것에 대비하여 해당 부분을 특별히 부각시켜 계약서상에 언급해 둠으로써 차후에 발생될 수 있는 사태에 대비하는 것이 현명하다 하겠다.

3 해외여행계약서 작성의 실제

|표 5-2| 해외여행계약서 양식

<table>
<tr><td colspan="5" align="center">해외여행 계약서
당사(갑)와 귀하(귀 단체)는 아래와 같이 (□기획, □희망)여행 계약을 체결합니다.</td></tr>
<tr><td>여행상품명</td><td colspan="2"></td><td>여행기간</td><td>~ (박 일)
(기내 숙박 일 포함)</td></tr>
<tr><td>보험가입 등</td><td colspan="4">□ 영업보증 □ 공제 □ 예치금, 계약금액: 만원, 보험기간 : ~</td></tr>
<tr><td>여행자 보험</td><td colspan="4">보험 가입 (□ 여 □ 부), 보험회사 : 계약금액 : 만원,</td></tr>
<tr><td>여행인원</td><td colspan="2">명 행사인원 최저 : 명, 최대 : 명</td><td>여행지역</td><td>여행일정표참조</td></tr>
<tr><td rowspan="3">여행요금</td><td colspan="2">1인당 : 원</td><td rowspan="2">계약금: 원</td><td>잔액완납일: . . .</td></tr>
<tr><td colspan="2">총 액 : 원</td><td>잔액: 원</td></tr>
<tr><td colspan="2">계좌번호:</td><td colspan="2">(주) ○○투어</td></tr>
<tr><td rowspan="2">출발(도착)
일시 장소</td><td colspan="2">출발: . . . 시 분에서</td><td rowspan="2">교통수단</td><td>항공기(등석), 기차(등석)</td></tr>
<tr><td colspan="2">도착: . . . 시 분에서</td><td>선박(등석), 기타:</td></tr>
<tr><td>숙박시설</td><td colspan="4">□ 관광호텔 : 등급 □일 반호텔 □ 여관 □ 기타, 1실 투숙인원 : 명</td></tr>
<tr><td>식사회수</td><td colspan="4">□ 조식( )회, 중식( )회, 석식( )회 *기내식포함</td></tr>
<tr><td>여행인솔자</td><td colspan="2">□유 □무</td><td>현지안내원</td><td>□ 유 □ 무 *일정표참조</td></tr>
<tr><td>현지교통</td><td colspan="2">□ 버스( )인승 □ 승용차 □ 기타</td><td>현지여행사</td><td>□ 유 □ 무 *일정표참조</td></tr>
<tr><td rowspan="2">여행요금
포함사항</td><td colspan="2" align="center">필수항목</td><td colspan="2" align="center">기타선택항목</td></tr>
<tr><td colspan="2">□ 항공기·선박·철도 등 운임
□ 숙박·식사료 □ 안내자 경비
□ 국내외 공항·항만세
□ 관광진흥개발기금 □ 제세금
□ 일정표내 관광지입장료
※ 희망여행인 경우 해당란에 ☑로
표기</td><td colspan="2">□ 여권발급비
□ 비자발급비
□ 여행보험료(최고한도액: 원)
□ 쇼핑
□ 선택관광
□ 포터비 □ 봉사료
□ 기타 ( )</td></tr>
<tr><td rowspan="2">기타사항</td><td colspan="2" rowspan="2"></td><td>여권발급비</td><td>원</td></tr>
<tr><td>비자발급비</td><td>원</td></tr>
</table>

위 계약내용과 약관을 상호 성실히 이행 및 준수할 것을 확인하며 아래와 같이 서명·날인한다.

※ 본 계약과 관련한 다툼이 있을 경우 문화관광부고시에 의거 운영되는 관광불편신고처리위원회 또는 여행사 본사 소재 시·도청(시·군·구 포함) 문화관광과로 중재를 요청할 수 있음

갑 : (판매여행사)

상   호 : ○○여행사

주   소 : 서울특별시 강남구 대치동 ○○번지

대 표 이 사 : 홍 길 동 (인)   전   화 : 02-123-4567

등 록 번 호 : 1234567   담 당 자 :   (인)

───────────────────────────────

을 : (여행자) :

주   소 :

단 체 대 표 :   (인)   전 화 :

주민등록번호 :

작성일 : 20 . . .

4 국외여행 소비자피해 보상규정

사업자와 소비자 간의 분쟁이 발행한 때에는 한국소비자보호법에 의거하여 그 처리를 한국소비자원에 의뢰할 수 있다. 한국소비자원은 물품의 사용이나 용역의 이용으로 인한 피해를 경험한 소비자뿐만 아니라 소비자단체, 국가, 지방자치단체, 여행자로부터 피해구제를 요구받은 단체도 한국소비자보호원에 그 처리를 의뢰가 가능하다. 대개는 합의권고를 유도하지만 30일 이내에 당사자 간 합의가 되지 않을 경우에는 소비자분쟁조정위원회에 조정의뢰를 하고 30일 이내에 조정의결을 하게 된다. 조정결과를 통보받은 날로부터 15일 이내에 조정안을 수락하면 재판상의 화해와 같은 효력이 발생한다.

|표 5-3| **국외여행 소비자피해 보상규정**

피해유형	보상기준
1) 여행계약 해제로 인한 피해 ① 여행사의 귀책사유로 여행사가 계약 해제하는 경우	
– 여행개시 20일 전까지 취소 통보시	– 계약금 환급

– 여행개시 10일 전까지 취소 통보시	– 계약금 환급 및 요금의 5%
– 여행개시 8일 전까지 취소 통보시	– 계약금 환급 및 요금의 10%
– 여행개시 1일 전가지 취소 통보시	– 계약금 환급 및 요금의 20%
– 여행출발 당일 취소 통보시	– 계약금 환급 및 요금의 50%
② 여행자의 여행계약 해제 요청이 있는 경우	
– 여행출발일 20일 전까지 취소 통보시	– 계약금 환급
– 여행출발일 10일 전까지 취소 통보시	– 여행요금의 5% 배상
– 여행출발일 8일 전까지 취소 통보시	– 여행요금의 10% 배상
– 여행출발일 1일 전까지 취소 통보시	– 여행요금의 20%
– 여행출발 당일 취소 통보시	– 여행요금의 50%
③ 여행참가자 수의 미달로 여행개시 7일 전까지 여행취소 통지시	계약금 환급
④ 여행참가자 수의 미달로 인한 여행계약 해제 통지기일 미준수	
– 여행개시 1일 전까지 취소 통지시	– 여행경비의 20% 배상
– 여행 출발당일 취소 통지시	– 여행경비의 50% 배상
2) 여행사의 계약조건 위반으로 인한 피해(여행 후)	– 여행자가 입은 손해배상
3) 여행계약의 이행에 있어 여행종사자의 고의 또는 과실로 여행자에게 손해를 끼쳤을 경우	– 여행자가 입은 손해배상

여행항공 실무
Practical
Travel Airline

CHAPTER **6**

지상수배
업무

지상수배업무

01 지상수배업무의 이해

1 지상수배의 의의

지상수배는 여행자의 여행일정을 원활하게 하기 위해 여행업자가 각종 교통기관, 숙박기관 등 기타의 여행서비스를 제공할 업체와 사전에 예약을 하는 행위를 말한다.

지상수배는 기획업무의 기본으로서 여행자의 요구에 부응할 수 있는 여행소재의 구입과 제공을 주로 하는 업무로서 단체행사의 성립여부는 물론 여행사의 신뢰도에 큰 영향을 미친다. 왜냐하면, 아무리 여행일정계획이 잘 작성되어 있다하여도 예약·수배가 되어 있지 않거나 제대로 이행되지 못한다면 여행자의 신뢰는 물론이고 여행사경영에 큰 타격을 입을 수 있다. 따라서 여행업에 있어서 수배부문을 판매촉진의 근간이며 재판매 또는 확대판매로 이어지는 중요부분임을 강조하고 있다.

최근에는 현지의 호텔, 버스, 관광, 가이드, 식사 등의 수배를 여행업자가 직접 수배하지 않고 현지여행사(land operator)의 대리점 및 연락 사무소를 통하여 수배하는 경우가 많다. 그러므로 거래하는 현지 수배업자를 신중하게 선택하여 수배하여야 할 필요가 있다.

지상수배업무를 수행하는 과정에서 반드시 지켜야 할 몇 가지 원칙을 제시하고자 한다.

- **정확성** : 수배의뢰서의 기재내용과 기재사항을 충분히 이해하여야 하며, 수배내용을 독자적으로 판단해서는 안 된다.

- **신속성** : 경쟁사에 우위를 점하기 위해서는 신속한 수배를 하여야 하며, 이것은 그 회사의 능력과 밀접한 관계를 가진다. 그러므로 수요를 예측하여 사전에 미리 현지의 정보를 확보하여 구입하는 방법도 바람직하다.

- **확인성** : 예약한 상품이라도 반드시 확인 및 재확인(reconfirmation)을 해야 하며, 확인 시에는 상대방의 직책, 성명, 확인일자 및 시간 등의 기록을 하는 것을 생활화해야 한다. 특히 시간표와 요금표 등의 변경사항은 더욱 철저하게 확인해야 한다.

- **간결성** : 수배사항이 너무 많거나 길고 장황하면 무엇이 요점인지 불분명하므로 가능하면 가장 중요한 요점을 간결하게 강조할 필요가 있다.

- **대안성** : 수배는 여행자의 요구조건대로 수배하는 것이 가장 좋은 방안이다. 그러나 전혀 예상치 않은 기상의 변화나 현지의 사정 등, 만일의 사태에 따른 대비로 제2·3의 대안도 마련해 두어야 한다.

2 지상수배업무 과정

1) 여행내용의 확인 및 수배의뢰서 접수

수배의뢰를 받은 수배담당자는 여행내용을 확인한다. 즉 여행목적, 시간배분, 여행조건 등을 검토하여 여행판매가격 및 판매시의 조건에 따라 여행비용에 포함되어 있지 않은 것과 포함된 것과의 항목을 명확하게 파악한다.

여행비용에 포함되어 있는 부분만 수배하면 된다. 특히 호텔의 등급, 선택관광의 포함여부 등을 정확하게 확인해야 한다.

2) 지상비 견적의뢰

지상수배업자를 통한 견적을 의뢰할 때에는 한 개의 업체만 하지 않고 2~3개 업체에 의뢰해야 한다. 견적의뢰는 단체의 일정 및 조건을 구체적으로 상세하게 전달하고, 특히 고객의 요구조건 및 참가인원에 따라 견적을 의뢰내용이 여러 가지가 필요할 경우가 있다. 그리고 제출기간을 명확하게 지시하여야 한다.

지상수배업자의 견적의 내용은 실제의 행사일정이기 때문에 구체적으로 명시하지 않으면 지상수배업자의 판단에 맡기는 결과가 됨으로 경쟁사와의 우위를 점할 수 없다는 것을 명심해야 한다.

3) 견적서 검토 및 예비정산서 작성

견적내용을 상세하게 검토하여 여행의 내용이 고객의 요구조건과 일치하고 경비도 저렴한 업체를 선정한다. 물론 지상경비가 저렴하다는 것으로 선정대상이 되어서는 곤란하다. 기타 여러 가지 조건에 합당할 경우를 말한다.

4) 발주 및 수배확인서 수신

견적서의뢰에 따른 지상수배업체가 결정되면 고객이나 기획 또는 판매담당자에게 내용 등의 변경이 없는지를 확인한다. 또한 견적의뢰내용과 견적서 내용이 일치한다 할지라도 정식으로 발주할 때에는 다시 여행내용을 구체적이고 상세하게 수배회사에 전달할 필요가 있다.

5) 수배내용의 변경 및 조정

영업 및 기획담당자로부터 수배내용에 대한 변경연락이 있으면 현지여행사측에 즉시 내용변경을 연락해야 한다. 그러나 현지여행사의 제반사정에 의해 내용변경을 연락해 오는 경우도 있다. 따라서 수배담당자는 현지여행사와 본사의 담당자와 조정역할을 원활하게 즉시에 수행해야 한다.

왜냐하면 수배내용의 변경 및 조정단계에서 수배가 완성되기 때문이다. 그러므로 수배담당자는 각 단체의 수배상황에 대해 신속하게 그리고 세심하게 신경을 쓸 필요가 있다. 특히 보류사항에 있는 경우 영업 및 기획담당자에게 문의하여 현지여행사측의 재촉 등 적절하게 조치하여야 한다.

수배를 할 때 빈번하게 변경되는 내용들을 보면 다음과 같다.
√ 참가인원의 변경
√ 일정의 변경 및 항공편의 변경과 발착시간의 변경
√ 수배내용에 포함되어 있지 않았던 것을 추가하는 수배
√ 불확실했던 수배내용의 확인과정에서의 변경
수배내용의 변경에 따른 예상외의 인상 및 인하에 따른 변경, 예산을 초과한 경우에는 1인당 여행비용을 재교섭할 필요가 있다.

6) 확인 및 재확인

수배과정에서의 수시로 변경되었던 내용들을 확인이 되었다하더라도 안심하고 방치해 두면 안 된다. 예약상황이 완벽하게 확인된 사항도 수시로 예약확인을 하지 않을 경우 취소되는 경우도 있다는 것을 명심해야 한다. 특히 항공의 경우에는 재확인제도가 약관에 명시되어 있고, 발권의 유효기간 등으로 인해 규정내용을 반드시 확인할 필요가 있다.

7) 확정 일정표 수신 및 행사지시서 작성

수배가 확정이 되면 최종적으로 확정된 여행일정표를 현지여행사로부터 반드시 수신하여 발신자의 직책과 성명을 확인해야 한다. 그리고 수배사항에 대한 구체적 설명과 주의사항이 기록된 행사지시서를 영업 및 소속직원을 통해 발급하여 국외여행인솔자가 단체여행 행사 출발 전에 반드시 확정일정표와 함께 전달 받아야 한다.

8) 행사의 진행 및 변경사항 확인

행사지시서와 최종확정일정표를 통해서 국외여행인솔자는 여행일정표의 내용을 성실하게 수행하여야 한다. 행사를 진행하면서 수시로 예약의 변동사항이나 현지의 호텔 및 관광 등의 변경내용들을 항상 확인하고 변경내용이 있다면 즉각적으로 대처하여 효율적으로 대처함으로 단체여행객들에게 피해가 가지 않도록 최선을 다하여야 한다.

9) 지불청구서(invoice) 및 집행행사비의 확인

단체의 행사가 종료되면 행사집행에 대한 각 관련업체로부터 후불부문에 대한 청구서(invoice)가 송부되어 온다. 청구서에는 견적금액과 실제로 여행에 사용된 비용과의 조정이 된 이후에 확정금액이 계상되어 있다. 즉 이러한 서류는 관례상 수배부서의 확인절차를 거치게 된다. 이때 반드시 수배확인서 및 중간조정 내역과 상호대조하여 금액·수량에 대한 확인을 해야 한다. 이상이 있을 경우에는 즉각 시정을 요구하고, 시정이 불가능할 경우 다음 행사 때에 조정하도록 해당업체에 통보해 주어야 한다.

10) 지불정산

수배담당자는 현지여행사에서 송부된 청구서의 내용에 대해 검토하고 필요에 따라 기획 및 영업부서의 해당담당자와 여행인솔자에게 확인한 후 송금 지불하게 된다.

11) 본 정산서 작성

위에 열거한 일련의 과정을 거쳐 모든 일정을 마치면 최종적으로 단체행사 출발 전의 예상경비와 실제로 소요된 경비를 산출하여 본 정산을 하게 된다. 본 정산내용을 해당 기획 및 영업담당자와 직접 인솔한 여행인솔자에게 반드시 확인한 후 관리부서로 인계하여 회계처리를 하게 된다.

3 호텔선정과 객실예약

호텔을 예약하는 경우 다음 3가지 점이 관건이 된다. 즉 첫째, 어디에 예약을 의뢰하여야 하는가, 둘째, 예약을 넣을 때 필요한 정보는 무엇인가, 셋째, 객실의 유형, 식사조건 등과 고객이 특별하게 의뢰한 내용이 있는지 확인하여야 한다.

숙박시설 예약시의 선정방법은 다음과 같다.

- 위치(location)
- 교통(transportation)
- 환경(environment)
- 접근성(accessibility)
- 안전성(safety)

위의 사항을 고려하여 선정하는 것이 좋다. 또한 국가별·지역별로 고객의 여행비와 비교하여 알맞은 예산편성을 하여 선정하고, 특히 동일 객실일 경우에는 객실등급이 낮더라도 호텔등급을 높여서 선정하는 것이 일반적이라 하겠다.

여행자의 종류와 목적에 따라서도 호텔선정을 달리 할 수 있다. 즉 개인 여행자의 경우는 조용한 분위기와 교통이 편리한 호텔을 선호할 것이고, 단체여행자일 경우에는 동일 형태의 객실이 많은 지역의 호텔을 선정하는 것이 좋다. 또한 여행목적에 따라서는 일반 여행자들은 쇼핑센터의 접근이 용이한 다운타운을 원하는 경우 업무방문자는 방문하고자 하는 지역에 가까운 곳을 선택할 것이고, 회의참석자는 회의가 열리는 호텔이나 그와 가장 가까운 지역의 호텔을 선호할 것이다.

1) 호텔예약 및 확인방법

(1) 현지호텔에 직접예약

현지호텔에 편지·전화·텔렉스·팩시밀리 등으로 직접 예약하는 경우를 말한다. 이 방법은 한국에 예약사무소(representative)가 없거나 대형단체나 시리즈단체(series tour) 등 공급물량이 있을 때 현지호텔과의 유리한 요금교섭이 가능할 때 주로 이용되고 있다. 예약확인은 현지에서 예약을 확인한 예약확인서(group contract)를 수령하고 예약의 일치 여부를 점검함으로써 가능하다.

(2) 국내 예약사무소를 통한 예약

업무출장이나 관광객의 증가에 따라 호텔의 숙박수요가 크게 늘어남에 따라 세계의 유명호텔, 특히 체인호텔은 각국에 예약사무실을 설치하고 있거나 예약의 대행기관을 지정하여 판촉활동을 전개하고 있다.

예약사무소의 형태는 ① 국외 호텔체인 직영의 한국사무소, ② 세계 여러 나라의 호텔과 계약하여 그 호텔의 예약안내 업무를 하는 호텔 예약사무소가 있다. 이 방법은 예약신청과 동시에 가부가 판명되며, 요금도 알 수 있기 때문에 여행사에서 많이 이용되는 방법 중의 하나이다. 일반적으로 투숙일 3일 전이 아니면 예약이 불가능한 곳이 많다. 예약확인은 예약확인서(confirmation)를 수령함으로써 가능하다.

(3) 항공사를 통한 예약

여행사로서는 이 방법이 바람직한 방법은 아니나 항공사를 통한 호텔예약도 가능하다. 항공사는 많은 승객을 수송하거니와 연결편의 접속이 원활하지 못할 때 고객을 호텔에 안내해주고 있어 자사의 지정호텔에는 강력한 힘을 가지고 있다. 이 방법으로 예약을 할 때는 최초 탑승구간 이용항공사(initial carrier)에 예약을 의뢰하여야 하며, 현지에 일일이 조회하여 확인되므로 예약확인까지 시간이 걸린다는 점을 각오해야 된다. 이 방법을 이용할 경우 여행사로서는 수수료가 없으므로 충분히 고려해야 한다. 예약확인은 항공사의 소정양식에 유효인(validation)을 받음으로써 가능하다.

(4) 지상수배업자를 통한 예약

이 방법은 여행 일정이 길고 몇 나라를 순회하는 경우 각국에 일일이 수배가 번거로울 때 이용하는 방법으로서 일반적으로 다른 관광수배업무와 병행해서 예약할 때 주로 이용하고 있다. 예약확인은 여행상환권(travel voucher)을 받아 해당호텔에 송부하고 보증금을 송금한 경우에는 호텔에 통지하고 송금통지서를 여행안내원 또는 고객에게 지참시킴으로써 가능하다.

(5) 신용카드에 의한 예약

1994년 이후 실시된 이 방법은 예약문화에 대한 올바른 정착을 위해 실시되는 것으로 새로 도입된 제도이다. 이 예약방법으로 예약할 경우 예약자는 접수번호, 접수일시, 접수자 성명, 위약금 내용을 안내받지 않으면 안 된다.

(6) 숙박 전문예약업체를 통한 예약

여행상품의 유통이 다양화하면서 숙박상품만을 별도로 취급하여 이의 예약만을 전문적으로 취급하는 회사가 등장하였다. 주로 호텔 온리(hotel only) 고객들이 주 이용대상이다.

특히 최근에는 호텔예약 전문사이트를 통해 호텔 가격정보를 확인할 수 있다. 예를 들면 다음과 같다.

√ 트리바고(www.trivago.co.kr)

√ 호텔스닷컴(kr.hotels.com)

√ 호텔스컴바인(www.hotelscombined.co.kr)

√ 부킹닷컴(www.booking.com)

√ 트립닷컴(kr.trip.com)

2) 객실요금의 특성

호텔 객실 가격은 숙박객이 판매자인 호텔로부터 특정기간 객실이용 서비스 편익을 제공받는데 지불하는 대가이며, 흔히 요금이라는 한다. 그리고 실제 거래상 지출한 것과 취득한 것과의 관계이므로 이중적인 속성 때문에 호텔이 일방적으로 제시하는 가격은 실제가격이 될 수 없다.

즉, 객실 이용객(Expectation)은 지각 (perception), 만족(satisfaction)의 과정에 객실 상품을 평가하며 제공받는 객실에 대한 설비 및 서비스의 질과 지불하는 금액의 정도를 비교하는 가치 지향적 입장을 취하게 되므로 호텔은 객실 이용객이 판단하는 객실의 가치

수준과 이에 따른 지불의사 금액이 일치되는 적정 수준에서 제시하지 못하면 성립되지 않는다. 객실요금을 특성을 살펴보면 다음과 같다.

첫째, 호텔객실은 판매시간이 제한되어 있는 비재고성의 상품이기 때문에 호텔에서 제시하는 공표요금의 적용이 용이하지 않고 할인요금의 적용이 일반적이어서 성질상 구매시점에 따라 가격차이가 크게 나타난다.

둘째, 고객은 객실품질의 척도를 가격보다는 가치에 많이 의존하게 된다. 이 점은 무형재가 유형재와는 달리 상품구매원가의 계산이 명쾌하지 않아 원가와 가격의 유리현상이 발생한다.

셋째, 객실가격은 비교적 가격차별화(price discrimination)가 용이하므로 이를 통해 이익을 증가시킬 가능성이 크다. 서비스 가격은 고객의 지불가능성, 구매시기, 신분, 구매환경 등에 따라 가격을 달리 하여도 가격저항이 약하다.

넷째, 서비스 가격은 수요와 관련하여 베블렌 효과(veblen effect)가 발생한다. 가격이 오르는 데도 불구하고 수요가 증가하는 효과를 말한다, 즉 소비편승효과라고도 한다. 전통적 경제이론은 가격의 증가는 수요의 감소효과를 동반하지만 서비스는 부분적으로 가격증가가 수요증가를 유발하는 특성을 지니고 있다. 이는 서비스 상품이 세분화된 시장별로 가격영향력이 제조업보다 균일하지 않기 때문에 발생한다. 그러므로 위신가격(prestige pricing)설정도 흔히 채택한다.

다섯째, 재무적 측면에서 서비스산업 중 초기고정자산의 투자비율이 높은 기업은 비용(cost), 조업도(volume), 이익(profit)의 관계에서 비용구조조정의 영역이 국한되어 있어 손익분기점과 한계 이익 폭의 조정은 가격수준의 변화에 의존할 가능성이 높고 판매량 중심의 수요 지향적 가격특성을 표출하고 있다.

3) 지역별 호텔의 특징

(1) 동남아시아 지역

최근 10여 년간 동남아시아 지역은 새로운 호텔을 각 관광지에 건설하였다. 대표적인 호텔은 한국의 호텔보다도 시설이 좋고, 호텔의 본고장이라 일컫는 미국보다도 서비스가 좋은 곳도 많다. 이와 같은 현상은 각국 정부가 외화를 벌어들이기 위해 관광행정에 힘을 쏟아 호텔시설 투자를 촉진한 것이다. 이것은 각국의 특색을 반영한 환대태도(hospitality)를 보이고 있다.

구미 제국의 호텔에 비해서 종업원 수가 많고 식당이나 룸서비스 등 서비스도 빨라서 좋다. 한국인 여행자의 약 절반 이상이 동남아여행에 집중되어 있고, 시기에 따라서는 매우 혼잡할 때도 있다.

일반적으로 동남아지역의 호텔은 비교적 신규호텔이 많아 호텔의 시설 면에서는 아무런 불편이 없는 것이 장점인데다 숙박요금도 저렴한 것이 특색이라 하겠다.

(2) 일본 지역

일본의 숙박시설은 호텔, 여관, 국민숙사, 유스호스텔, 캡슐 인 등 다양한 숙박시설을 갖추고 있다. 일본의 호텔은 서구식 경영이 기본으로 되어 있어 유럽이나 미국과 대동소이하나 크게 다른 점은 객실 내에 잠옷을 구비하고 있는 점과, 각종 부대물품이 객실 내에 비치되어 있는 점이다. 비즈니스호텔에서는 심지어 커피포트도 있어 객실 내에서 간단한 음료를 마실 수 있게 되어 있다.

온천지역에는 일본식 잠옷과 나막신만으로 거리를 활보할 수 있다. 일본식 전통여관은 말이 여관이지 요금도 만만치 않다. 대개 오랜 전통을 유지하고 있는 곳이 많으며, 서비스 요원도 대개 기모노를 입고 서비스하고 있다. 개인고객의 식사는 대개 객실에서 들 수 있도록 배려하고 있는 등 일본 분위기를 만끽할 수 있어 좋다. 가격이 저렴한 숙박시설을 원하는 고객에게는 국민숙사나 유스호스텔을 선택할 것을 권유한다.

일본의 호텔요금은 객실요금의 측정은 1인당 요금제가 원칙으로 되어 있는 것이 특징이다. 객실요금에 포함된 사항은 객실사용요금+소비세 5%+서비스요금 10% 객실사용정원의 조식요금이 포함된 요금이 많으며 일부호텔은 조식 불포함인 경우도 있으므로 식사유무를 반드시 확인해야 한다.

온천호텔은 호텔에 따라 다소 차이는 있으나 대부분이 1박 조식·석식이 포함된다. 그러나 이벤트기간, 연말연시, 일본의 오봉연휴 기간 등에는 요금이 변동되는 경우도 있다.

(3) 유럽 지역

유럽은 미국이나 유럽 내의 여행자를 많이 수용해온 까닭에 전통적으로 고도의 서비스를 자랑하고 있는 곳이 많으며, 숙박시설이 매우 다양한 것이 특징이다. 시내의 호텔에는 객실수 100~200실 정도의 중규모 호텔이 많고 외관도 고전적이다. 최근에는 내부의 확장 및 개량으로 거주성이 좋아지고 있으며 유럽의 격식과 전통을 가진 호텔에서는 상류사회의 사교장이 되어 있어 지금도 유럽의 독특하고 우아한 분위기를 볼 수 있다.

최근에는 교외지역이나 시내 중심지에서 신규호텔들이 신축하여 현대식 호텔로서 설비와 경치가 좋은 호텔들도 많다. 유럽에서는 인력이 부족하기 때문에 포터·웨이터·도어맨 등은 아프리카·파키스탄, 인도 등 외지에서 온 사람이 많은 것이 특징인데 유럽지역 내에서도 이탈리아 스페인 사람도 이 분야에 상당수가 종사하고 있다.

오래된 호텔은 욕조가 없는 곳도 상당수 있으므로 체크인 전에 반드시 욕조의 유무를 확인해두는 것이 좋다.

CHAPTER **7**

여권 · 비자의 수속

여권 · 비자의 **수속**

01 여권

1 여권(passport)의 개요

여권(passport)이란 자국을 떠나 외국을 여행할 때 여행자의 신분 및 국적을 증명하고 이를 통해 방문국 정부에 대하여 여권소지자의 여행시 필요한 보호와 안전한 통과 및 도움을 의뢰하는 공문서이다. 즉 외국을 여행하려면 여권이 반드시 필요하며, 외국을 여행시 대한민국 국민임을 입증하는 신분증명서이다.

따라서 외국에 여행하고자 하는 국민은 여권법 규정에 의하여 발급된 여권을 소지하도록 규정되어 있다.

해외여행 결격 사유가 없는 대한민국 국민이면 외교부장관으로부터 여권을 발급 받을 수 있다. 여권구비서류를 준비해서 외교부장관으로부터 여권을 발급받을 수 있다. 간혹 법적인 문제, 병무서류 미비 등의 사유로 본인이 모르고 있는 여러 가지 사유로 수속이 지연되는 수도 있다. 법이 정하는 특별한 경우에 발급을 거절당할 수도 있다.

2008. 08. 25부터 전자여권발급이 시행되어 기존의 여권발급 대리 신청제도가 폐지되고 본인이 직접 신청하는 것으로 의무화되었다. 앞표지에는 국제민간항공기구(ICAO)의

표준을 준수하는 전자여권임을 나타내는 로고가 삽입되어 있으며, 뒤표지에는 칩과 안테나가 내장되어 있다. 전자여권 도입은 여권 위·변조 및 여권 도용 억제를 통해 여권의 보안성을 극대화하여, 궁극적으로 해외를 여행하는 우리 국민들의 편의를 증진시키는데 그 목적이 있다.

2 여권(passport)의 종류 및 발급

여권은 발급대상자에 따라 일반여권(단수여권, 복수여권)·관용여권·외교관여권으로 구분된다.

(1) 일반여권

여권을 처음으로 발급 받는 경우, 유효기간 만료로 신규 발급 받는 경우

① **발급대상** : 대한민국 국적을 보유하고 있는 국민
- 법령에 의한 여권발급 거부 또는 제한 대상이 아닌 자(여권법 제12조)
- 여권은 예외적인 경우(의전상 필요한 경우, 질병·장애의 경우, 만 18세 미만 미성년자)를 제외하고는 본인이 직접 방문하여 신청을 해야 한다.
- 의전상 필요 : 대통령(전직포함), 국회의장, 대법원장, 헌법재판소장, 국무총리만 해당
- 여권 재발급시 유효기간이 남아있는 여권은 반드시 지참하시고 방문해야 한다.(천공 처리 후 돌려 줌)

■ **복수국적자의 경우**

복수국적자도 대한민국 국민이므로 여권발급이 가능하다. 단, 복수국적자였다 할지라도 구 국적법에 따라 외국국적을 이미 선택하였거나, 개정법에 따른 국적 선택에 의해 우리국적을 상실한 경우에는 여권 발급이 불가하며, 이미 발급된 여권은 유효기간

이 남아있더라도 그 효력이 상실되므로 사용해서는 안 된다. 외국국적의 자진 취득으로 한국국적을 자동 상실한 사람이 한국 여권을 계속 사용한 경우에는 출입국관리법 등 관련 법령에 의하여 처벌받을 수 있다. (자세한 사항은 법무부 국적과 또는 가까운 출입국. 외국인청 또는 출입국. 외국인 사무소에 문의하시기 바람)

② **접수처** : 전국 여권사무 대행기관 및 재외공관

③ **구비서류**

- 가족관계기록사항에 관한 증명서와 병역관계서류는 행정정보 공동이용망을 통해 확인 가능한 경우 제출 생략(공통사항)
- 신분증은 사진과 주민등록번호를 비롯한 신원 정보가 보안요소와 함께 기재되어 있는 유효기간 이내의 국가기관 발행 신분증명서를 말한다.

■ **일반인 경우**
- 여권발급신청서, 여권용 사진 1매(6개월 이내에 촬영한 사진. 단, 전자여권이 아닌 경우 2매)
- 신분증
- 병역관계서류
  - 25세~37세 병역미필 남성 : 국외여행 허가서
  - 18세~24세 병역 미필 남성 : 없음
  - 기타 18세~37세 병역필 또는 면제 대상 남성 : 주민등록 초본 또는 병적증명서
    (단, 행정정보 공동이용망을 통해 확인 가능한 경우 제출 생략)
- 여권 재발급시 유효기간이 남아있는 여권은 반드시 지참하고 방문.

■ 만 18세 미만 미성년자

신청인	공통구비서류	추가구비서류
미성년자 본인	• 여권발급신청서 (여권법 시행규칙 별지 제1호서식) • 여권용 사진 1매 (6개월 이내에 촬영한 사진. 단, 전자여권이 아닌 경우 2매) • 법정대리인동의서 (여권법 시행규칙 별지 제1호의2서식) – 법정대리인동의서 작성 시 유의사항 친권자(부 또는 모) 또는 후견인이 작성 – 법정대리인이 직접 신청하는 경우 에도 작성 필요 – 공동친권인 경우 법정대리인 모두의 인적사항 기입 후 대표자가 서명(날인) – 단독친권인 경우 단독친권자만이 법정대리인 동의서에 서명(날인) • 미성년자의 기본증명서, 가족관계증명서 등 가족관계 또는 친족관계 확인 가능 서류 (행정정보공동이용 망으로 확인 가능 시 제출 생략)	• 법정대리인 인감증명서 (또는 본인서명사실확인서, 전자본인서명확인서) – 법정대리인 동의서에 서명을 한 경우, 본인서명 사실확인서를 구비하여야 하며, – 법정대리인 동의서에 인감도장을 날인한 경우, 인감증명서를 구비하여야 함
법정 대리인		• 방문한 법정대리인 신분증 • 법정대리인 인감증명서(또는 본인서명사실확인서,전자본인서명확인서) 동의서에 대표로 서명(날인)한 법정대리인이 직접 방문하는 경우 생략 법정대리인 동의서에 서명을 한 경우, 본인서명 사실확인서를 구비하여야 하며, 법정대리인 동의서에 인감도장을 날인한 경우, 인감증명서를 구비하여야 함
2촌 이내 친족		• 위임장 • 방문한 대리인 신분증 • 위임자(법정대리인)의 신분증(사본 가능) • 법정대리인 인감증명서 (또는 본인서명사실확인서, 전자본인서명확인서) 법정대리인 동의서에 서명을 한 경우, 본인서명 사실확인서를 구비하여야 하며, 법정대리인 동의서에 인감도장을 날인한 경우, 인감증명서를 구비하여야 함
기타 사항	• 법정대리인이 국외 체류하여 인감증명서 제출이 불가한 경우 체류지 관할 우리공관 영사의 공증을 받은 법정대리인 동의서를 준비하여 국내 대행기관에 미성년자 본인 또는 미성년자의 2촌 이내 친족이 신청 • 미성년자가 국외 체류 중인 경우 법정대리인 동의서 및 인감증명서 등 관련 구비서류를 준비하여 체류지 관할 재외공관에 미성년자 본인 또는 미성년자의 2촌 이내 친족이 신청 • 친권자가 친권을 행사할 수 없는 경우 해당 사유별 증빙서류(대행기관 및 외교부 여권과 문의)를 제출하여 단수여권 발급 가능	

■ 현역 및 대체의무 복무중인 자

- 여권발급신청서
- 여권용 사진 1매 (6개월 이내에 촬영한 사진. 단, 전자여권이 아닌 경우 2매)
- 신분증
- 국외여행허가서 및 해당서류

|표 7-1| 국외여행허가 서류

	국 외 여 행 허 가	여권 유효기간
직업군인	국외여행허가서 (소속 부대장 발행)	10년
복무중 일반사병	국외여행허가서(소속 부대장 발행)	10년
6개월내 전역예정자	전역예정증명서	10년
대체의무복무자	국외여행허가서(병무청 발행)	5년
6개월내 대체의무 복무해제예정자	복무확인서	10년
사관생도	국외여행허가서(소속 생도대장 발행)	10년
경찰대학생	국외여행허가서(25세이상/병무청 발행)	병역미필자와 동일

2) 관용·외교관여권

① 관용여권 발급대상

- 공무원과 공공기관, 한국은행 및 한국수출입은행의 임원 및 직원으로서 공무로 국외에 여행하는 자와 관계기관이 추천하는 그 배우자, 27세 미만의 미혼인 자녀 및 생활능력이 없는 부모
- 공공기관, 한국은행 및 한국수출입은행의 국외주재원과 그 배우자 및 27세 미만의 미혼인 자녀
- 정부에서 파견하는 의료요원, 태권도사범 및 재외동포 교육을 위한 교사와 그 배우자 및 27세 미만의 미혼인 자녀

- 대한민국 재외공관 업무보조원과 그 배우자 및 27세 미만의 미혼인 자녀
- 외교부 소속 공무원 또는 외무공무원법 제31조의 규정에 의하여 재외공관에 근무하는 공무원이나 현역군인이 그 가사 보조를 위하여 동반하는 자

② **외교관여권 발급대상**

- 전 현직 대통령, 국회의장, 대법원장, 헌법재판소장, 국무총리, 외교부장관 본인, 그 배우자 및 27세 미만 미혼인 자녀
- 특명전권대사, 국제올림픽위원회위원 본인, 그 배우자 및 27세 미만 미혼인 자녀, 생활능력이 없는 부모
- 외교부 소속 공무원 및 그 배우자, 27세 미만 미혼인 자녀, 생활능력이 없는 부모
  (단, 배우자, 27세 미만 미혼 자녀, 생활능력이 없는 부모는 외교부 소속 공무원이 공무로 국외여행을 하는 경우에 한하여 외교관여권 발급 가능)
- 관용 · 외교관여권은 공무상 국외여행을 위해 발급되며(개인적 국외여행에는 일반여권 사용), 발급대상자의 가족의 경우에는 공무상 동반시에만 발급받을 수 있으므로 가족에 대한 관용 · 외교관여권 발급 요청시 관계부처에서는 그 필요성을 상세히 소명하여야 한다.

③ **구비서류**

가족관계기록사항에 관한 증명서와 병역관계서류는 행정전산망을 통해 확인 가능한 경우 제출 생략

■ **본인**

- 여권발급신청서 (또는 간이서식지)
- 공무원증 또는 재직을 증명하는 신분증 (공공기관)
- 관계기관 공문 (공무국외여행허가권자 또는 위임자의 공문)
- 여권용 사진 1매 (6개월 이내에 촬영한 사진. 단, 전자여권이 아닌 경우 2매)
- 병역관계서류 (25세-37세 병역 미필 남성: 국외여행허가서, 18-24세 병역 미필 남성: 없음, 기타 18세-37세 남성: 주민등록초본 또는 병적 증명서)

■ **배우자 또는 미혼자녀**

- 여권발급신청서 (또는 간이서식지)

- 신분증, 공무원증사본 또는 재직을 증명하는 신분증 사본, 관계기관 공문 (공무국외여
  행허가권자 또는 위임자의 공문)

- 여권용 사진 1매 (6개월 이내에 촬영한 사진. 단, 전자여권이 아닌 경우 2매)

- 가족관계기록사항에 관한 증명서 (미성년자: 기본증명서 및 가족관계증명서, 기타: 기본증명서 또는
  가족관계증명서)

■ **병역관계서류** (25세-37세 병역 미필 남성: 국외여행허가서, 18-24세 병역 미필 남성: 없음, 기타 18세-37
  세 남성: 주민등록초본 또는 병적 증명서)

■ **생활 능력이 없는 부모**

- 여권발급신청서 (또는 간이서식지)

- 신분증, 공무원증사본 또는 재직을 증명하는 신분증 사본, 여권용 사진1매 (6개월 이
  내에 촬영한 사진. 단, 전자여권이 아닌 경우 2매)

- 가족관계기록사항에 관한 증명서 (미성년자: 기본증명서 및 가족관계증명서, 기타: 기본증명서 또는
  가족관계증명서)

- 주민등록등본, 부모의 미과세증명서 (국세, 지방세)

- 심신장애자 입증서류 (해당자에 한함)

- 형제자매의 출입국사실증명서 (해당자에 한함)

- 형제자매의 군복무확인서 (해당자에 한함)

- 형제자매의 재학증명서 (해당자에 한함)

- 대리신청이 불가능하여 직접 방문신청.

- 관용·외교관여권 신청시 소지하고 있는 유효한 일반여권은 반납 또는 보관을 하여
  야 신청이 가능하다.

④ **접수처** : 외교관여권 - 외교부 여권과, 관용여권 - 전국 여권사무 대행기관

사증취득을 위한 공한(비자노트) 신청은 공문으로 요망

외교관, 관용여권을 소지하고 공무로 여행하고자 하는 경우는 사증취득에 필요한 비자노트를 작성하여 교부할 수 있다.

■ **공문 첨부물 : 비자노트신청서, 관용여권 사본**
- 비자노트신청서 : www.passport.go.kr 민원서식 참조
- 비자노트신청서 작성 시, 여행목적 및 여행도시명 등 비자노트에 기재될 내용과 일치되도록 유의, 작성
- 비자노트는 비자취득을 위한 공문서로서 여행예정국 대사관에 여권 및 관련서류 등과 함께 제출하여야 한다.
- 미국 및 중국의 경우 초청장이 필요하다.

3) 여행증명서

정규여권을 발급받을 시간적 여유가 없고 긴급히 여행해야 할 필요가 있는 경우 예외적으로 발급하는 여권에 갈음하는 증명서로서, 1년 이내의 유효기간이 부여되면 유효 기간이 남아 있더라도 여행증명서에 기재되지 않은 국가를 여행하거나 여행증명서에 기재된 국가를 여행하여 해당여행 목적을 달성시 효력이 상실된다.

① 발급대상

여권법 제14조, 시행령 제16조, 제17조에 의거하여 아래에 해당하는 사람

가. 출국하는 무국적자
나. 국외에 체류하거나 거주하고 있는 사람으로서 여권을 잃어버리거나 유효기간이 만료되는 등의 경우에 여권 발급을 기다릴 시간적 여유가 없이 긴급히 귀국하거나 제3국에 여행할 필요가 있는 사람
다. 국외에 거주하고 있는 사람으로서 일시 귀국한 후 여권을 잃어버리거나 유효기간이 만료되는 등의 경우에 여권발급을 기다릴 시간적 여유가 없이 긴급히 거주지 국가로 출국하여야 할 필요가 있는 사람

라. "남북교류협력에 관한 법률" 제10조에 따라 여행증명서를 소지하여야 하는 사람으로서 여행증명서를 발급할 필요가 있다고 외교부장관이 인정하는 사람

마. "출입국관리법" 제46조에 따라 대한민국 밖으로 강제 퇴거되는 외국인으로서 그가 국적을 가지는 국가의 여권 또는 여권을 갈음하는 증명서를 발급받을 수 없는 사람

바. 상기 '가'항부터 '마'항까지의 규정에 준하는 사람으로서 긴급하게 여행증명서를 발급할 필요가 있다고 외교부장관이 인정하는 사람

② **구비서류**

가족관계기록사항에 관한 증명서와 병역관계서류는 행정정보 공동이용망을 통해 확인 가능한 경우 제출 생략

■ **일반인**

- 여권발급신청서, 여권용 사진 2매 (6개월 이내에 촬영한 사진)

- 가족관계기록사항에 관한 증명서 (미성년자: 기본증명서 및 가족관계증명서, 기타: 기본 증명서 또는 가족관계증명서)

- 신분증 (여권 및 여권사본으로 갈음)

- 병역관계서류 (25세-37세 병역 미필 남성: 국외여행허가서, 18-24세 병역 미필 남성: 없음, 기타 18세-37세 병역필 또는 면제 대상 남성: 주민등록초본 또는 병적 증명서)

■ **무국적자**

- 여권발급신청서, 여권용 사진 2매 (6개월 이내에 촬영한 사진)

- 무국적자임을 증명하는 서류, 가족관계기록사항에 관한 증명서 (미성년자: 기본증명서 및 가족관계증명서, 기타: 기본증명서 또는 가족관계증명서)

- 신분증

③ **접수처: 외교부 여권과, 재외공관**

3 전자여권(e-Passport, electronic passport)

1) 전자여권의 개념

전자여권(e-Passport, electronic passport)이란, 여권 내에 칩과 안테나를 추가하고 개인정보 및 바이오인식정보(Biometric data)를 칩에 저장한 기계판독식 여권을 말한다. 전자여권 도입의 기본 취지는 여권 위·변조 및 여권 도용 방지를 통해 여권의 보안성을 극대화하여, 궁극적으로 해외를 여행하는 우리 국민들의 편의를 증진시키는 데 있다. 전자여권에 내장되는 칩에는 기존 여권에 수록된 정보가 한 번 더 수록되며, 각종 보안기술이 적용되었다. 따라서 신원정보면과 칩을 동시에 조작하는 것이 사실상 불가능해지며, 설사 조작한 경우라고 해도 출입국 과정에서 자동적으로 적발된다.

앞표지에는 국제민간항공기구(ICAO)의 표준을 준수하는 전자여권임을 나타내는 로고가 삽입되어 있으며, 뒤표지에는 칩과 안테나가 내장되어 있다.

1988년부터 사용해왔던 기존 여권커버 색상이 이슬람국가들의 여권색상과 비슷하여 외국여행 때 불편함이 있어서 2020년 새로 변경된 색상은 서구권에서 많이 사용하는 남색으로 변경되었다. 단순히 여권커버 색상만 바뀌는 것이 아니라 내부표지들과 표기방식 및 신원정보 면을 PC(Poly Carbonate)타입으로 변경된다. 특수화학 물질에 레이저로 사진과 정보들을 각인함으로써 보안성을 한층 강화하게 된다.

일반여권(남색)　　　　관용여권(진회색)　　　　외교관여권(적색)

|그림 7-1| **전자여권의 앞표지**

※ 전자여권은 여권 커버에 PASSPORT 아래 전자여권 로고가 있다. 또한 전자여권은 여권 번호가 M으로 시작한다.

〈신원정보면〉

- 신원정보면은 공간감을 극대화하기 위해 태극의 원호형태를 사용하여 위 아래의 공간을 크게 감싸도록 함. 문자를 가장 많이 포함하는 쪽으로 배경에 한글자모도를 배치하여 한글의 기하학적 조형미가 느껴지도록 함
- 폴리카보네이트재질(현행 여권은 종이재질) 및 레이저 기술 사용 등 다양한 보안 요소를 가미해 보안성을 강화함
- 여권번호 처계를 변경(M12345678 → M123A4567)하고, 주민등록번호를 삭제하며, 월(月) 표기방법을 변경함(영문 → 한글/영문)

|그림 7-2| 전자여권 내용

(1) 여권 위·변조 억제

전자여권에 내장되는 칩에는 기존 여권에 수록된 정보가 한 번 더 수록되며, 각종 보안 기술이 추가 적용된다. 이를 통해 신원정보 면과 칩을 동시에 조작하는 것이 사실상 불가능해지며, 설사 조작한 경우라고 해도 출입국 과정에서 자동적으로 적발된다.

(2) 여권 도용 억제

정보 이중 수록을 통해 가장 빈번한 여권 위·변조 형태인 사진 교체가 방지되며, 지문 수록 전자여권 발급을 통해 본인 확인 및 도용억제기능이 한층 강화된다. 전자여권에는 개인 정보 보호 및 위·변조, 도용 방지를 위한 다양한 보안기술들이 적용되어 있다.

(3) 전자여권의 보안상 안전

여권 보유자가 인식하지 못하는 사이에 칩에 불법적으로 접근하여 개인정보를 빼내는 스키밍(skimming)을 방지하기 위하여 우리 여권은 국제민간항공기구(ICAO)의 규정대로 BAC라는 보안기술을 적용하고 있다.

칩에 있는 정보를 읽어내기 위해서는 우선 여권번호, 생년월일, 만료일을 알아야 하는데, 이 정보를 알기 위해서는 여권을 펼쳐야 하므로 여권이 닫혀 있는 상태에서는 스키밍(skimming)이 불가능하다. 또한, 전자여권 칩과 판독기 간의 교신 도청(eavesdropping)을 방지하기 위하여 우리 여권은 BAC, EAC CA 등 매우 강력한 보안기술을 통해 판독기와의 교신을 암호화하고 있다. 칩에 수록된 개인정보는 여권의 신원정보 면에 인쇄된 내용과 동일하다. 즉, 여권을 습득한 자가 칩 판독을 통해 추가적으로 얻어낼 수 있는 개인정보는 없다고 할 수 있다.

2) 전자여권 본인 직접신청제도

첫째, 위·차명 여권 발급 방지 : 위·차명 여권 발급 시도 등 우리 여권 제도의 악용 가능성을 원천적으로 최소화시켜 우리 여권에 대한 국제적 신뢰도를 가일층 제고하고, 각국 출입국창구에서 우리 여권소지자의 본인 여부를 둘러싼 논쟁 발생 소지를 최대한 제거함으로써 궁극적으로 국민들께서 보다 편리하게 해외여행을 하실 수 있도록 하는데 도입 목적이 있다.

둘째, 신분증 발급의 기본 절차 : 주민등록증, 면허증 등 여러 신분증 역시 발급 과정에서 본인의 창구 방문을 통한 신원 확인을 기본으로 하고 있다.

여권은 해외에서 자신의 신원을 증명할 수 있는 거의 유일한 신분증으로, 출입국뿐만 아니라 체류자격, 은행 거래 등의 기초 증빙 서류가 됨을 고려할 때 여권 본인 직접신청제의 도입은 바람직하다 할 수 있다.

3) 여권용 사진

여권사진의 규격은 국제민간항공기구(ICAO)에서 정한 기준을 따르고 있다. 여권은 해외여행시 인정되는 유일한 신분증으로 여권사진은 본인임을 확인하는데 매우 중요한 요소이다. 여권사진은 6개월 이내 촬영된 사진으로 각 나라의 출입국 심사(자동출입국 시스템 포함)시 본인임을 확인할 수 있도록 실제 소지인을 그대로 나타내어야 하며, 변형하여서는 안 된다. 여권접수가 지연되거나 거부되지 않도록 아래 기준에 맞는 사진을 제출하여야 한다.

■ **여권용 사진크기**
- 가로 3.5cm, 세로 4.5cm인 천연색 상반신 정면 사진이어야 한다.
- 머리길이(정수리부터 턱까지)가 3.2~3.6cm이어야 한다.
- 여권발급 신청일 전 6개월 이내 촬영된 사진이어야 한다.

■ **품질·배경**
- 일반 종이에 인쇄된 사진은 사용할 수 없으며, 인화지에 인화된 사진으로 표면이 균일하고 잉크자국이나 구겨짐 없이 선명해야 한다.
- 포토샵 등으로 수정한 사진은 사용할 수 없다.
- 배경은 균일한 흰 색이어야 하고, 테두리가 없어야 한다.
- 다른사람 및 사물이 노출된 사진은 사용할 수 없다.
- 인물과 배경에 그림자나 빛 반사가 없어야 한다.

■ **얼굴방향·표정**
- 얼굴과 어깨는 정면을 향해야 한다.(측면포즈 불가)
- 입은 다물어야 하며 웃거나 찡그리지 않은 자연스러운 표정(무표정)이어야 한다.
- 얼굴을 머리카락이나 장신구 등으로 가리면 안 되고 얼굴 전체(이마부터 턱까지)가 나와야 한다.

■ **눈동자·안경**
- 눈은 정면을 보아야 한다.

- 머리카락, 안경테 등으로 눈을 가린 사진과 적목현상이 있는 사진은 사용할 수 없다.
- 유색의 미용렌즈, 렌즈에 색이 들어간 안경 그리고 선글라스는 사용할 수 없다.
- 눈동자 및 안경 렌즈에 빛이 반사되지 않아야 한다.

■ **의상·장신구**

- 배경과 구분이 되지 않는 흰색 의상은 착용을 지양하되, 연한색 의상을 착용한 경우 배경과 구분되면 사용가능하다.
- 종교적 의상은 일상 생활시 항상 착용하는 경우에 한해 허용되며, 얼굴전체(이마부터 턱까지)가 나와야 한다.
- 모자 등으로 머리를 가리면 안된다.
- 목을 덮는 티셔츠, 스카프 등은 얼굴 전체 윤곽을 가리지 않으면 착용 가능하다.
- 귀걸이 등의 장신구를 착용하는 경우 빛이 반사되거나 얼굴 윤곽을 가리지 않아야 한다.

■ **영아**(24개월 이하)

- 모든 기준은 성인과 동일하다.
- 장난감이나 보호자가 노출되지 않아야 한다.
- 입을 다물고 촬영하기 어려운 신생아의 경우, 입을 벌려 치아가 조금 보이는 것은 가능하다.

4 로마자성명 표기·변경

최근에 최종 여권의 로마자성명 표기 변경은 엄격히 제한하고 있다. 여권 효력 상실·유효기간 만료 등으로 여권을 다시 발급 받는 경우라도 여권의 로마자성명은 이전과 동일하게 표기하여야 하며, 여권법 시행령 제3조의2에서 허용하는 사유가 아니면 원칙적으로 변경이 불가하다.

여권의 로마자성명은 국외에서 신원 확인의 기준이 되므로 최초 여권 발급시 신중히 표기하여야 하며, 법령에 따라 변경된 경우라도 변경 후 과거 여행국을 다시 여행하는 경우 입국심사시 위변조 여권으로 오인 받아 입국 거부 등 불이익을 받을 수 있음을 유의해야 한다.

로마자성명 중 이름은 붙여 쓰는 것이 원칙이나 음절 사이에 붙임표를 첨가할 수 있으며, 희망할 경우 띄어 쓰는 것도 허용된다. 다만, 로마자성명의 붙여 쓰기가 달라지는 경우 유효한 외국 사증(Visa)의 사용이 불가능해질 수 있으므로 반드시 담당 공무원에게 사증 소지 여부를 알려야 한다. 붙여 쓴 이름을 띄어 쓰거나 붙임표 첨가를 희망하는 경우, 또는 붙임표가 있는 이름에서 붙임표를 제거하거나 띄어쓰기를 희망하는 경우에는 '여권 로마자성명 변경 신청서'를 작성해서 제출하면 된다.

① 여권상 로마자성명 표기 방법

1. 여권상 로마자성명은 한글성명을 로마자(영어 알파벳)로 음역 표기함.
2. 한글성명의 로마자표기는 국어의 로마자 표기법에 따라 적는 것을 원칙으로 함.
3. 로마자 이름은 붙여쓰는 것을 원칙으로 하되, 음절 사이에 붙임표(-)를 쓰는 것을 허용함. (예 : GILDONG, GIL-DONG)
4. 종전여권의 띄어 쓴 로마자이름은 계속 쓰는 것을 허용함.

기타 여권 로마자성명 변경에 대한 자세한 사항은 각 여권발급대행기관에 직접 문의 요망

② 최초 여권발급 신청시 확인사항

1. 여권상 로마자성명은 해외에서 신원확인의 기준이 되며 변경이 엄격히 제한되므로 특별히 신중을 기하여 정확하게 기재하여야 한다.
2. 가족간 로마자 성(姓)은 특별한 사유가 없는 경우 이미 발급받은 가족구성원의 로마자 성(姓)을 확인하여 일치시켜야 한다.
3. 가족관계등록부상 등록된 한글성명을 로마자로 표기시 한글이름 음역을 벗어난 로마자 이름은 표기할 수 없으며, 반드시 음역을 정확하게 표기하여야 한다.
   예) 요셉→JOSEPH(×)

4. 대리인이 로마자성명을 잘못 기재하여 여권이 발급된 경우에도 로마자성명의 변경은 엄격하게 제한되며 이로 인한 불이익은 여권명의인이 감수해야 한다.

③ **여권법 시행령 제3조 2**(여권의 로마자성명 변경 등) **제1항 각 호에 의거, 로마자성명 변경이 허용되고 있는 경우**

1. 여권의 로마자성명이 한글성명의 발음과 명백하게 일치하지 않는 경우

2. 국외에서 여권의 로마자성명과 다른 로마자성명을 취업이나 유학 등을 이유로 장기간 사용하여 그 로마자성명을 계속 사용하려고 할 경우

3. 국외여행, 이민, 유학 등의 이유로 가족구성원이 함께 출국하게 되어 여권에 로마자로 표기한 성(이하 "로마자 성"이라 한다)을 다른 가족구성원의 여권에 쓰인 로마자 성과 일치시킬 필요가 있는 경우

4. 여권의 로마자 성에 배우자의 로마자 성을 추가·변경 또는 삭제하려고 할 경우

5. 여권의 로마자성명의 철자가 명백하게 부정적인 의미를 갖는 경우

6. 개명된 한글성명에 따라 로마자성명을 변경하려는 경우

7. 최초 발급한 여권의 사용 전에 로마자성명을 변경하려는 경우

8. 18세 미만일 때 사용한 여권상 로마자성명을 18세 이후 계속 사용 중인 경우로서 동일한 한글성명을 로마자로 다르게 표기하려는 경우

9. 그 밖에 외교부장관이 인도적인 사유를 고려하여 특별히 필요하다고 인정하는 경우

■ **로마자성명 표기 변경 허용 사례**

• '박(성)': PACK → PARK으로 변경 허용

• '배(성)': BEA → BAE으로 변경 허용

• '서(성)': SU → SEO 으로 변경 허용

• '윤(성)': YUNE → YOON 으로 변경 허용

• '전(성)': JEUN → JUN 으로 변경 허용

• '정(성)': JONG → JUNG으로 변경 허용

- '조(성)': JOE → CHO으로 변경 허용
- '최(성)': CHOY → CHOI으로 변경 허용
- '한(성)': HAHN → HAN으로 변경 허용
- '국(이름)': GOOG → KOOK으로 변경 허용
- '규(이름)': KYOU → KYU으로 변경 허용
- '근(이름)': KUEN → GEUN으로 변경 허용
- '기(이름)': KY → KI으로 변경 허용
- '남(이름)': NAHM → NAM으로 변경 허용
- '동(이름)': TONG → DONG으로 변경 허용
- '만(이름)': MAHN → MAN으로 변경 허용
- '병(이름)': BOUNG → BYUNG으로 변경 허용
- '서(이름)': SU → SEO으로 변경 허용
- '석(이름)': SUG → SEOK으로 변경 허용
- '섭(이름)': SOP → SEOP으로 변경 허용
- '성(이름)': SEUNG → SUNG으로 변경 허용
- '세(이름)': SEA → SE으로 변경 허용
- '숙(이름)': SOOG → SOOK으로 변경 허용
- '식(이름)': SHICK → SIK으로 변경 허용
- '신(이름)': SHEEN → SHIN으로 변경 허용
- '옥(이름)': OHK → OK으로 변경 허용
- '웅(이름)': OONG → WOONG으로 변경 허용
- '은(이름)': UN → EUN으로 변경 허용
- '인(이름)': INN → IN으로 변경 허용
- '중(이름)': CHOONG → JUNG으로 변경 허용
- '지(이름)': ZI → JI으로 변경 허용
- '해(이름)': HAY → HAE으로 변경 허용
- '현(이름)': HYEOUN → HYUN으로 변경 허용

■ 로마자성명 표기 변경 불허용 사례

- '권'(성) : KWEON을 KWON으로 변경 불허용

- '김(성)': GIM을 KIM으로 변경 불허용

- '백(성)': BACK을 BAEK으로 변경 불허용

- '유(성)': RYU를 YOU로 변경 불허용

- '이(성)': YI를 LEE로 변경 불허용

- '임(성)': LIM을 IM으로 변경 불허용

- IM을 LIM으로 변경 불허용

- '장(성)': CHANG을 JANG로 변경 불허용

- '전(성)': CHUN을 JEON으로 변경 불허용

- '정(성)': CHUNG을 JUNG로 변경 불허용

- JOUNG을 JUNG로 변경 불허용

- '최(성)': CHOE를 CHOI로 변경 불허용

- '경(이름)': GYOUNG을 KYOUNG으로 변경 불허용

- '관(이름)': KOAN을 KWAN으로 변경 불허용

- '구(이름)': GU를 KU으로 변경 불허용

- '금(이름)': KUM을 KEUM으로 변경 불허용

- '란(이름)': NAN을 RAN으로 변경 불허용

- '명(이름)': MYONG을 MYOUNG으로 변경 불허용

- '미(이름)': MEE를 MI으로 변경 불허용

- '섭(이름)': SEOB을 SEOP으로 변경 불허용

- '세(이름)': SAE를 SE으로 변경 불허용

- '승(이름)': SUNG을 SEUNG으로 변경 불허용

- '정(이름)': JOUNG을 JUNG으로 변경 불허용

- '택(이름)': TEAK을 TAEK으로 변경 불허용

- '화(이름)': WHA를 HWA으로 변경 불허용

- '희(이름)': HUI를 HEE으로 변경 불허용

■ 여권발급 수수료

|표 7-2| 여권 발급 등에 관한 수수료(국제교류기여금 포함)

종류	구분			여권발급 수수료		국제교류기여금		합계	
				국내	재외공관	국내	재외공관	국내	재외공관
전자여권	복수여권	10년 (18세이상)	48면	38,000원	38불	15,000원	15불	53,000원	53불
			24면	35,000원	35불			50,000원	50불
		5년 8세 이상	48면	33,000원	33불	12,000원	12불	45,000원	45불
			24면	30,000원	30불			42,000원	42불
		5년 8세 미만	48면	33,000원	33불	–	–	33,000원	33불
			24면	30,000원	30불			30,000원	30불
		5년 미만	24면	15,000원	15불	–	–	15,000원	15불
	단수여권	1년		15,000원	15불	5,000원	5불	20,000원	20불
사진부착식 여권	단수여권	1년		10,000원	10불	5,000원	5불	15,000원	15불
기타	여행증명서	사진부착식		5,000원	5불	2,000원	2불	7,000원	7불
	남은 유효기간 부여 여권	48면 24면		25,000원	25불	–	–	25,000원	25불
	기재사항변경			5,000원	5불	–	–	5,000원	5불
	여권사실증명			1,000원	1불	–	–	1,000원	1불

1) 병역의무자 및 신원조사 결과에 따른 해당자(예외적인 경우만 발급 가능)
2) 유효기간이 남아있는 여권의 소지자가 수록정보 변경, 분실·훼손, 사증란 부족 등으로 새로운 여권을 발급 받을 경우, 기존 여권에 대하여 남아있는 잔여 유효기간 만큼만 부여하여 발급 받는 여권
   - 여권법 시행령 제6조에 따라 18세 이상인 사람이 복수 여권을 신청할 경우는 유효기간 10년의 여권이 발급되며, 기간 선택은 불가함. 「여권 법령 >국내법」 참조
   - 사진부착식 여권은 긴급한 사유 등 예외적인 경우만 발급 가능하다.
   - 재외공관은 미화 기준.

■ 여권법 시행규칙 [별지 제1호서식] <개정 2019. 12. 5.>

여 권 발 급 신 청 서

※ 뒤쪽의 유의사항을 반드시 읽고 작성하시기 바랍니다.   (앞쪽)

여 권 선 택 란	※ 아래 여권 종류, 여권 기간, 여권 면수를 선택하여 네모 칸 안에 'Ⅴ'자로 표시하십시오. 표시가 없으면 일반여권의 경우 10년 유효기간의 48면 여권이 발급되며, 자세한 사항은 접수 담당자의 안내를 받으시기 바랍니다.		
여권종류	□ 일반 □ 관용 □ 외교관 여행증명서(□ 왕복 □ 편도)	여권면수	□ 24 □ 48
여권기간	□ 10년 □ 단수(1년) □ 잔여기간 담당자 문의 후 선택	□ 5년	□ 5년 미만

필수 기재란	※ 뒤쪽의 기재방법을 읽고 신중히 기재하여 주시기 바랍니다.	
사 진 ·신청일 전 6개월 이내 촬영한 천연색 상반신 정면사진 ·흰색 바탕의 무배경 사진 ·색안경과 모자 착용 금지 ·가로 3.5cm x 세로 4.5cm ·머리(턱부터 정수리까지)길이 3.2cm~3.6cm	한글성명	
	주민번호	—
	본인연락처	'-' 없이 숫자만 기재합니다.
	※ 긴급연락처는 다른 사람의 연락처를 기재하십시오.(해외여행 중 사고발생 시 지원을 위하여 필요)	
	긴급연락처 성명 관계 전화번호	

추 가 기 재 란	※ 로마자 성명은 여권을 처음 신청하거나 기존의 로마자 성명을 변경하는 경우에만 기재하시고, 뒤쪽 아래의 로마자성명 기재방법을 읽고 신중히 기재하여 주시기 바랍니다.	
로마자 (대문자)	성	
	이름	
최종 국내주소	해외거주자만 기재합니다.	
등 록 기 준 지	담당공무원의 요청이 있을 경우 기재합니다.	

선 택 기 재 란	※ 원하는 경우에만 기재합니다.	
배우자의 로마자 성(姓)		※ 작성하는 경우 여권에 'spouse of 배우자의 로마자 성'의 형태로 기재되며, 대문자로 기재해 주시기 바랍니다.
점자여권	□ 희망 □ 희망 안 함 ※ 시각장애인일 경우에만 네모 칸 안에 'Ⅴ'자로 표기하시기 바랍니다.	
여권 유효기간 만료 사전 알림 서비스	□ 동의 □ 동의 안 함 ※ 동의하는 경우, 「여권법 시행령」 제45조 및 제46조에 근거하여 고유식별정보가 통신사에 제공되며, 국내 휴대전화로 여권 유효기간 만료를 알리는 문자메시지가 발송됩니다.	

위에 기재한 내용은 사실이며, 「여권법」 제9조 또는 제11조에 따라 여권의 발급을 신청합니다.

                                                          년   월   일

                    신청인(여권명의인) 성명   (서명 또는 인)

외 교 부 장 관 귀 하

본인은 여권 발급 신청과 관련하여 담당 공무원이 전자정부법 제36조에 따른 행정정보 공동이용 등을 통하여 본인의 아래 정보를 확인하는 것에 동의합니다. 동의하지 않는 경우에는 해당 서류를 직접 제출하여야 합니다.

                    신청인(여권명의인) 성명   (서명 또는 인)

※담당공무원 확인사항 : 「병역법」에 따른 병역관계 서류, 「가족관계의 등록 등에 관한 법률」에 따른 가족관계등록전산정보자료, 「주민등록법」에 따른 주민등록전산정보자료, 「출입국관리법」에 따른 출입국전산정보자료, 장애인증명서

접 수 담 당 자 기 재 란					
접 수 번 호		특이사항			
접수연월일					
신원조사접수번호					
신원조사회보일					
신원조사결과					
(영수확인)	(납입확인)	확인란	접수자	심사자	발급자

                                          210mm×297mm[백상지 120g/㎡]

|그림 7-3| 전자여권 발급신청서 작성-앞면

(뒤쪽)

유 의 사 항

1. 이 신청서의 기재사항에 오류가 있을 경우 신청인(여권명의인)에게 불이익이 있을 수 있으므로 정확하게 기재하시기 바랍니다.
2. 이 신청서는 기계로 읽혀지므로 접거나 찢는 등 훼손되지 않도록 주의하시기 바랍니다.
3. 유효기간이 남아있는 여권이 있는 상태에서 새로운 여권을 발급받으려면 유효기간이 남아있는 기존 여권을 반드시 반납해야 합니다. 새로운 여권이 발급되면 여권번호는 바뀝니다.
4. 사진은 여권 사진 규정에 부합해야 하며, 여권용 사진 기준에 맞지 않는 사진에 대해서는 보완을 요구할 수 있습니다.
5. 긴급연락처는 해외에서 사고 발생 시 지원을 위하여 필요하오니, 본인이 아닌 가족 등의 연락처를 기재하시기 바랍니다.
6. 로마자 성명 기재방법은 아래 별도 설명을 참고하시기 바랍니다.
7. 해외이주 등으로 국내 주소가 없는 경우에는 신원조사를 위하여 최종 국내주소나 등록기준지를 기재하시기 바랍니다.
8. 여권 유효기간 만료 사전 알림 서비스는 국내 휴대전화만 가능합니다.
9. 무단으로 다른 사람의 서명을 하거나 거짓된 내용을 기재할 경우 「여권법」 등 관련 규정에 따라 처벌을 받게 되며, 여권명의인도 불이익을 받을 수 있습니다.
10. 여권발급을 위해 담당 공무원이 신청인의 병역관계 정보, 가족관계등록정보, 주민등록정보, 출입국정보, 장애인증명서 등을 확인하여야 하는 경우 신청인은 관련 서류를 제출하여야 하며, 담당 공무원이 행정정보 공동이용을 통해 이러한 정보를 확인하는 것에 동의하는 경우에는 해당 서류를 제출할 필요가 없습니다.
11. 단수여권과 여행증명서는 유효기간이 1년 이내로 제한됩니다. 단수여권으로는 발급지 기준 1회만 출·입국할 수 있으며, 여행증명서로는 표기된 국가만 여행할 수 있습니다.
12. 18세 미만인 사람은 법정대리인 동의서를 제출해야 하며, 유효기간 5년 여권만 발급받을 수 있습니다.
13. 여권 발급을 신청한 날부터 수령까지 처리기간은 근무일 기준 8일(국내 기준)입니다.
14. 발급된 지 6개월이 지나도록 찾아가지 않는 여권은 「여권법」에 따라 효력이 상실되며 발급 수수료도 반환되지 않습니다.
15. 여권은 해외에서 신원확인을 위해 매우 중요한 신분증이므로 이를 잘 보관하시기 바랍니다.
16. 여권을 잃어버린 경우에는 여권의 부정사용과 국제적 유통을 방지하기 위하여 국내의 여권사무 대행기관이나 재외공관에 분실신고를 하시기 바랍니다. 분실신고가 된 여권은 되찾았다 하더라도 다시 사용할 수 없습니다.
17. 사증란 추가는 여권의 유효기간이 남아있고 여권을 펼쳤을 때 아직 사용하지 않은 사증란이 좌우로 남아있는 경우 한 차례만 가능합니다.

로마자성명 기재방법

1. 여권의 로마자성명은 해외에서 신원확인의 기준이 되며, 본인이 직접 기재하거나 대리인을 통하여 작성하는 경우 모두 여권법령 등에 따라 변경이 제한되므로 신중하고 정확하게 기재해야 합니다.
2. 여권을 처음 발급받는 경우 로마자성명은 가족관계등록부에 등록된 한글성명을 음절 단위로 음역(音譯)에 맞게 표기하는 것이 원칙이며, 이름의 음절 사이에는 붙임표(-)를 사용할 수 있습니다.
3. 여권을 처음 발급받는 경우 특별한 사유가 없을 때에는 이미 여권을 발급받아 사용 중인 가족(예: 아버지)의 로마자성(姓)과 일치시키기를 권장합니다.
4. 여권을 재발급 받는 경우에는 원칙적으로 종전 여권의 로마자성명[배우자 성(姓) 표기 및 로마자이름 띄어쓰기 포함]과 동일하게 표기됩니다.

처 리 절 차

| 접 수 | → | 심 사 | → | 발 급 | → | 여권 교부 |

|그림 7-3| 전자여권 발급신청서 작성-뒷면

02 비자(VISA) 수속업무

1 비자(VISA)의 이해

비자(VISA)란 방문 상대국의 정부(대사관 또는 영사관)에서 입국을 허가해주는 입국허가증이며, 소지여권의 사증 란에 인증하는 제도이다. 따라서 여행계획을 세우고 방문하고자 하는 국가가 결정되면 비자 소지가 필요한지를 반드시 확인해야 한다. 그러나 비자의 발급이 방문국 입국을 절대적으로 보증하는 것은 아니라는 점에 유의해야 한다. 즉 비자는 발급국가에서 여행자를 일단 입국 내지 통과시켜도 좋다고 인정한 사실에 지나지 않고, 입국하려는 나라의 출입국 담당심사관이 최종 결정하기 때문에 비자 소지자라 하더라도 입국을 허가하지 않을 수도 있다는 점에 유의해야 한다.

비자에는 입국의 종류와 목적, 체류기간 등이 명시되어 있으며, 여권의 사증 란에 스탬프나 스티커를 붙여 발급한다.

2 비자의 종류와 내용

비자(visa)는 사용횟수에 따라 1회 입국하여 출국하면 효력이 상실되는 단수비자와 유효기간 내에 횟수에 관계없이 출입국이 가능한 복수비자로 분류된다. 또한 비자는 여행목적, 체재기간에 따라 입국비자와 통과비자로 구분되며, 입국비자는 여행하고자 하는 국가를 방문하는 목적에 따라 관광, 상용 및 영주 등으로 구분되어 발급된다. 통과비자는 여행객이 여행하고자 하는 국가로 가는 여행경로 상 필요에 의해 도중에 다른 나라에 들리는 경우에 경유국에서 발급되는 비자이다.

비자(visa)는 나라마다 차이가 있으며 일부국가에서는 비자신청서의 기내내용에 대한 철저한 심사와 함께 영사와 직접 면담까지도 해야 하는 복잡한 과정을 거쳐 비자를 발급하는 경우도 있다. 이러한 비자의 종류는 국가에 따라 다소의 차이가 있지만 일반적인 기준에 의한 분류는 다음과 같다.

1) 비자의 종류

(1) 여권에 의한 분류

일반비자·공용비자·외교비자

(2) 입국횟수 허용에 의한 분류

- 단수비자(single visa) : 1회 입국에 한여 유효한 비자
- 복수비자(multiple visa) : 유효기간 동안 횟수에 관계없이 입국이 가능한 비자

(3) 입국목적에 의한 분류

- 입국비자(entry visa) : 관광이나 상용 등의 목적으로 입국하려는 자에게 발급하는 비자이다.
- 통과 및 경유비자 : 제3국으로 향하는 과정에서 필요에 의해 도중경유지에 들르는 경우에 발급하는 비자로 해당 경유국에서 단기간 체류를 허락하여 발급해주는 비자이다. 여행목적지를 경유(transit)나 통과시에 단기간 또는 72시간 이내에 체류할 수 있고, 현지 공항에서 발급하는 비자이다.

(4) 방문목적에 의한 분류

- **관광비자**(tourist visa) 관광목적이나 친지방문 등 단순목적의 여행자에게 발급하는 비자이다.
- **상용비자**(commercial visa) 상용거래와 비즈니스 상담목적의 입국자에게 발급하는 비자이다.
- **유학비자**(study visa) 해당국가의 교육기관에서 인증한 장기 체류학생에게 발급하는

비자로 학생 고유의 목적 이외의 활동은 할 수 없다.

- **취업비자**(employment visa) 단기 또는 장기 취업목적으로 입국하는 자에게 발급하는 비자이다.
- **이민비자**(emigration visa) 영주를 목적으로 입국하는 자에게 발급하는 비자이다.
- **문화비자** 운동선수·기능인·연예인·종교인 등 일정기간 내에 활동하는 자에게 발급하는 비자이다.
- **동거비자** 입국비자가 유효한 자의 배우자 및 자녀에게 발급하는 비자다.
- **선원비자** 해당국가간의 원양해운상사의 취업절차에 따라 인증 및 발급하는 비자이다.
- **관용비자** 해당국가간에 양해된 공무원 또는 외교목적으로 장기간 입국하는 자에게 발급하는 비자

2) 비자신청 전제조건

- 비자는 유효한 여권을 소지한 여행자에게 교부되므로 비자 신청은 당연히 여권취득이 전제조건이 된다.
- 입국시는 물론 비자 신청시에 일정기간^(국가별 통상 3~6개월) 이상의 유효기간이 남아 있는 여권을 요구하는 국가들이 많으므로 비자 신청시 또는 입국시 해당 국가별로 요구하는 여권의 잔존 유효기간을 반드시 확인해야만 한다.

3) 미국비자 종류 및 신청수수료

|표 7-3| 미국비자의 종류와 신청자

비자종류	설 명	수수료(미화달러)	수수료(KRW)
B	상용·관광	$160	192,000
C-1	경유	$160	192,000
CW	CNMI 단기 취업(CW)	$190	228,000
D	선박·항공 승무원	$160	192,000
E	상사주재원·투자자, 호주국적 미국전문직종사자	$205	246,000

비자종류	설 명	수수료(미화달러)	수수료(KRW)
F	학생(학문))	$160	192,000
H	단기 전문직 종사자, 임시 고용인, 연수생	$190	228,000
I	언론인및 미디어	$160	192,000
J	교환 방문자	$160	192,000
K	미국 시민권자의 약혼자	$265	318,000
L	주재원	$190	228,000
M	학생 (직업 학교)	$160	192,000
O	특수 재능 소유자	$190	228,000
P	운동선수 예술가 &연예인	$190	228,000
Q	국제 문화 교류 행사 참가자	$190	228,000
R	종교인	$190	228,000
U	범죄 행위 희생자	$160	192,000
TN/TD	NAFTA 전문인	$160	192,000

■ 수수료가 면제되는 비자 종류 및 조건

- A, G, C-2, C-3, NATO, 및 외교관 비자 신청
- J 비자 신청자로 미 정부가 지원하는 교육 및 문화 교류 참가자
- 비자가 잘못 부착되었거나 또는 신청인의 잘못이 아닌 이유로 비자 발급일로 부터 1년 이내 비자 재발급이 필요한 경우
- UN 총회가 UN 본부 회원 및 참관 임무 직원으로 인정하는 신청인 및 그 직계가족 등 국제 협정하에 면제되는 신청자
- 특정 자선 서비스를 제공하기 위해 여행하는 신청자
- 공무 수행을 위해 여행하는 미 정부 직원
- 미 정부 직원이 공무 수행 중 사망한 경우, 그 직원의 장례 및 입관에 참여하기 위해 여행하는 부모, 형제, 배우자 또는 자녀; 또는 미 정부 직원이 공무 중 심한 부상을 입은 경우, 긴급 치료 및 요양 기간 중 방문하고자 하는 그 직원을 부모, 형제, 배우자 또는 자녀

4) 비자의 기재사항과 내용

비자의 양식은 국가별로 차이가 있지만, 일반적인 기재내용은 다음과 같다.

- 비자번호
- 비자의 종류(관광·상용·취업 등)
- 단수 또는 복수의 구분
- 비자수수료(visa fee)

- 발급국가의 고유한 문장 표시
- 비자의 발급일 및 만료일(유효기간)
- 비자 발급 대상자의 성명
- 비자 면제협정

여권번호
확인

이름의 영어 철자가
여권의 철자와
같은지 확인

비자
발급 지역

생년월일
확인

"R"은 일반여권을
의미합니다. "Class"는
비자종류를 의미합니다.
방문목적에 따라 다른
비자종류를 참고하십시오.

VISA
UNITED STATES
OF AMERICA

Issuing Post Name
SEOUL
Surname
TRAVELER
Given Name
HAPPY
Passport Number
12345678
Entries
M

Control Number
20030988160001

Visa Type /Class
R   B1/B2

Sex
F

Birth Date
01JAN1950

Nationality
KOR

Issue Date
08APR2003

Expiration Date
07APR2013

0110

Annotation
THIS IS A SAMPLE MRV AND IS NOT VALID
FOR TRAVEL.

64784257

VNUSATRAVELER<<HAPPY<<<<<<<<<<<<<<<<<<<<<<<<
12345678<8KOR5001013F1304071B3SE000IL4243934

"M"은 여러번 미국입국을
신청할 수 있다는 것을
의미합니다. 여기에
"M" 대신 숫자가 찍혀 있으면
그 숫자 횟수만큼 미국입국을
신청할 수 있다는 뜻입니다.

"Annotation" 주석란.
이 란에는 비자에 관한
추가적인 사항이 기재됩니다.
예를 들어 유학비자에는
SEVIS 번호와 학교 이름이
기재됩니다.

"Expiration Date" 만기일.
만기일까지 미국입국허가를
신청할 수 있다는 뜻입니다.
미국에 체류할 수 있는 기간과
만기일과는 관계가 없습니다.
"비자란 무엇인가?"에 관한
안내을 참고하십시오.

|그림 7-4| 미국비자 읽는 법

137

3 비자 면제제도

1) 비자 면제제도의 정의

사증면제제도란? 국가 간 이동을 위해서는 원칙적으로 사증(입국허가)이 필요하다. 사증을 받기 위해서는 상대국 대사관이나 영사관을 방문하여 방문국가가 요청하는 서류 및 사증 수수료를 지불해야 하며 경우에 따라서는 인터뷰도 거쳐야 한다. 사증면제제도란 이런 번거로움을 없애기 위해 국가간 협정이나 일방 혹은 상호 조치에 의해 사증 없이 상대국에 입국할 수 있는 제도이다.

비자면제협정(visa waiver agreement)을 통해 특정국가간 자국민의 여행편의를 도모하기 위하여 일반여행자에 대해서 단기간 체제할 경우에 국가 간 비자의 상호면제협정을 통하여 자유로운 입출국을 보장하는 것을 말한다. 즉 비자면제협정 국가는 한국에서 비자를 받을 필요가 없이 방문국가의 공항에서 여권에 직접 체류허가 스탬프를 받고 체류기간을 명시해준다.

이들 국가들은 단기간 여행시 비자 없이 방문할 수 있는 국가이다. 그러나 허용하는 기간을 초과하여 체류할 때는 체류목적에 맞는 비자를 받아야 한다.

2) 무사증입국이 가능한 국가

2019년 5월 현재 우리나라 국민들은 사증면제협정에 의거하여, 혹은 일방주의 및 상호주의에 의해 아래 국가, 지역들에 사증 없이 입국할 수 있다.

소지하신 여권의 종류(일반여권, 관용여권, 외교관여권)에 따라 무사증 입국 가능 여부가 다름을 참조해야 한다. 사증(비자) 취득은 해당 국가의 주권사항이므로 반드시 해당 주한대사관을 통해 문의를 할 필요가 있다.

■ **무사증 입국 전 필요사항 참조**

해당국가	내 용
미국	출국 전 전자여행허가(ESTA) 신청 필요
캐나다	출국 전 전자여행허가(eTA) 신청 필요, 생체인식정보 수집 확대 시행(2018.12.31.~)
호주	출국 전 전자여행허가(ETA) 신청 필요
괌, 사이판	45일간 무사증입국이 가능하며, 전자여행허가(ESTA) 신청시 90일 체류 가능
영국	협정상의 체류기간은 90일이나 영국은 우리 국민에게 최대 6개월 무사증입국 허용 (무사증입국시 신분증명서, 재정증명서, 귀국항공권, 숙소정보, 여행계획 등 제시필요)

■ **무사증 체류 가능한 국가/지역**

|표 7-4| **국가/지역별 무사증 체류기간**　　　　　　　　　　　　　　　　(2020. 1. 현재)

지역	국가	우리 국민 무사증 입국 가능 여부 및 기간		
		일반여권 소지자	관용여권 소지자	외교관 여권 소지자
아주지역 (20개 국가 및 지역)	대만	90일	90일	90일
	동티모르	X	무기한	무기한
	라오스	30일	90일	90일
	마카오	90일	90일	90일
	말레이시아	90일	90일	90일
	몽골	X	90일	90일
	방글라데시	X	90일	90일
	베트남	15일	90일	90일
	브루나이	30일	30일	30일
	싱가포르	90일	90일	90일
	인도	X	90일	90일
	인도네시아	30일	14일	14일
	일본	90일	90일	90일
	중국	X	30일	30일
	캄보디아	X	60일	60일

아주지역 (20개 국가 및 지역)	태국	90일	90일	90일
	파키스탄	X	3개월	3개월
	필리핀	30일	무제한 (공무목적X30일)	무제한 (외교목적X 30일)
	홍콩	90일	90일	90일
미주지역 (34개국)	가이아나	90일	90일	90일
	과테말라	90일	90일	90일
	그레나다	90일	90일	90일
	니카라과	90일	90일	90일
	도미니카(공)	90일	90일	90일
	도미니카(연)	90일	90일	90일
	멕시코	90일	90일	90일
	미국	90일	X	X
	바베이도스	90일	90일	90일
	바하마	90일	90일	90일
	베네수엘라	90일	30일	30일
	벨리즈	90일	90일	90일
	볼리비아	X	90일	90일
	브라질	90일	90일	90일
	세인트루시아	90일	90일	90일
	세인트빈센트그레나딘	90일	90일	90일
	세인트키츠네비스	90일	90일	90일
	수리남	90일	90일	90일
	아르헨티나	90일	90일	90일
	아이티	90일	90일	90일
	안티구아바부다	90일	90일	90일
	에콰도르	90일	90일	임무수행기간
	엘살바도르	90일	90일	90일
	온두라스	90일	90일	90일
	우루과이	90일	90일	90일
	자메이카	90일	90일	90일
	칠레	90일	90일	90일
	캐나다	6개월	6개월	6개월
	코스타리카	90일	90일	90일
	콜롬비아	90일	90일	90일

미주지역 (34개국	트리니다드토바고	90일	90일	90일
	파나마	180일	180일	180일
	파라과이	30일	90일	90일
	페루	90일	90일	90일
유럽지역 (쉥겐 가입국 26개)	그리스	90일	90일	90일
	네덜란드	90일	90일	90일
	노르웨이	90일	90일	90일
	덴마크	90일	90일	90일
	독일	90일	90일	90일
	라트비아	90일	90일	90일
	룩셈부르크	90일	90일	90일
	리투아니아	90일	90일	90일
	리히텐슈타인	90일	90일	90일
	몰타	90일	90일	90일
	벨기에	90일	90일	90일
	스웨덴	90일	90일	90일
	스위스	90일	90일	90일
	스페인	90일	90일	90일
	슬로바키아	90일	90일	90일
	슬로베니아	90일	90일	90일
	아이슬란드	90일	90일	90일
	에스토니아	90일	90일	90일
	오스트리아	90일	180일	180일
	이탈리아	90일	90일	90일
	체코	90일	90일	90일
	포르투갈	180일 중 90일	180일 중 90일	180일 중 90일
	폴란드	90일	90일	90일
	프랑스	90일	90일	90일
	핀란드	90일	90일	90일
	헝가리	90일	90일	90일
유럽지역 (비쉥겐국 및 지역 28개)	러시아	1회 최대 연속체류 60일,180일 중 누적 90일	90일	90일
	루마니아	180일 중 90일	180일 중 90일	180일 중 90일
	북 마케도니아	180일 중 90일	180일 중 90일	180일 중 90일
	모나코	90일	90일	90일
	몬테네그로	90일	90일	90일

	몰도바	180일 중 90일	90일	90일
	보스니아	90일	90일	90일
	불가리아	180일 중 90일	180일 중 90일	180일 중 90일
	사이프러스	90일	90일	90일
	산마리노	90일	90일	90일
	세르비아	90일	90일	90일
	아르메니아	연180일	연180일	연180일
	아일랜드	90일	90일	90일
	아제르바이잔	x	30일	30일
	안도라	90일	90일	90일
유럽지역	알바니아	90일	90일	90일
(비쉥겐국	영국	6개월	6개월	6개월
및 지역	우즈베키스탄	30일	30일	60일
28개)	우크라이나	90일	90일	90일
	조지아	360일	90일	90일
	카자흐스탄	30일(1회 최대연속 체류30일,180일 중 60일)	90일	90일
	코소보	90일	90일	90일
	크로아티아	90일	90일	90일
	키르기즈 공화국	60일	30일	30일
	타지키스탄	x	90일	90일
	터키	180일 중 90일	180일 중 90일	180일 중 90일
	투르크메니스탄	x	30일	30일
	괌	45일/VWP90일	45일/VWP90일	45일/VWP90일
	뉴질랜드	90일	90일	90일
	마셜제도	30일	30일	30일
	마이크로네시아	30일	30일	30일
	바누아투	30일	90일	90일
대양주	북마리아나 제도(사이판)	45일/VWP90일	45일/VWP90일	45일/VWP90일
(14개	사모아	60일	60일	60일
국가 및	솔로몬 제도	45일	45일	45일
지역)	키리바시	30일	30일	30일
	통가	30일	30일	30일
	투발루	30일	30일	30일
	팔라우	30일	30일	30일
	피지	4개월	4개월	4개월
	호주(오스트레일리아)	90일	90일	90일

	가봉	X	90일	90일
	남아프리카 공화국	30일	30일	30일
	레소토	60일	60일	60일
	모로코	90일	90일	90일
	모리셔스	90일	90일	90일
	모잠비크	X	90일	90일
	바레인	X	X	X
	베냉	X	90일	90일
	보츠와나	90일	90일	90일
	상투메프란시페	15일	15일	15일
	세네갈	90일	90일	90일
	세이쉘	30일	30일	30일
아프리카 · 중동지역 (27개국)	에스와티니 (스와질랜드)	60일	60일	60일
	아랍에미리트	90일	90일	90일
	알제리	X	90일	90일
	앙골라	X	30일	30일
	오만	30일	90일(협정)	90일(협정)
	요르단	X	X	90일
	이란	X	90일	90일
	이스라엘	90일	90일	90일
	이집트	X	90일	90일
	카보베르데	X	90일	90일
	카타르	30일	30일	30일
	쿠웨이트	X	180일 중 90일	180일 중 90일
	탄자니아	X	180일 중 90일	180일중 90일
	튀니지	90일(협정에는 30일)	90일 (협정에는30일)	90일(협정에는 30일)

4 미국 비자면제 프로그램

1) 미국 비자면제 프로그램의 개념

2008. 11. 17 우리나라가 미국의 "비자면제프로그램(VWP: Visa Waiver Program)"에 가입함으로써 우리 국민은 인터넷에서 간단한 등록절차를 거쳐 ESTA를 발급받는 것만으로

비자 없이 미국을 방문할 수 있게 되었다. 단, ESTA는 전자여권 에만 적용되며, 전자여권이 아닌 여권은 별도의 비자를 받아야 한다.

2019년 8월 5일, 미국토안보부는 전자여행허가제(ESTA) 신청서에 신청자가 2011년 3월 1일 혹은 그 이후에 북한에 방문, 체류한 적이 있는지의 여부와 북한국적을 포함한 이중국적자인지의 여부를 묻는 질문을 추가하였다.

2011년 3월 1일 혹은 그 이후에 북한에 방문한 적이 있는 개인의 경우, 미국으로의 여행시 비자면제프로그램(VWP)을 이용할 수 없다. 비자면제 여행에 대한 규제조항들은 비자면제 가입국의 국적과 북한 국적을 동시 소지한 이중국적자도 적용된다. 본 변경에 관한 더 많은 정보 및 자주 묻는 질문들에 대한 답변들은 미국토안보부 관세국경보호청의 웹페이지를 통해 확인하면 된다.

전자여행허가제(ESTA) 웹사이트에서 여행 허가를 받은 VWP 여행자들은 미국 입국항에서 입국 심사를 받게 되고, 미 국토 안보부의 US-VISIT 프로그램에 등록이 된다.

① 회원 국가들

그리스	모나코	안도라
네덜란드	벨기에	에스토니아
노르웨이	브루나이	영국
뉴질랜드	산마리노	오스트레일리아
대한민국	스웨덴	오스트리아
칠레	스위스	이탈리아
덴마크	스페인	일본
독일	슬로바키아	체코 공화국
라트비아	슬로베니아	포르투칼
룩셈부르크	싱가포르	폴란드
리투아니아	아이슬란드	프랑스
리히텐슈타인	아일랜드	핀란드
말타		대만
		헝가리

아래의 자격 요건을 충족할 경우, 회원 국가의 국민들은 비자 없이 여행이나 사업의 목적으로 90일 이내에 여행을 할 수 있다.

- 칩이 있는 전자여권(e-passport)을 소지함.
- 전자여행허가제도(ESTA)를 통해 온라인으로 등록함.

- 아래에 언급된 표준 VWP조건을 충족함.

② 자격

비자면제 프로그램으로 미국에 입국하려는 여행자들은 아래의 요건을 갖추어야 한다.

- 위에 국가의 국민이며, VWP 규정을 따른 여권 소지.
- ESTA 허가 소지.
- 사업, 오락, 혹은 환승의 목적으로 여행.
- 미국에 90일 혹은 그 이하의 기간 동안만 체류.

그리고 항공이나 배편으로 미국에 입국하려면 아래의 요건을 갖추어야만 한다

- 왕복표 혹은 이후 여행을 위한 표의 소지. 전자 티켓을 가지고 여행을 할 경우, 이민 심사관에게 보여주기 위하여 여행 일정표의 복사본을 가지고 있어야 함. 멕시코, 캐나다, 버뮤다 혹은 캐러비언 제도로 가는 티켓을 가진 여행자들은 해당 지역의 합법적 거주자들이어야 함.
- 비자면제프로그램에 참여하기로 동의한 항공사 또는 해운사를 이용한 미국 입국이이어야 함. 여기에는 미국 국토안보부와 계약하여 비자면제 프로그램 하에 승객을 운송하기로 한 미국 기업의 항공기도 포함된다.

캐나다 혹은 멕시코에서 지상으로 미국에 입국할 경우, 왕복 티켓 및 서명한 운송회사 관련 요건을 제외한 기타 서류 요건은 동일하다. 체류 기간 동안의 체류비와 미국을 떠나는 비용을 소지하고 있다는 것을 심사관에게 보여 줄 수 있어야 한다.

③ 전자여행허가제도(ESTA)

2016년 4월 1일부터 비자 면제 프로그램을 이용하여 미국에 입국하려는 여행자는 반드시 유효한 전자 여권을 소지해야 한다. 이 규정은 이미 유효한 전자여행허가서(ESTA)를 발급 받은 여행자에게도 적용된다.

아울러, 비자면제프로그램 가입국의 국민이면서 2011년 3월 1일 이후에 이라크, 이란, 리비아, 북한, 소말리아, 수단, 시리아, 또는 예멘으로 여행을 하였거나 체류한 적이

있는 경우 비자면제프로그램을 이용하여 미국에 입국할 수 없다. 또한, 비자면제프로그램 가입국 국민이면서 이라크, 이란, 북한, 수단, 혹은 시리아의 이중 국적자인 경우에도 비자면제프로그램을 이용하여 미국에 입국할 수 없다.

위에 언급된 국가에 체류한 목적이 비자면제프로그램 가입국의 군대에서 군사적 업무를 행하기 위함이었거나 비자면제프로그램 가입국 정부의 공무원으로 공식적인 임무를 수행하기 위함이었던 경우에는 해당 규제 사항이 적용되지 않다.

미국의 법 집행 혹은 국가 안보에 이익이 될 것으로 판단되는 경우, 미국토안보부 장관은 본 규제사항을 사면 조치할 수 있다. 이러한 사면 조치는 각각의 사례에 개별로만 적용될 것이며, 일반적으로 사면 적용을 받을 수 있는 대상자에는 아래와 같은 여행자들이 포함될 수 있다.

① 국제기구, 지역기구, 혹은 정부기관의 공식적인 업무로이라크, 이란, 리비아, 북한, 소말리아, 수단, 시리아, 또는 예멘을 방문한 자
② 인도주의적인 비정부기구의 공식적인 업무로 이라크, 이란, 리비아, 북한, 소말리아, 수단, 시리아, 또는 예멘을 방문한 자
③ 언론인으로서 보도를 목적으로 이라크, 이란, 리비아, 북한, 소말리아, 수단, 시리아, 또는 예멘을 방문한 자
④ 2015년 7월 14일 타결된 포괄적 공동행동계획(Joint Comprehensive Plan of Action)에 따라 합법적인 업무 관련 목적으로 이란을 방문한 자
⑤ 합법적인 업무 관련 목적으로 이라크를 방문한 자

현재 새로운 ESTA 신청서의 작성이 가능하며, 새로운 신청서에는 법안에 규정된 예외사항이 반영된 추가 질문들이 포함되어 있다. ESTA를 이용하고자 할 경우 이번 조치의 예외 대상 여부를 판단할 수 있도록 새로운 신청서 사용을 권장한다. 사면 신청을 위한 별도의 신청서는 존재하지 않는다. 이미 ESTA 승인을 받은 여행자는 여행 전 관세국경보호청 웹사이트https://esta.cbp.dhs.gov/esta/에서 현재 ESTA 승인 상태를 확인하면 된다.

④ 여권 요건

나이 또는 사용 여권의 유형에 무관하게, 모든 VWP 여행자들은 기계 판독이 가능한 여권을 제시해야 한다. 또한, VWP 여행자 여권의 발급일에 따라 다른 여권 요건이 적용될 수 있다.

① 2006년 10월 26일 혹은 그 이후에 기계 판독 가능 여권이 발급 또는 갱신, 연장된 경우, 데이타 페이지의 정보를 가진 내장된 칩이 요구된다(e-passport).

② 2005년 10월 26일에서 2006년 10월 25일 사이에 기계 판독 가능 여권이 발급 또는 갱신, 연장된 경우, 데이타 페이지에서 인쇄된 디지털 사진이 요구된다.

③ 2005년 10월 25일 이전에 기계 판독 가능 여권이 발급 또는 갱신, 연장된 경우, 요구되는 것이 없다.

- 미국으로 여행하는 방문자들은 자신이 미국 내에서의 예상 체류기간보다 6개월이 넘게 유효한 여권을 소지하고 있어야 한다.

- 6개월 클럽 업데이트에 등록된 국가의 국민들에게는 6개월 규칙이 적용되지 않으며, 자신의 체류 예정 기간 동안 유효한 여권만 소지하면 된다.

- 비자면제 프로그램 하에서 비자 없이 여행할 경우, 여권이 적어도 90일 동안 유효해야 한다. 만약 여권이 90일 동안 유효하지 않다면, 여권 만료일까지만 미국에 체류할 수 있다.

- VWP 국가 출신의 여행자이며 귀하의 여권이 이러한 요건들을 충족시키지 못한다면, 시민권을 소지한 국가의 여권 발급 기관으로부터 VWP 규정에 합한 새로운 여권을 발급받아야 한다. 그렇지 않으면 VWP 하에서 여행할 수 없으며 미국 입국을 위한 비자는 유효한 여권의 범위 안에서만 받을 수 있다.

⑤ 미국 무비자 입국거절 대상자

일부 여행자는 VWP에 따른 미국 무비자 입국의 자격이 없다. 비록 그것이 형사 유죄 결정으로 이어지지 않았다 하더라도 체포된 적이 있는 자, 범죄 기록이 있는 자(비록 사면 혹은 다른 관용을 받았다 하더라도), 특정 심각한 전염성 질병이 있는 자, 미국 입국 허가가

거절되었던 자 혹은 미국에서 추방당했던 자, 혹은 이전에 비자면제 프로그램 하에서 정해진 기간을 초과하여 체류한 자 등이 해당되며, 이러한 여행자는 반드시 비자를 신청해야 한다. 만약 비자 없이 여행하실 경우, 미국 입국이 거절될 수 있다.

체포 또는 유죄로 귀결되지 않은 경미한 교통 법규 위반 기록이 있는 여행자는, 그 외의 모든 면에서 자격요건을 갖추었다면, 비자 없이 여행할 수 있다. 만약 그 교통 법규 위반이 미국 체류 동안 일어났고, 중대한 벌금이 부과되었거나 혹은 그에 대한 법원 심리에 참석하지 않았다면, 체포 영장이 발급되어 미국 입국허가 신청을 하면 거절당할 수 있다. 출두해야 할 법원에 연락하여 여행 전에 그 문제를 먼저 해결해야 한다.

미국에서 공부 또는 일을 하거나, 90일 이상 미국에 체류하거나 혹은 일단 미국에 들어온 후 자신의 자격을 ^(관광 비자에서 학생 비자 등) 바꾸기를 계획하는 사람은 무비자 여행을 할 수 없으며, 이러한 여행자는 비자가 필요하다. 만약 이민관이 무비자 여행자가 공부하거나, 일하거나, 혹은 90일 이상 체류할 것으로 생각하면 그 이민관은 그 여행자의 입국을 거절한다.

2) 미국비자 신청 절차

① 개요

입국목적에 맞는 유효한 미국 비자를 소지하고 있거나 또는 비자면제프로그램에 가입된 국가의 국민은 경우에 따라 미국 비자를 신청하지 않아도 된다.

② 신청 방법

■ 1단계

비이민비자 신청자일 경우 아래 사항이 해당된다.

비이민비자 종류 에서 비이민비자 종류와 각 비자 종류에 따른 자격요건과 필수 구비 서류를 확인해야 한다. 확인 후 적합한 비자 종류를 선택한다. 또한 비자면제프로그램 내용을 확인 후 비자면제프로그램에 가입된 국가의 국민이며 미국 여행목적이 상용 또는 관광이고 미국에서 90일 혹은 그 이하의 기간 동안만 체류할 경우에 미국 비자를 신청하지 않아도 된다.

■ **2단계**

적합한 비자 종류를 선택하신 후에 비자 수수료를 납부하여야 한다. 비자수수료 웹페이지에 비자 종류와 해당 비자 수수료가 미 달러와 한화로 명시되어 있다.

비자수수료를 납부하기 위하여 은행 및 지불 옵션의 내용을 참조. 이 웹페이지에서 비자 수수료를 지불하는 방법을 확인할 수 있다. 비자 인터뷰를 예약하기 위하여 입금 계좌번호 또는 영수증에 기재된 거래번호를 보관한다.

■ **3단계**

다음 단계로 비이민 비자 온라인 신청서(DS-160)를 작성한다. DS-160 양식 작성 안내서를 참조. 모든 정보는 정확하게 기입하셔야 하며 신청서를 접수한 후에는 정보를 수정할 수 없다. DS-160 번호는 인터뷰 예약을 진행하기 위하여 필요하니 보관해야 한다.

인터뷰 참석시 DS-160 확인 페이지를 출력하여 다른 구비서류와 함께 반드시 지참하여야 한다. 서류 전형에 해당되어 서류만 접수하실 경우에도 DS-160 확인 페이지를 첨부하여야 한다. 인터뷰시 DS-160 확인 페이지를 지참하지 않았거나, DS-160 확인 페이지를 누락시켜 서류를 접수하신 경우, 비자 심사 기간이 지연될 수 있다.

DS-160 확인페이지는 DS-160 양식을 온라인상에서 작성하여 완료하고, 출력한다.

■ **4단계**

비자 인터뷰 예약 절차 중 마지막 단계이다. 해당부분을 클릭하여 "계정 만들기"를 눌러 아이디와 비밀번호를 생성한다. 생성된 아이디와 비밀번호를 이용하여 로그인을 하면, 개인 화면이 나타난다. 좌측 메뉴에서 "예약하기"를 눌러 인터뷰 일자를 예약하면 된다. 인터뷰 예약에 필요한 정보는 다음과 같다.

① 여권 번호

② 비자수수료를 인터넷 뱅킹을 통해 이체할 때 사용한 입금계좌번호 또는 씨티은행에서 비자 수수료 납부 후 받은 영수증에 기재된 "거래번호"(클릭하면 영수증 샘플을 확인

할 수 있다)

③ DS-160 확인 페이지의 열(10)자리 바코드 번호가 나온다.

인터뷰 예약 절차에 따라 비자 종류와 개인 정보를 입력하고 동반자(가족) 추가, 서류 배송 방법 선정, 비자 수수료 납부 현황 등을 확인한 후에 마지막 단계에서 인터뷰 일정을 예약할 수 있다.

■ **5단계**

비자 인터뷰 예약 날짜 및 시간에 미국 대사관을 방문. 인터뷰 예약하기에서 인터뷰에 필요한 서류를 확인한다.

예약 확인서, 출력한 DS-160 확인 페이지, 최근 6개월 이내 찍은 사진 한 장, 현 여권 및 모든 구 여권을 반드시 지참해야 한다. 위의 구비서류를 지참하지 않은 경우 인터뷰를 받을 수 없다.

■ **6단계**

비자가 승인되었을 경우 신청자가 인터뷰 예약 시에 지정한 배송 주소로 비자가 발송된다.

[참조] 워킹홀리데이 제도

① 워킹홀리데이 제도 개요

워킹홀리데이 협정 체결국 청년들이 상대방 체결국을 방문하여 일정기간 동안 여행, 어학연수, 취업 등을 하면서 그 나라의 문화와 생활을 체험할 수 있는 제도

② 워킹홀리데이 협정 체결국가·지역

• 우리나라는 현재 23개 국가 및 지역과 워킹홀리데이 협정 및 1개 국가와 청년교류제도(YMS) 협정을 체결하고 있다. 우리 청년들은 네덜란드, 뉴질랜드, 대만, 덴마크, 독일, 벨기에, 스웨덴, 아일랜드, 오스트리아, 이스라엘, 이탈리아, 일본, 체코, 칠레, 캐나다, 포르투갈, 프랑스, 헝가리, 호주, 홍콩, 스페인, 아르헨티나, 폴란드 워킹홀리데이와 영국 청년교류제도(YMS)에 참여할 수 있다.

③ 워킹홀리데이 체류기간 및 참가자 수

- 워킹홀리데이 비자를 통해 상대방 국가·지역 방문시 통상 12개월 동안 체류가 가능하고, 호주 같은 경우 특정 업무에 일정기간 동안 종사할 경우 추가로 12개월 연장해서 체류할 수 있는 비자를 발급해 준다.
- 참가자 쿼터는 우리나라와 협정을 맺은 국가·지역별로 차이가 있다. 참가자가 무제한인 국가도 있지만 최대 100명만 참가할 수 있는 국가도 있다.

④ 워킹홀리데이 참가자격

워킹홀리데이 참가자격은 대부분 18-30세의 청년, 부양가족이 없고, 신체가 건강하며, 범죄경력이 없을 것 등을 자격조건으로 두고 있지만, 언어 능력으로 참가자격의 제한을 두고 있지 않다.

⑤ 워킹홀리데이 비자와 여타 비자와 차이점

워킹홀리데이 비자는 각 국가별로 평생 단 한번만 받을 수 있는 비자이며, 학생비자나 관광비자와 같이 어학연수와 관광도 할 수 있으면서 합법적으로 단기취업이 가능한 비자이다.

⑥ 워킹홀리데이 관련 문의

외교부는 워킹홀리데이 인포센터를 운영하고 있으며, 동 인포센터는 워킹홀리데이에 참가하고자 하는 청년들에게 일자리 정보, 안전 정보, 어학연수 정보, 관광 정보 등 각 나라별로 다양한 정보를 홈페이지(whic.mofa.go.kr)을 통해 제공하고 있다.

5 중국비자의 종류

중국의 관광비자(L)는 30일 단수, 90일 단수, 30일 더블, 관광 1년 복수, 단체비자, 별지비자로 구분된다. 여행 기간에 따라 본인에게 필요한 비자를 발급받으면 된다.

30일 단수비자	비자 유효기간 3개월 안에 중국 입국한 날부터 30일 동안 체류가 가능한 비자
90일 단수비자	90일 동안 1회 체류가 가능한 비자
30일 더블비자	비자 유효기간 6개월 안에 30일씩 두 번 입국이 가능한 비자
관광 1년 복수비자	비자 기간 1년 안에 횟수 제한 없이 중국에 입출국이 가능한 비자 (1회 최대 체류일은 30일)
단체비자 및 별지비자	1회성 비자. 단체비자는 5인 이상, 별지비자는 2인 이상 동일한 일정인 경우 신청이 가능

■ 별지비자

함께 여행하는 인원이 2명 이상이라면 비용이 상대적으로 저렴한 별지비자를 추천한다. 별지비자는 비용이 저렴할 뿐만 아니라 여권 복사본만으로 간편하게 발급이 가능해 편리하다.

■ 별지비자 발급 조건

별지비자 발급 시에는 신청자들의 항공 스케줄이 모두 동일해야 한다.(동일노선 입출국자 ●왕복항공권 편명, 시간 동일) 또한 도시별로 상이하지만 2인 이상 신청이 필수이며, (상하이: 2인 이상, 심양·대련: 2인 이상, 연길: 5인 이상, 장사·장가계: 4인 이상, 중국 대부분 지역: 5인 이상) 3성급 이상 호텔에 머물러야 한다는 조건에 만족해야 한다.

2) 비자 발급 준비물

비자 발급 신청서, 여권 사진 1매, 왕복항공권 예약확인서, 여권(유효기간 6개월 이상), 여행 일정표, 호텔 예약증 확인서를 지참해야 하며, 여행사 같은 대행사를 이용할 경우 여권과 여권 사진 1매만 준비하면 된다. 호텔 바우처의 경우 친구 이름으로 숙박 시 예약자의 여권 사본을 필히 지참해야 한다.

3) 발급 비용 및 소요시간

비자 발급에는 평균 3~5일 정도 소요되기 때문에 최소 여행 일주일 전 넉넉히 시간을 두고 발급하는 것이 좋다. 좀 더 빠른(급행, 특급) 발급도 가능하긴 하나 그만큼 비용이 훨씬 많이 들기 때문에 되도록 보통으로 발급하면 된다.

국적	입국차수	보통신청	급행신청	특급신청
한국	단수	55000	89000	110000
	2차	73000	107000	128000
	6개월 복수	90000	124000	145000
	1년 이상 복수	120000	154000	175000

※중국비자 발급비용은 별도의 규정이 없으므로 수시로 변화함을 참조바람

4) 중국 무비자 가능 지역

최근에 중국 여행객 증가하고 있으나 매번 중국비자 발급이 귀찮아 중국 여행을 꺼리셨던 분들을 위한 무비자로 여행이 가능한 지역이 대표적으로 하이난과 광동성을 들 수 있다.

향후 지속적으로 중국비자가 완화될 것으로 기대해 본다.

하이난	2018년 5월부터 대한민국 국민이 하이난 여행 시 최대 30일까지 무비자로 체류할 수 있다.	
광동성	2019년 5월부터 광동성 지역은 외국인 144시간 무비자 정책을 실시하고 있다. 광저우 바이원공항, 선전바오란공항, 지에양차오산공항 3개 공항으로부터 입국해야 하며, 광동성 내 여객 운수 업무 기능을 수행할 수 있는 지정된 32개 장소로부터 출국해야 한다.	
경유비자	중국을 경유해서 제3국(또는 지역)으로 갈 경우에만 무비자 입국이 가능하다.	
	24시간 체류 관련 규정	경유 항공권을 소지하고, 국제 운항 항공기나 선박, 열차로 중국을 통과해 제3국(지역)으로 갈 때, 중국 국경 내에 24시간 이하로 체류하며, 국경출입관리소를 떠나지 않는 외국인은 비자 발급을 받지 않아도 된다.
	72시간 체류 관련 규정 (베이징, 상하이)	유효한 국제 여행증명서를 본인이 소지하고 있고, 72시간 내에 이미 확정된 일정 및 앞서 언급한 제3국(지역)의 경유 항공권 좌석이 있는 경우에 무비자 체류가 가능하다. 72시간 무비자 체류 조건에 부합하는 외국인은 운반 및 도달에 관하여 베이징 혹은 상하이의 항공사에 반드시 언급을 해주어야 하고, 항공사는 베이징 혹은 상하이 공항 근처의 출입국검문기관에 서면으로 보고해야 한다.

5) 중국비자 발급용 사진규격

최근 중국비자 신청사진 규정이 상당히 까다로운 편이어서 비자 사진 찍으러 가기 전에 꼭 어떤 규격인지 알아보고 가야 한다. 최근 개정된 버전의 중국 대사관 비자 사진 규정은 아래와 같다.

- 사진 사이즈는 3.3*4.8cm이다. 여권용 사진 3.5cm*4.5cm와는 차이가 있지만, 여권사진 사이즈도 사용 가능하다고 한다.
- 얼굴만 나오면 안되고, 전체 사진에서 1.5*2.2cm정도는 얼굴이 보여야 한다. 그

리고 어깨선도 0.7cm 내외로 사진에 꼭 나와야 하고, 즉, 얼굴만 너무 크게 찍거나 얼굴을 너무 작게 찍어버리는 것 모두 중국 비자 사진 규격에 맞지 않다.

- 포즈는 당연하게, 정면을 보고 있어야 하고, 배경에는 아무것도 없어야 하고, 배경은 흰색이나 흰색에 가까운 색상만 가능하다. 그리고 배경이기 때문에 같은 색인 흰색이나 흰색 종류의 옷을 입고 찍어서도 안 된다.

- 앞머리로 얼굴 가려서도 안 되고, 귀걸이나 렌즈, 안경, 두건 등도 절대 착용 불가하다.

- 여권사진과 동일하게 중국 비자 사진에서도 귀는 당연히 보여야 하고, 눈을 뜨고 입을 다문 상태에서 찍어야 한다.

- 6개월 이내 촬영한 사진만 허용됨으로 발급한지 6개월이 지난 여권용 사진과 동일한 사진일 경우 절대 사용 불가하다.

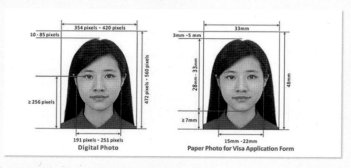

1. 최근 6개월 내에 촬영된 여권용 사진
   여권 사진과 동일하다면 여권 발급일이 6개월 이하일 경우만 신청 가능
2. 사진 사이즈는 가로 3.3cm 세로4.8cm이어야 함
   가로는 3.3~3.5cm까지 세로는 4.5~4.8cm까지만 허용
3. 기타주의사항
   정면, 얼굴 전체의 특징이 나타나야 하며, 눈을 뜨고, 입을 다문 상태로 귀가 보여야 하며
   자연스러운 표정으로 얼굴 윤곽이 뚜렷해야 함.
   뒷배경은 흰색만 가능하며 테두리가 없어야 함.
   모자, 두건을 착용할 수 없으며, 종교적인 이유로 착용할 경우 신청인의 얼굴 전체가 노출되어야 함.
   사진은 얼룩, 빛반사, 그림자가 없어야 하며, 적당한 밝기에 얼굴을 사진 중앙에 맞추고, 눈은 적목현상이 없어야 함.

|그림 7-5| 중국비자 신청 사진규격

6) 중국 비자신청서 양식

中 国 签 证 申 请 表 CHINESE VISA APPLICATION FORM

1. 中文姓名 Chinese name (If any) 한자 기입	2. 曾用名 Former name (If any)	照 片 Photo
3. 外文姓名 Surname 성(영문) Given name 이름(영문)	4. 性别: □ 男 M □ 女 F Sex	
5. 出生日期 年 月 日 Date of birth Y M D	6. 出生地 Place of birth	
7. 国籍 Nationality Korea	8. 曾有过何国籍 Former nationality (If any)	
9. 职业 Occupation 직업	10. 工作单位电话 직장 전화번호 Office tel. No.	

11. 工作单位名称和地址 Full name and address of your company/employer
직장명/주소

12. 家庭住址 Home address 거주지 주소	13. 住宅电话 자택전화번호 Home tel. No.

14. 护照种类 여권 종류 普通 □ 公务 (官员) □ 外交 □ 其它 □
Passport type   Ordinary   Service (Official)   Diplomat   Others
号码 여권번호 有效日期 만료일자 发照机关
No.   Valid Until   Issued by

15. 申请赴中国事由
Purpose of journey in China   중국 방문 목적

16. 前往中国地点
Places to visit in china   중국 방문지

17. 邀请单位名称或邀请人姓名、地址、电话 Name(s), address and phone number of inviting
organization/person in China(If applicable)

중국 초대자의 이름과 전화번호

18. 拟入境次数 Number of entries 단수 □ 一次 Single □ 二次 Double □ 多次 Multiple

19. 拟入境日期 Intended date of entry 중국입국일 月 M 日 D

20. 拟在中国停留期限 Duration of (each) stay in China 체류일 Day(s)

비자발급기급형 21. 拟取证时间 급형 Requested days □ of processing	正常 (4 个工作日, 到馆申请) / Regular (4 Business days, Walk-in service) 加急 (2 个工作日, 到馆申请) / Express (2 Business days, Walk-in service) 特急 (1 个工作日, 到馆申请) / Rush (1 Business day, Walk-in service)

22. 是否申请过赴华签证? 비자를 발급받은적 있는가?是 □ 否
Have you ever applied for a Chinese visa before?   Yes   No

23. 是否被拒绝过赴华签证? Have you ever been declined for your Chinese visa application?
□ 否 No □ 是 Yes 被拒时间、地点 If declined, when and where?
비자 발급불가 판정을 받은적 있는가?

24. 使用同一护照的搭行人 Accompanying persons sharing the same (one) passport (if applicable).
姓名 Full name   出生日期 Date of birth   与申请人关系 Relation to applicant

_____   _____   _____
_____   _____   _____

25. 我仅声明我已如实和完整地填写了上述内容，并对此负责。
I hereby declare that the information given above is true, correct and complete. I shall bear the
responsibility for the above information.
年 月 日 签名
Year Month Day Signature

中华人民共和国驻大韩民国大使馆签证专用

7) 중국 비자 읽는 법

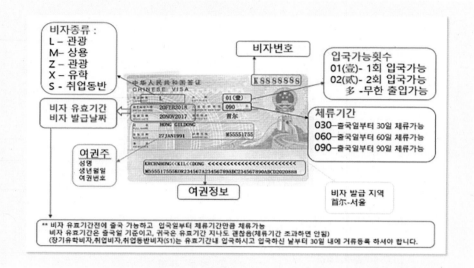

여행항공 실무
PRACTICAL
TRAVEL AIRLINE

Chapter 8

항공실무

 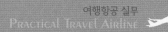
항공실무

01 항공예약의 기초

1 항공예약의 기능

항공예약은 고객측면에서는 항공좌석의 확보를 위한 기본적인 좌석예약 및 여행에 수반되는 각종 부대서비스의 예약 및 편의를 제공받음으로써 여행의 편의성을 제공하고자 하는데 있으며, 항공사측면에서는 제한된 좌석공급량의 범위 내에서 항공좌석의 정확한 운용관리 및 효율적인 판매와 이용률의 극대화를 통한 항공사의 수입을 증대하는데 있다.

고객서비스 측면에서 항공예약의 기능은 여행계획에 필요한 항공편의 예약, 발권, 운송은 물론 항공 운임 및 기타 여행에 관한 종합적인 서비스를 제공하여 여행객이 원하는 시간대로 편리하게 여행할 수 있도록 항공여행일정을 작성해 주는 등 여행사의 보다 편리하고 정확하게 업무를 수행할 수 있게 해주는 기능이다.

고객측면에서 항공예약의 기능 및 내용을 보면 다음과 같다.

(1) 항공여정의 작성과 좌석예약

여행계획에 필요한 항공편, 일정 등의 정보를 제공하고 여행객이 원하는 시간대로 편리하게 여행할 수 있도록 항공일정을 작성해 주며 또한 예약을 통해 항공좌석을 확보해준다.

(2) 각종 부가적인 서비스의 예약 및 편의제공

항공사의 항공좌석 이외에도 여행자들이 여행 중 필요한 각종 서비스를 예약하거나 편의를 제공하여 안정되고 편리한 여행 일정이 되도록 도와주는 역할을 한다. 즉, 호텔, 랜트카 및 기타 교통편의 예약이나 특별기내식 등의 각종 예약을 항공사에서 제공해주고 있다.

2 항공예약의 경로

항공예약경로는 직접예약과 간접예약으로 구분할 수 있다. 직접예약은 여행자가 해당 항공사 및 지점을 방문하거나 전화, 인터넷 등을 통해 직접 예약하는 경우를 말한다. 간접예약은 여행사나 총판대리점(GSA: general sales agent), 타 항공사를 통하여 예약하는 경우를 말한다.

3 항공예약시스템(CRS)

항공 산업의 중요성이 대두되어진 1962년 항공예약시스템(CRS)을 최초로 도입한 아메리칸 항공사는 예약업무에 있어서 서비스 질 향상에 획기적인 발판을 다질 수 있었다. 그 이후에 많은 항공사들이 이러한 시스템을 도입함으로써 항공 산업에 활로뿐만 아니라 관광산업에 지대한 공헌을 하였다.

(1) CRS의 정의

CRS(Computer Reservation System)는 컴퓨터를 통한 전산예약시스템으로 전산 단말기를 통해 항공편의 예약, 발권, 운송은 물론 항공 운임 및 기타 여행에 관한 종합적인 서비스를 제공하는 System을 말한다. 이전에 일일이 수작업으로 이루어지던 복잡한 예약, 발권 업무를 CRS가 대체하면서 여행사 직원들은 보다 편리하고 정확하게 업무를 수행할 수 있게 되었으며 CRS는 여행사, 항공사, 고객을 연결하는 정보 유통 수단으로서 그 중요성을 더해 가고 있다.

CRS가 항공업계 최초로 선보인 것은 1962년 미국의 AA가 사내 예약업무 전산화를 위해 SABRE(Semi Automated Business Research Environment)를 선보인 것이 첫 출발이었다. 1975년에 SABRE의 성공에 자극 받아 UA의 APOLLO를 시작으로 SYSTEM-ONE, PARS, DATAS 등 주요 CRS들이 잇달아 개발되면서 본격적인 CRS경쟁 체제에 돌입하게 되었다.

(2) CRS의 기능

CRS는 물론 항공업무의 자동화를 위해 개발됐지만 그러한 고유 업무에만 국한되지 않고 그 영역을 넓혀가고 있다. 대표적으로 각 CRS는 항공예약, 발권 기능 외에 Rent-a-Car, Hotel 등의 부대 예약 기능 서비스를 제공하고 있으며, Back Office 기능(예약 발권 사무 지원 등 부대 기능) 또한 함께 지원하고 있다. 궁극적으로 CRS는 기존의 기능 외에 버스, 철도, 공연, Sports 등 여행·레저에 관계된 모든 분야에서 종합적인 정보를 제공하는 전산 시스템으로 발전해 나갈 것으로 기대된다.

- 항공예약과 발권기능
- 렌트카와 호텔 등의 부대서비스 예약기능
- 여행사 지원업무 기능 : 고객관리, 손익계산, 청구서 발행 등 여행대리점의 각종 업무를 예약관리용 단말기를 통해 처리할 수 있도록 지원한다.
- 다양한 정보제공의 기능 : 관광지의 기상관련정보, 여행지의 외환시세, 전화, 세

관관련 정보 등의 제반 관광정보는 물론 생활정보까지도 제공한다.

(3) CRS의 기원과 발전

CRS가 항공업계에 최초로 선보인 것은 1962년 미국의 AA(아메리칸 항공사)가 사내 예약 업무 전산화를 위해 SABRE(Semi Automated Business Research Environment)를 개발한 것이 첫 출발이었다.

1975년 SABRE를 미국 내 여행사에 최초로 보급하기 시작하였으며, 이러한 새로운 판매망의 덕분으로 AA는 세계 최대의 항공사로 도약할 수 있었다. 그 후 SABRE의 성공에 자극받아 UA(유나이티드 항공)의 APOLLO를 시작으로 SYSTEM ONE, PARS, DATAS 등 주요 CRS들이 잇달아 개발되면서 본격적인 CRS경쟁체제로 돌입하게 되었다.

① 국내의 CRS

국내에 CRS가 처음 등장한 것은 1975년 대한항공이 사내 업무 전산화를 위해 KALCOS를 개발하면서부터이다. 이후 성능이 개선된 KALCOS-II가 개발(79년)되었으며 84년에는 최초로 여행사에도 보급되기 시작했다.

80년대 중반에 들어서면서부터, 한국 항공 시장의 확대에 따라 미국은 한국의 항공시장 및 CRS 시장 개방을 강력하게 요구하기 시작하였으며 이에 효과적으로 대응하기 위하여 87년, 정부와 대한항공 합작으로 항공예약 등 부가통신사업전문 회사인 한국 여행정보(KOTIS, 한진정보통신의 전신)를 설립하였다. 그 이듬해 KOTIS는 대한항공의 KALCOS 및 11개 항공사가 연결된 MARS(Multi Access Reservation System)을 개발 운영하며 외국 CRS의 국내 진출을 저지해 왔으나 중립 CRS의 필요성을 절감, 89년 신 Software를 도입했다. 이후 1년 6개월간의 보강 작업을 거쳐 여행사 중심의 TOPAS라는 경쟁력 있는 진정한 의미의 중립 CRS를 90년 10월에 성공적으로 구축, 보급함으로써 현재까지 한국의 CRS시장을 주도해 오고 있다.

② TOPAS의 기능과 발전

TOPAS는 성공적인 자체 개발과 함께 고객관리, 판매 관리 등 업무지원 System

도 아울러 개발 보급하였다. 또한 93년 11월부터는 복잡한 Entry를 하나의 Key로 집약함으로써(Key pad 방식)업무의 효율성을 증대시키고 초보자도 쉽게 사용할 수 있는 PBT-II를 개발하였다. 그리고 Windows 체제의 PC환경에 발맞춰 97년 3월에는 Windows-Based터미널인 PBT-WIN 및 여행사의 Back Office 기능을 혁신적으로 개선한 TOPAS Value Office를 성공적으로 개발, 선보임으로써 국내 CRS 수준을 한 차원 올려놓았다.

현재 TOPAS에는 600여 개 세계 주요 항공사가 가입되어 있으며, 3,000여 개 여행사에 약 8,600여 대(2003년 7월 기준)의 단말기가 전국적으로 보급되어 있다. 토파스 여행정보가 현재 국내 항공예약 시장에서 차지하는 비중은 70%, 국내에서 해외로 여행하는 여행객 10명 중 7명은 항공사나 여행사의 토파스를 통해 항공권을 예약하고 있다.

또한 항공예약·발권 외에 PC-FAX 전송 기능, 예약기록을 손님의 E-mail로 보내주는 I-mail 서비스 기능 등 다양한 부대기능을 기본 사양으로 지원하고 있으며, 여행사에서의 항공권 신청부터 APSR, 미수금·환불관리, 예약카드 작성, BSP 제출서류 및 회계 관리까지 One Stop Service로 모든 업무를 한 자리에서 처리해주는 Back Office System인 Value Office도 제공하고 있다.

TOPAS는 Multi Media환경에도 효과적으로 대응하기 위하여 토파스의 홈페이지 (www.topas.net)를 통하여 각종 여행사업무를 지원하고 있으며 특히, 토파스 Internet Booking Engine 인 Cyber Plus를 개발하여 현재 대한항공을 포함한 9개의 항공사 홈페이지, 290여 개 여행사 홈페이지 및 10여 개의 Portal Site에 공급 중에 있다. 또한 인터넷이 가능한 곳이라면 세계 어느 곳에서나 시간과 장소의 제약 없이 이용할 수 있는 Browser를 이용한 단말기기능을 공급하고 있다.

③ 인터넷 온라인 시스템 사이버 플러스(CYBER PLUS)

사이버 플러스란 고객(End User)이 직접 인터넷에서 접속하여 온라인으로 항공 스케줄과 운임을 확인하고 실시간 예약 및 항공권을 구매할 수 있도록 부킹엔진을 여행사 홈페이지에 제공하는 서비스이다.

여기에서 제공하는 서비스의 메뉴는 항공권 예약·구매, 예약조회 및 변경, 스케줄 조회, 항공기 출 도착 안내 등으로 이루어져 있으며, 50여 개 항공사에 대한 66만 건의 항공권 판매가(MSP)를 항공사와 연합하여 제공함으로써 국내의 거의 모든 항공권 판매가에 대한 서비스를 손쉽게 이용할 수 있다.

특히 사이버 판매확대를 위한 여행사별 특별운임 관리시스템과 Promotion 시스템도 공급함으로써 사이버시대에 대한 여행사 비즈니스를 적극 지원하고 있다. 이 서비스는 고객이 여행사의 홈페이지에 접속하여 항공예약 메뉴에 따라 예약을 하면 홈페이지에 장착되어 있는 부킹엔진이 예약기록(PNR)을 만들어 여행사의 사이버 데스크에 있는 TOPAS 단말기에 제공함으로써 여행사에서 이 예약기록(PNR)으로 항공권을 발행해 고객에게 배달함으로써 전자상거래 항공권 판매를 가능하게 하는 것이다.

TOPAS는 여행사가 독자적으로 Cyber System 개발과 운영 및 Marketing을 손쉽게 할 수 있도록 이에 필요한 API(Application Program Interface) 시스템을 개발, 공급하고 있어 향후 여행 산업의 발전에 크게 기여할 것으로 기대하고 있다.

|표 8-1| 항공예약시스템 종류

구 분	내 용
TOPAS	대한항공에서 사내업무의 효율화를 위해 1975년에 도입한 CRS
ABACUS	싱가포르에 본부를 두고 5개의 항공사가 1987년에 개발한 CRS로서 아시아나 항공사가 도입 운영하고 있는 CRS
APOLLO	미국의 유나이티드 항공사가 1992년 유럽 갈릴레오를 합병하여 운영하고 있는 항공예약시스템
GALILEO	스위스항공, 이탈리아항공, 영국항공, 네덜란드항공 등의 항공사가 공동으로 개발한 CRS
AMADEUS	에어프랑스항공 등의 28개항공사가 공동으로 운영하고 있는 CRS
WORLD SPAN	델타항공 등이 공동으로 기존의 예약시스템에 단말기 화면을 추가한 CRS
SABRE	미국의 아메리칸 항공이 운영하고 있는 CRS

4 예약기록(PNR)의 작성

1) PNR의 구성요소

PNR의 의미는 Passenger Name Record의 줄임말로 예약 기록을 정해진 영역에 따라 예약 전산 시스템에 기록해 놓은 것을 나타내는 용어이다.

PNR의 구성요소는 성명, 여정, 전화번호 등 여러 부분들로 이루어져 있다. 이러한 각 부분을 Field라 부르는데, 각각의 Field에는 숫자 또는 부호가 기본 Key로 지정되어 있어 모든 내용을 정해진 형식에 따라 작성해야 한다.

|표 8-2| PNR의 구성요소

Field	용 도	입력 Enrty
NAME	승객의 성명 및 Title	– KIM/HEESUNMS
ITINERARY	항공/비항공 여정	0KE701W1SEPICNNRTNN1
GEN FAX	여정관련 서비스 요청사항(Meal, 선호좌석 등)항공사 전송 각종 INFO(유아/소아 나이 등)	4F VGML
AP FAX	여정관련 서비스 요청사항(Meal, 선호좌석 등)항공사 전송 각종 INFO(유아/소아 나이 등)	4F VGML
REMARK	업무 참고사항, 비고	5**DLY INFO TO PAX
RECEIVED FROM	예약 작성자, 변경의뢰자	6 HONG/GILDONG
TICKET	항공권 번호 입력	70*18012345678901
TIME LIMIT	발권 시한, 명단 입력 시한	81800/12MAY
FONE	전화번호	9T*123-4567 TOTO WS/GAM

2) NAME FIELD(성명)

① 성명 작성시 주의사항

- 타인 또는 대리인의 성명을 잠정적으로 대신 입력하는 것은 불가
- Full Name을 기재하며 여권상의 Name Spelling을 기준으로 입력

- 외국인/내국인에 상관없이 성(Last Name)을 먼저 기입함
- 각 SEG별 요청 좌석수와 승객 성명수가 반드시 일치해야 함
- 유아(Infant)의 성명은 첫 번째 승객으로 입력될 수 없음
- 1개의 PNR에는 성인 50명까지의 성명 입력이 가능
- 성명 뒤에는 성별 또는 신분에 맞는 적절한 Title을 기입한다. (Title 미 입력시 해당 이름 옆에 @ 표시가 생성된다. 이 경우 PNR 완성은 가능하나 자동발권은 불가능하다.)
- 유/소아 성명 입력시 나이도 함께 입력

|표 8-3| TITLE의 종류

성별에 따른 Title		신분에 따른 Title	
MR	성인 남자	PROF	Professor
MS	성인여자(기/미혼)	CAPT	Captain(기장, 선장)
MRS	성인여자(기혼)	DR	Doctor(의사)
MISS	유/소아 여자	REV	Reverend(성직자)
MSTR	유/소아 남자	SIR ,LORD, LADY	영국귀족

|표 8-4| 성인 및 유/소아 구분 기준(출발일 기준)

유아(Infant)	만14일 이상 ~ 만 2세 미만(좌석 비 점유)
소아(Child)	만 2세 이상 ~ 만12세 미만
성인(Adult)	만 12세 이상

3) FONE FIELD(전화번호)

① 전화번호 작성시 주의 사항

- 전화번호는 PNR 작성시 반드시 입력되어야 할 Data사항이다.
- 하나의 PNR에는 필요에 따라 2개 이상의 전화번호가 입력가능하다.
- 첫 번째로 입력되는 전화번호는 휴대폰 번호와 승객 번호를 연결하여 입력할 수 없다. (첫 번째 전화번호는 대리점 연락처를 입력하는 것이 좋다.)

② 전화번호 입력 ENTRY

> 9T*850-6250 NARA HONG/GILDONG

- 9 : 전화번호 입력 기본 Key
- T : 전화번호의 성격에 따라 아래의 부호 중 하나 선택
- H : Home Phone
- B : Business Phone
- T : Travel Phone
- A : Address
- P : Phone Nature not Known
- 필수 입력 부호: 850-6250 NARA HONG/GILDONG : 전화번호 및 해당 여행사 명, 담당자 이름(Free format)

4) ITINERARY FIELD(여정)

① 여정의 정의

승객의 여행을 위한 항공 예약 구간, 항공기 이외의 교통편으로 여행하는 구간 및 Hotel, Rend a Car 등의 예약을 모두 합하여 여정(Itinerary)이라 한다.

- Air Segment : 승객이 비행편을 이용하여 한 지점에서 다른 지점으로 이동하는 여정이다.
- Auxiliary Segment : 승객의 여행과 관련된 항공여정을 제외한 기타 예약 구간으로 Hotel, Rend-a-Car, 기타 교통편의 예약 등이 이에 속한다. 부대 여정은 항공편 예약에 따르는 부수적인 서비스이므로 항공여정 없이 부대여정만으로는 PNR 작성이 불가능하다.
- ARNK : Arrival Unknown : 항공편 이외의 운송 수단으로 여행하는 구간(Surface)을 나타내기 위해 사용된다.

② 여정 작성

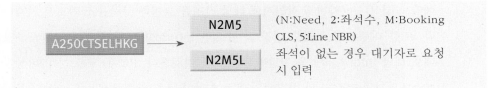

N2M5   (N:Need, 2:좌석수, M:Booking
A250CTSELHKG   →   CLS, 5:Line NBR)

N2M5L   좌석이 없는 경우 대기자로 요청
시 입력

5) FACT FIELD(기타 요구사항)

① FACT의 용도

- 여행에 필요한 승객의 제반 요구사항을 수록한다.

  예) 승객이 Vegetarian Meal을 신청할 경우 등이다.

- 여정에 관련된 항공사에 보내는 제반 업무연락 및 그에 따른 응답을 FACT 난을 통하여 받을 수 있다.

  예) 승객은 9세이며 혼자 여행 할 경우

  승객이 Wheel Chair Service를 신청할 경우

  승객은 VIP로서 Ambassador of USA 등이다.

상기와 같은 Information들은 여정에 관련된 모든 항공사들이 알아야 하며 경우에 따라 필요사항을 준비해야 한다. 따라서 상기와 같은 사항을 PNR에 정확한 Format을 사용하여 기록함으로써 관련 항공사의 운송 준비에 차질이 없도록 해야 한다.

APIS(Advanced Passenger Information System) : 사전 입국 심사를 말하는 것으로, 미국, 캐나다, 뉴질랜드로 여행하는 모든 승객의 Passport Data를 PNR에 입력하면 해당 항공사에서 관계 당국에 관련 자료를 사전 통보하여 해당국가 도착시 해당편 모든 승객이 보다 신속하게 입국 심사를 받을 수 있도록 하는 제도이다. 이는 미국, 캐나다, 뉴질랜드 이민국에서 요구하고 있는 사항으로 예약자는 미국, 캐나다, 뉴질랜드로 여행하는 모든 승객에 대해 PSPT(passport information) 사항을 반드시 입력해 주어야만 한다.

6) RECEIVED FROM FIELD

예약 작성이나 예약변경 작업시에 해당 작업을 요청한 사람을 근거로서 기재하는 란이다. 또한 비행편의 스케줄 변경 등 중요한 Information을 승객에게 제공하였을 경우에도 해당 Information을 전달받은 사람을 기재한다. RCVD Field는 PNR상에 취한 Action내역과 함께 PNR의 변경내역 부분에 남아 차후에 승객 Handling상의 문제가 발생시 참조할 수 있다.

7) TICKET FIELD

항공권 번호의 입력(수기항공권 발권 및 TKT 소지 승객의 경우) 또는 항공권 구입예정 시기를 입력한다. TKT FIELD의 항공권 번호의 입력내용은 다음과 같다.

- KE 항공권의 경우

720	* 180	4218374832	0
승객번호	항공사번호	TKT번호	Check Digit

720	* 180	4218374832-833
항공사번호	TKT번호	TKT번호 끝 3자리

- 그 외 항공권의 경우

4F	TKNO	016	3848903094	3

- 항공권 번호 입력시 승객번호와 Relation시키는 것이 좋다.
- 항공권 번호는 항공사 번호(3자리)와 10자리의 TKT번호, 한자리의 Check Digit으로 구성되어 있다. 항공권 번호를 입력하는 경우 Check Digit이 항공권의 AGT

Coupon 또는 PSGR Coupon에 있는 Check Digit과 일치하지 않는 경우는 입력이 되지 않는다.

- KE와 그 외 항공사가 같이 있는 여정인 경우 : 7O*~사항과 4F TKNO~사항을 모두 입력해야 한다.

8) TIME LIMIT FIELD

① TL FIELD의 용도

- 명단이 미 확보된 단체승객의 예약시 승객명단 입력시한을 정할 경우(주로 항공사에서 사용)
- 항공권 사전 구입시한 설정시 사용된다.
- 예약기록에 대한 확인이나 기타 조치를 위하여 일정한 시점을 설정하여 PNR에 기록하여 놓으면 설정된 시점에 지정 Queue로 통보된다.

② TL의 설정

81200/15SEP   : CRT City Q 12번에 15SEP 1200 시에 통보

③ PNR에 기재된 항공권 구입시한

PNR에 기재된 항공권 구입시한(TKT Time Limit)은 예약 취소시에 자동 취소되며 예약 변경시에 TTL이 자동 변경된다. 또한, PNR작성 완료(EOT)시 KE구간이 포함된 PNR은 TTL이 자동 설정되어 기한 내에 항공권구입여부가 TKT Field란에 없으면 예약이 자동 취소되므로, 예약시 반드시 승객에게 안내되도록 해야 한다. 따라서 해당 시한을 지키지 않을 경우 PNR은 자동 취소된다.

9) Tool Bar

화면 인쇄

현재창에 대한 도움말

스티키 패드 : 현재창에 출력된 내용과 똑같은 창을 복사본 스티커처럼 별도 창이 생성되게 하는 기능

글자체, 크기 변경

Jet Mode On/Off

창지우기

ETAS : 호주비자 신청 / 수정 / 조회

Jet Mode 관련 – 승객수 변경, 조정(최대 9명)

Jet Mode 관련 – 복편일 조회(최대 9일)

고객관리 : 고객 Data 저장 후 검색, 예약으로 이관하는 기능

수동 운임 조회 / 계산

자동 운임 조회 / 계산

Skypass 신청 / 조회 System

NAORA(KE 환불 System)

MOAS(KE AUTH System)

FQTV/APIS : 각 항공사의 마일리지 카드 및 미주 노선 APIS 입력

CCCF화면 조회

여행표 인쇄 및 FAX/I-mail 전송

여행사 일반 정보 사항

Value Office

02 항공권의 개요

1 항공권의 종류

(1) 발행방식에 의한 분류

① 일반항공권

항공사에서 발행하는 항공권으로 모든 기재내용을 직접 손으로 기재해 넣는 방식이며, 탑승쿠폰(flight coupon)이 2매 또는 4매로 발행되는 항공권으로 구분된다. 항공권 발행시에는 영문인쇄체 대문자를 사용하여 진하게 기재하여 마지막 쿠폰까지 기재내용이 나타나도록 해야 한다. 즉 '수기항공권'이라고도 한다.

② 전산항공권

자동발권시스템과 연결되어 기재내용을 프린트기로 개재해 넣는 방식이며, 승객의 예약기록을 자동으로 발행되는 항공권을 말한다.

③ 탑승권 겸용 항공권

항공권 자체에 탑승권 내용이 기재된 항공권으로 뒷면에 부착된 Magnetic Stripe에 발권 및 탑승정보가 수록되어 있으며, Void Coupon 없이 실제 항공권만 발행된다. 주로 국내선에서 사용되는 항공권이다.

(2) 대금결재방식에 의한 분류

① BSP 항공권

BSP 항공권은행에서 발행하여 대리점에 배포하는 항공권으로 대리점과의 정산업무를 항공사가 직접하지 않고 은행이 대신하여 주는 방식이다. 즉 BSP제도에 가입한 대리점용 항공권으로서 항공사명 및 항공사번호가 사전에 인쇄되어 있지 않은 항공권으로 항공권 발행시점에 발행항공사명 및 번호를 항공권에 기입한다.

② ATR 항공권

대리점용 항공권으로 항공권을 발권할 때 해당 항공사에 대금을 지불하고 발권한다. 대부분 소규모의 여행대리점에서 주로 이용하고 있으며, ATR의 장점은 오기발생률이 낮고 소규모의 자금으로 운영이 가능하나 고객이 대금지불과 동시에 항공권을 받을 수 없다는 단점이 있다.

2) 항공쿠폰의 종류

① 심사용 쿠폰(audit coupon)

항공권 상의 필요한 모든 사항을 기재 후, 항공권의 첫번째 쿠폰인 본 쿠폰을 절취하여 해당일의 매표보고서와 함께 항공사 수입관리부로 송부한다. 수입관리부에서는 송부된 본 쿠폰을 통해 적정 운임의 징수여부를 심사한다.

② 발행점소 보관용(agent coupon)

발행점소의 발권기록 유지를 위하여 발권 후 절취하여 발행점소에서 보관하는 쿠폰이다.

③ **탑승용 쿠폰**(flight coupon)

항공권의 종류에 따라 2매 또는 4매가 발행되며, 표시된 구간의 탑승을 위한 체크인 시 제출하여, 보딩 패스(boarding pass)와 교환한다.

④ **승객용 쿠폰**(passenger coupon)

항공권 상에 명시된 모든 여정을 여행하는 동안 승객이 소지하는 쿠폰으로서 체크인 시점에 승객용 쿠폰과 함께 제시되어야 한다.

2 항공권 관련규정 및 제도

1) 항공권의 유효기간

국제선 항공권의 유효기간은 적용운임에 따라 결정된다. 정상운임의 경우 여행 개시일로부터 1년이며, 여행이 개시되지 않았을 경우에는 발행일로부터 1년이다. 특별운임의 경우 해당규정에 따라 유효기간이 상이하며, 최대·최소 체류기간을 함께 제한하는 경우가 대부분이다.

- 유효기간의 계산은 유효기간이 일(day)로 규정된 경우 기준일 다음 날부터 계산된다.
  □ 17일 유효기간 : 2JAN - 19JAN
- 유효기간이 월(month)로 규정된 경우, 기준일부터 기간만료 월의 동일 일까지 유효
  □ 3개월 유효기간 : 15JAN - 15APR

2) 항공권의 양도

어떠한 경우에도 한번 발행된 항공권은 타인에게 양도가 불가하며, 항공권에 관한 모든 권한은 'NAME OF PASSENGER'란에 명시된 승객에게만 주어진다.

3) 항공권 구입시한

항공사는 노쇼(no-show)를 방지하기 위해서 예약 당시에 예약을 확약해주면서 항공편 출발 며칠 전까지 항공권을 구입하도록 하는 시한을 부과하고 있는데, 이것을 지키지 않으면 자동적으로 예약이 취소되는 제도이다. 이것을 항공권 구입시한(ticketing time limit)이라고 한다.

4) 예약의 재확인

72시간 전까지 탑승예정 항공사에 재확인을 해야 한다.

만약 예약 재확인(reconfirmation)이 없을 때는 자동취소가 될 수 있다(현재 일부 항공사는 이 제도를 폐지하고 있으나 아직까지 이렇게 실시하고 있는 항공사가 있으므로 반드시 확인할 필요가 있다).

5) 항공권분실

해당 항공사의 현지 사무실로 가서 항공권 분실에 대한 Lost Ticket Reissue를 신청해야 하며, 이때 항공사는 항공권 발권지인 서울 사무실로 전문을 보내 Reissue Authorization을 현지에서 받게 된다. 이때 아래의 사항과 발권 사실을 확인하고 소요되는 시간은 약 1주일 정도 소요된다.

◇ 항공권 번호   ◇ 발권 연월일   ◇ 구간

전문 신청 및 AUTH 확인 해당 항공사의 예약기록을 통해 하며 재발급 비용이 있다.

현지에서 항공권을 새로 구입하는 방법도 있으며, 귀국 후에 분실 항공권에 대한 발급확인서를 받고 새로 구입한 항공권의 승객용 티켓과 신분증을 가지고 해당 항공사(본사)에 가면 현금으로 환불 받을 수 있으나 이때 소요되는 기간은 약 3개월 정도이다.

6) 항공권의 환불

(1) 항공권을 환불할 수 있는 만료기간

유효기간이 지나서 환불도 받지 못하는 경우가 종종 있다. 여기서 말하는 1년이라는 것은 항공권의 유효기간 만료일 이후를 의미한다. 출발일로 부터가 아니고 유효기간 만료일이다.

(2) 항공권 변경 및 환불

[대한항공 사례]

■ **신청 방법**

항공권을 구매한 여행사 또는 대한항공 서비스센터 및 지점에서 변경할 수 있다.

■ **적용 규정**

항공권 변경은 구매 항공권의 운임 규정에 따라 다르며 e-티켓 확인증으로 확인할 수 있다.

■ **수수료 및 차액**

변경이 가능한 항공권이라도 운임규정에 따라 수수료가 부과될 수 있다. 변경 시점에 적용되는 운임, 세금 등 재계산이 필요한 경우에는 수수료와 별도로 차액이 발생할 수 있다.

■ **신청 기한**

환불 신청 기한은 항공권 유효기간 만료일로부터 30일 이내이다.

■ **필요 서류**

환불은 항공권 명의인이 신청해야 하며, 대리인 신청 시에는 추가 서류가 필요하다.

• 기본 서류

  e-티켓 확인증(Itinerary &Receipt), 사진이 부착된 고객의 신분증

- 대리인 신청 시 추가 서류

  고객 본인이 작성한 위임장, 사진이 부착된 대리인의 신분증

- 미성년자 환불 시 추가서류

  법정대리인 신분, 가족 증빙서류

[미성년 가족 증빙 가능서류]

- 한국 지역

  6개월 이내 발급한 주민등록등본, 가족관계증명서 등 가족관계 및 신청인과 등록할 가족의
  생년월일이 명시된 법적 서류
* 건강보험증, 청첩장, 열람용 주민등록등본 등 가족관계 불명 또는 법적 효력이 없는 사적 문서
  는 인정되지 않는다.
* 증빙 서류에 주민등록번호가 포함되어 있는 경우 주민등록번호 뒷자리는 가려서(마스킹 처리)
  제출
- 한국 외 지역

  6개월 이내 발급한 결혼증명서, 출생증명서, 호구본, 세금증명서 등 가족관계 및 신청인과 등
  록할 가족의 생년월일이 명시된 법적 서류

■ 환불금 수령

현금구매 항공권의 환불금은 항공권 명의인의 계좌로 입금 받을 수 있다.

신용카드로 구매한 항공권의 환불금은 현금으로 수령할 수 없으며 카드사로 이관되
어 카드사 규정에 의해 지급된다. 신용카드로 구매한 항공권의 환불금은 카드 결제일,
카드사의 처리주기 등에 따라 수령 시기가 각기 다르므로 환불금 승인 이후 영업일 기
준 2~5일 경과 후, 해당 카드사로 문의하면 된다.

① 국내선 항공권

환불수수료는 항공권 환불 시 구매 항공권의 예약등급에 따라 부과하는 금액이다.

(편도 당)

정상운임 (C,W,Y)	특별운임 (B,M,S,H,E)	실속운임 (K,L,U,N,V)
3,000원	5,000원	7,000원

■ 환불수수료 면제 대상

• 고객 사정에 의한 환불이 아닌 경우(예: 항공편 운항 취소 등)

• 구매 당일 예약 변경 없이 미사용 항공권 전체를 항공기 출발시간 전 동일한 발권처에서 환불할 경우(일부 사용 또는 일부 인원만 취소 시 또는 항공기 출발 후에는 부과)

• 예약 변경 없이 지불수단만 변경하는 경우

■ 예약부도 위약금

항공편 출발 이전까지 예약취소 없이 탑승하지 않거나 탑승수속 후 탑승하지 않는 경우 부과된다. (편도 당 8,000원), 환불수수료와 예약부도위약금은 개별 규정에 따라 별도 적용된다.

② 국제선 항공권

환불 위약금(Penalty)은 구매 항공권의 운임규정에 따라 부과된다.

• 한국발 환불 접수 시점별 환불위약금

- 시행일 : 2017년 1월 1일(*B 클래스: 2018년 2월 20일부 신규 발권된 항공권부터 적용)

- 징수대상 : 최초 한국발 국제선 항공권 소지자(보너스항공권, 단체항공권은 별도 규정 적용)

※징수 금액

예약클래스	거리별	출발일 기준 환불 접수일					
		~91일 이전	90~61일 이전	60~15일 이전	14~4일 이전	3일 이내~	부분환불/재발행
D, I, R 클래스	단거리	무료	3만원	10만원	12만원	15만원	10만원
	중거리	무료	3만원	10만원	12만원	15만원	10만원
	장거리	무료	3만원	30만원	36만원	45만원	30만원
B, M, W 클래스	단거리	무료	3만원	5만원	6만원	8만원	5만원
	중거리	무료	3만원	7만원	9만원	11만원	7만원
	장거리	무료	3만원	15만원	18만원	23만원	15만원
S, H, E, K, L, U, Q, N, T 클래스	단거리	무료	3만원	7만원	9만원	11만원	7만원
	중거리	무료	3만원	10만원	12만원	15만원	10만원
	장거리	무료	3만원	20만원	24만원	30만원	20만원

- 출발 91일 전에 환불 접수 시 환불위약금 및 환불 서비스 수수료 면제된다.
- 결합항공권의 경우 높은 환불위약금이 적용된다.
- 최초 해외출발 운임의 경우 환불위약금이 일괄 적용된다.
  - 장거리 : 미주, 유럽, 중동, 대양주, 아프리카행
  - 중거리 : 동남아, 서남아, 타슈켄트행
  - 단거리 : 일본, 중국, 홍콩, 대만, 몽골, 블라디보스토크, 이르쿠츠크환불 접수 시 점별 환불

■ 환불 위약금 및 수수료 면제 대상
- 출발일 기준 91일 이전 환불하는 최초 한국발 국제선 항공권
- 고객 사정에 의한 환불이 아닌 경우 (예: 항공편 운항취소 등)
- 출발 일주일 이전 발권 후 24시간 이내 환불 접수된 항공권(대한항공 서비스센터, 홈페이지 및 지점 발권에 한함)
- 구매 당일 환불 접수된 항공권(대한항공 서비스센터, 홈페이지 및 지점 발권에 한함) 단, 홈페이지 발권 항공권은 여정의 첫 출발지 시간 기준 구매 당일 환불일 경우에 가능
- 미사용 공항세는 수수료 없이 전액 환불된다.

예약부도위약금은 항공편 출발 이전까지 예약취소 없이 탑승하지 않거나 탑승수속 후 탑승하지 않는 경우 부과되며 출국장 입장 후 탑승을 취소하시는 경우 할증되어 부과된다. 재발행수수료 또는 환불위약금은 별도 규정에 따라 적용된다.

7) 사전좌석배정(ASP : Advance Seating Product)

사전좌석배정(ASP : Advance Seating Product)이라는 것은 항공예약이 확약된 승객을 대상으로 기내 좌석번호를 예약시에 미리 지정해 주는 것을 사전 좌석배정(Advance Seating Product)이라 한다.

대상승객과 예약 가능기간은 전 노선 P/F/C Class 승객은 D-24시간, 미주·구주노선 Y Class 승객으로 D-48시간 전에 가능하다. 사전좌석배정은 항공예약이 확약된(Status Code : HK, RR) 9명 이하 IND 승객만 가능하며, 예약제한 승객(비동반소아, 임산부, 환자) 승객은

사전좌석배정을 할 수 없다. 좌석배정을 할 때 SEAT ZONE CODE는 다음과 같다.

- N : Non-Smoking
- S : Smoking
- A : Aisle
- W : Window
- B : Bassinet
- U : Upper Deck
- E : Emergency Exit
- L : Maximum Leg Space

8) ETA(Electronic Travel Authority)

Electronic Travel Authority(ETA)는 호주를 관광이나 업무 방문 목적으로 최장 3개월 이내의 체류를 위해 방문하는 여행객들을 위한 전자비자이다. 호주를 입국하는 모든 방문자는 사전에 대사관 또는 전자 여행 기간을 통해 ETA를 미리 승인 받아야 한다.

■ ETA 유효기간

- ETA 발급일로부터 12개월 이내에 호주에 입국할 수 있다.
- 만일 여권 유효기간이 6개월 미만인 경우에는 여권 갱신 후 ETA를 신청하여야 한다.
- 호주에 입국하신 날로부터 최장 3개월까지 체류가 가능하다.
- ETA 입국 유효기간 동안에는 복수 여행이 가능하다.

■ 신청자격 및 조건

아래의 ETA 신청 가능 국가의 여권을 소지하고 있을 경우 ETA를 신청할 수 있다. 만일 신청 가능 여권을 소지하고 있지 않다면 주한 호주대사관 비자과에 문의 후 Visitor (subclass 600) 비자를 신청하여야 한다.

※ETA 신청 가능 국가

안도라	오스트리아	벨기에	불가리아	크로아티아
키프로스	체코	덴마크	에스토니아	핀란드
프랑스	독일	그리스	헝가리	아이슬란드
아일랜드	이탈리아	라트비아	리히텐슈타인	리투아니아
룩셈부르크	몰타	모나코	네덜란드	노르웨이
폴란드	포르투갈	루마니아	산 마리노 공화국	슬로바키아
슬로베니아	스페인	스웨덴	스위스	영국 – 영국의 시민
바티칸 시티	브루나이	캐나다	홍콩	일본
말레이시아	싱가포르	대한민국	미국	

취직 및 3개월 이상의 공부 또는 유학 목적의 방문은 불가하다. 폐결핵이 없어야 하고 범죄로 인하여 체포되거나 유죄판결을 받은 기간이 총 12개월을 넘으면 안 된다.

■ **신청방법**

① 온라인으로 ETA를 신청하려면 호주 외부에 있어야 하고, 관광이나 업무 방문 목적인 체류를 위해 방문하는 여행객이어야 한다.

② 여권, 이메일 주소, 및 신용카드를 소지하고 있어야 신청이 가능하다. ETA 신청서에 들어가는 개인 정보는 반드시 여권에 표시되어 있는 그대로 작성하여야 한다.

③ 여행시 ETA 비자를 확인할 수 있는 여권을 소지하고 있어야 한다.

■ **ETA 승인 후**

대부분의 경우 ETA 신청 결과는 12시간 이내에 확인할 수 있다. ETA가 승인된 경우 온라인으로 신청한 분들은 본사 사이트에서 조회를 할 수 있으며 여행사나 항공사를 통해서도 조회를 할 수 있다. ETA가 12시간 이내에 승인이 되지 않으면 호주 대사관 비자과로 문의를 해야 한다. 단, 문의는 이메일이나 팩스로 가능하며 여권 사본과 연락 가능한 연락처를 같이 보내야 한다.

3 항공권 보는 방법

일반적으로 항공사나 여행사에서 받는 티켓은 다음의 그림과 같다. 티켓에는 항공사 이름, 금액, 항공기 고유번호, 티켓 번호, 항공사 코드, 목적지, 경유지, 출발시간, 편명, 허용가능한 수화물용량, 티켓만기일, 항공 클래스, 고객 성명, 출발일, 발권자 등의 정보가 들어 있다.

티켓은 경유지에 따라 4장에서 2장으로 이루어지고, 티켓 한 장으로 좌석 배정이 되어 있는 탑승권(boarding pass)을 받을 수 있어 경유지에 따라 4장에서 2장의 탑승권을 받을 수 있다.

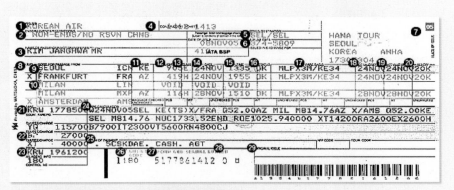

|그림 8-1| 국제선 항공권의 예(하나투어 자료 참조)

|표 8-5| 국제선 항공권의 내용

	항 목	내 용
1	ISSUED BY	발행 항공사 영문이름
2	ENDORSEMENTS/ RESTRICTIONS	항공권 구입시 여러 가지 제한사항 표시 (NON-ENDS : 다른 사람에게 양도 할 수 없음, NO RSVN CHNG : 예약 변경 안된다)
3	NAME OF PASSENGER	여행자 영문 성명 여자 – MS(기혼/미혼), MRS(기혼여성) , MISS(여자 유/소아) 남자 – MR(성인), MSTR(남자 유/소아) *여권의 영문 성함과 반드시 동일해야 한다.
4	CONJUNCTION TICKETS	항공권은 최대 네개의 일정까지 표시 가능하며 그 이상이 되는 여정일때, 첫 장과 이어지는 장수의 일련 번호를 나타냄
5	ORIGIN/DESTINATION	최초 출발지와 최종 목적지의 도시명 기재
6	AIRLINE DATA	예약번호(374-5809)
7	PLACE OF ISSUE	항공권 발권여행사(HANA ROUR)
8	X/O	체류 가능여부표시 -X(머물 수 없는곳), O(머물 수 있는 곳) 승객이 여정 중에 특정 도시에의 체류 가능 여부를 나타낸다. 도시 앞에 X 표시가 되어 있으면 해당 도시에 체류가 불가능함을 의미하며, O 표시나 아무런 표시가 없는 경우는 체류가 가능함을 나타냄
9	GOOD FOR PASSAGE FROM	출발 도시명
10	TO	도착 도시명 *OPEN 예약 같은 경우는 티켓에 OPEN으로 쓰여 있으며, 비항공 운송구간은 VOID라고 나타난다.

183

11	CARRIER	탑승하는 항공사명으로 영문 약자 2글자 CODE로 표시되어 있다.(KE-대한항공, AZ-알이탈리아)
12	FLIGHT	탑승하는 항공편명
13	CLASS	좌석 등급을 표시
14	DATE	출발 날짜
15	TIME	출발 시각
16	STATUS	좌석예약상태(좌석이 확정된 경우 OK, 대기에 있으며 RQ, 유아같은 경우 좌석 비점유이기 때문에 NS로 표시된다)
17	FARE BASIS	적용된 항공 요금의 종류
18	NOT VALID BEFORE	목적지에서 최소한 체류해야 하는 날짜 표시(위 항공권을 보면 밀란에서 11월 28일까지는 체류해야 하며 그 전에는 출발하지 못함)
19	NOT VALID AFTER	항공권 사용의 종료일 표시. 이란에 적힌 날짜가 곧 항공권의 유효기간
20	ALLOW	무료 수하물 허용량
21	FARE	지불한 화폐단위와 항공요금
22	TAX/FEE/CHARGE	항공요금 외에 추가로 붙는 각종 세금 표시
23	TOTAL	항공요금과 세금의 합산액
24	FARE CALCULATION	요금이 어떻게 산출되었는지 알려주는 란
25	FORM OF PATMENT	요금 지불수단 표시로 현금일 경우(CASH), 신용카드(CC, 카드번호와 유효기간이 표시되어 있다.)
26	AIRLINE CODE	위 1번의 발행 항공사에 고유하게 부여된 세 자리 숫자 코드(대한항공-180, 아시아나항공-988)
27	FORM AND SERIAL NUMBER	항공권 티켓번호(5177861412)
28	CK	항공권 체크 번호(항공권은 한매에 4번의 일정을 표시할수 있으며 매 장수마다 다른 CHK 번호로 표시된다)
29	ORIGNAL ISSUE	항공권 분실, 유효기간 연장 등으로 인한 재발행시 원 항공권의 최초 발행된 항공권의 번호, 발행 장소, 발행일자 등을 표시

4 전자항공권(E-Ticket)

1) 전자항공권(E-ticket)의 개요

E-Ticket은 전자화 된 항공권으로서 항공권의 모든 세부사항이 항공사의 E-Ticket

데이터베이스에 저장된다. 또한 예약, 발권, 운송, 수입관리의 모든 작업이 E-Ticket 관련 시스템을 통하여 처리된다. 전자항공권(E-Ticket)의 경우 항공권 판매시 고객에게 실물 항공권은 제공되지 않고 "E-Ticket 확인증"만을 제공한다. 고객은 탑승 수속시 신분확인 절차를 거친 후 탑승권(Boarding Pass)을 발급받아 탑승하게 된다.

IATA에서는 이러한 E-Ticket의 개념에 대하여 다음과 같은 부연설명을 하고 있다.

(1) Not Paperless

현재와 같은 항공운송 환경에서는 각국의 법률이나 국제협약에 의거하여 항공여객에게 문서(Paper)로 작성된 정보를 제공해야 한다. 따라서 E-Ticket을 발권한 경우에도 여정안내서 및 영수증 등을 발행하여 구입 항공권의 세부 내역이나 법적 고지문 등을 고객에게 알려주어야 한다.

이와 같이 E-Ticket이 문서의 부재(Paperless)를 의미하는 것은 아니다. 그러나 이 경우에 발급되는 문서는 금전적인 가치는 없다.

(2) Not Ticketless

E-Ticket은 유가증권 형태의 항공권을 제공하지는 않지만, 여객에게 제공되는 인쇄된 여정안내서 및 영수증과 연계하여 항공사의 데이터베이스(Data base)내에 관련 기록이 보관되어 있다. 따라서 E-Ticket이 원천적으로 티켓이 없음(Ticketless)을 의미하는 것은 아니다.

(3) E-Ticket의 적용 범위

① E-Ticket의 적용노선

항공사에 따라 취항국가의 환경 및 기타 운송시설의 여건에 따라 E-Ticket이 선별적으로 적용된다. 취항노선에 따라 국내선 E-Ticket, 국제선 E-Ticket, 연결 항공편(Interline) E-Ticket으로 구분된다.

② E-Ticket의 발권 조건

전 여정이 E-Ticket으로 발권이 가능한 경우에만 E-Ticket 발권이 가능하고, 한 구간이라도 E-Ticket 적용이 불가한 경우에는 기존의 실물 항공권을 발급하여야 한다.

③ E-Ticket의 발권대상

개인 및 단체승객은 물론 모든 운임에 적용이 가능하다. 또한 E-Ticket은 승객뿐만 아니라 첼로, 거문고 같은 대형 수하물을 위한 기내 수하물(Cabin Baggage), 운동선수 혹은 체구가 큰 승객을 위한 추가좌석(Extra Seat), 긴급 환자 수송을 위한 침대좌석(Stretcher Seat)에도 적용할 수 있다.

④ E-Ticket의 구매

E-Ticket도 실물 항공권과 마찬가지로 신용카드, 현금 등 항공사가 인정하는 모든 지불방법을 사용하여 구매할 수 있다.

|그림 8-2| E-티켓

(4) E-Ticket의 보안성

E-Ticket은 항공사의 데이터베이스(Data Base)에 보관되기 때문에 고객이 직접 보관하는 종래의 실물 항공권(Paper Ticket)과 달리 항공사의 역할이 매우 중요하다. 즉 항공사는 E-Ticket을 발권할 때 항공권 명의인에 관한 정확한 정보를 수집하여 E-Ticket 데이터 베이스(Data Base)에 저장하여야 한다. 또한 환불이나 재 발권시, 이를 요청하는 고객이 항공권 명의인인지 혹은 명의인에게 권한을 위임받은 정당한 사용자인지를 정확히 판단하여 처리하여야 한다.

이를 위하여 IATA에서는 E-Ticket 발권 시 FOID(Form of Identification) '주민등록번호, 여권번호 등 사진이 포함된 신분증의 종류 및 번호'를 입력하도록 권고하고 있다.

미국은 교통부(Department of Transportation)에서 항공기 탑승을 위해서는 반드시 사진이 첨부된 신분증을 지참하도록 규정하고 있으므로, 발권시 FOID 정보를 입력하는 것이 의미가 없다. 따라서 미국 내 항공사들은 이의 폐기를 주장하고 있다. 이와는 반대로 구주항공사의 경우는 유럽연합(EU) 체제로 전환되면서 사실상 유럽국가간의 국제선이 국내선같이 운영되고 있으나, 통일된 신분증 체계가 없어 FOID를 통해 이를 해결하고 자 한다.

2) 국내항공사의 E-Ticket 서비스 범위

(1) 적용구간

국내선을 운항하는 모든 정기편 및 임시편을 대상으로 한다.(전세편 제외)

(2) 적용 고객

국내선 여정만으로 이루어진 고객을 대상으로 하며, 고객의 범위는 다음과 같다.

- 개인승객(모든 공시할인 및 특별할인 승객 포함)
- 단체승객(10명 이상의 단체할인 승객)
- 선불(PTA) 승객
- 환자, 추가좌석 점유승객, 기내 수하물 반입승객

국내선에 대한 E-Ticket은 예약가능시점부터 항공편 예약 마감시한 직전까지 발급할 수 있다.

3) E-Ticket의 기대 효과

(1) 고객관점의 효과(Customer Benefits)

① 항공권 발권 및 변경의 편리함

고객은 항공권을 발급받기 위하여 더 이상 항공사 발권 카운터나 여행사를 방문할 필요가 없다, 전화 혹은 인터넷으로 간단하게 E-Ticket을 발권하면 된다. 또한 여행 스케줄이 변경됨으로써 환불이나 재 발권이 필요한 경우에도 전화나 인터넷으로 간단하게 처리할 수 있다. 이는 고객에게 전해줄 유가증권 형태의 항공권이 필요하지 않기 때문이다. 단지, 항공사는 고객의 이해를 돕기 위해 여정안내서 및 영수증을 팩스 혹은 E-Mail로 전달하면 된다.

② 항공권 보관에 따른 분실, 훼손의 우려 제거

고가의 항공권을 구매한 고객은 더 이상 항공권의 보관을 걱정할 필요가 없다. 예전에는 항공권 분실과 훼손의 책임이 고객에게 있었으나 E-Ticket은 항공권이 항공사 데이터베이스(Data Base)에 보관됨으로써, 항공권 분실에 대한 우려가 해소되었다.

③ 신속한 탑승수속

E-Ticket을 구매한 고객은 공항에서 탑승수속을 하기 위해 긴 줄을 서야 할 필요가 없다. 공항에서 자동 탑승 수속기계(Self Check-In Machine)를 이용하여 신분확인 후 간단하게 탑승수속을 마칠 수 있기 때문이다. 또한 인터넷으로 좌석을 배정받고 탑승권을 인쇄한 고객은 공항에서의 탑승수속 없이 바로 탑승구(Gate)로 갈 수 있어 상당한 시간을 절약할 수 있게 되었다. 이는 E-Ticket과 인터넷의 장점을 결합한 기능으로 E-Ticket만의 고유 기능은 아니지만, E-Ticket이 항공권의 자료(Data)를 전자화 하여 항공사 시스템에 보관함으로써 가능한 것이다.

상기와 같은 기대효과 이외에도 고객은 항공사에서 E-Ticket 사용을 장려하기 위하여 제공하는 추가할인 혹은 추가 보너스 마일리지 등을 제공받을 수도 있다.

(2) 항공사 관점의 효과(Company Benefits)

① 유통비용 절감

항공사는 E-Ticket을 발행함으로써 항공권 및 기타 서류(Paper Based Document)를 발급하는데 소요되는 비용 및 이와 연계한 간접비용을 절감할 수 있다. 즉, 항공권과 탑승권의 구매 및 관리비용은 물론 탑승 항공권의 수입심사를 위한 스케닝 작업들이 불필요해 진다. 또한 고객이 간단한 방법으로 항공권을 구매할 수 있기 때문에 대리점을 통한 간접 판매를 직접 판매로 전환되는 효과도 발생한다.

② 수입관리 및 정산 프로세스의 변화

항공사는 수입관리 및 정산과정에서 종래의 실물 항공권을 기초로 한 심사방식에서 탈피하여 전자화 된 자료(Data)를 활용한 전산화 시스템을 도입함으로써 비용절감을 달성하게 된다. ATB항공권이 생겨나면서 자료(Data)의 전산화는 이미 상당히 진전 되었지만 여전히 항공권의 보관은 필요하였다. E-Ticket은 발권 관련 자료 및 탑승 관련 자료를 처리(Transaction)당시 바로 전산화함은 물론 종래의 탑승 항공권 보관을 위한 공간 및 인력을 절감할 수 있도록 한다. 또한 타 항공사 구간의 연계, 항공권(Interline Ticket)정산 시에도 E-Ticket 발권 당시 가 정산금액을 심사하여 항공사 현금흐름을 미리 예측하여 이를 활용할 수 있다.

③ 인력 효율성 증가

항공사는 E-Ticket을 실시함으로써 발생된 여유인력을 핵심 프로세스에 재배치하여 업무효율을 높일 수 있다. 고객의 기대효과에서도 살펴보았듯이 발권 및 탑승수속의 많은 부분들이 인터넷이나 자동탑승수속 기기 등을 통하여 처리됨으로써 인건비가 절감된다.

4) E-Ticket Business Process의 특징

앞서 살펴본 바와 같이 E-Ticket은 종래의 Paper Based Process와는 많이 다르다, 하지만 E-Ticket이 100% 활용되기 전까지는 Paper Based Process를 병행하여야 한다. 따라서 E-Ticket Process는 직원이 용이하게 취급하기 위하여 종전의 Paper Based Process와 크게 다르지 않게 구성되어야 한다.

그러나 시스템 내부적으로는 Paper Based Process와 독립적으로 구분하여 설계되어야 할 것이다. 본 절에서는 E-Ticket의 기본적인 Process를 분석하여, Paper based

Process와 다른 기능에 대하여 정리하였다.

(1) General E-Ticket Process

E-Ticket도 Paper Ticket과 마찬가지로 예약 시스템을 통해 만들어진 예약기록을 이용하여 발권이 되며, 발권과 동시에 매표보고가 수행된다.

출발일 2,3일 이전에 예약기록과 함께 E-Ticket의 정보가 출발지의 탑승수속 시스템으로 이관되어 E-Ticket을 발권한 고객의 탑승수속이 가능하게 되며, 탑승수속 후 Boarding Pass가 발급되어 고객은 항공편에 탑승하게 되며, 항공기 출발 후 운항 항공사의 수입심사를 거쳐 운송수입으로 계상된다.

(2) 예약 Process와 발권 Process의 결합

일반적으로 Paper Ticket은 고객이 항공사나 대리점으로 전화를 하여 예약을 한 후, 고객이 항공사 매표소나 대리점을 직접 방문하여 항공권을 발급 받게 된다. 이후 여정 상에 변동사항이 생기면, 항공사나 대리점으로 전화를 하여 예약을 변경한 후, 반드시 항공사 매표소나 대리점을 재차 방문하여 최초 발급한 항공권을 제시하여 항공권을 재발급 받아야 한다. 즉 예약 Process와 항공권을 매개체로 한 발권 Process가 분명히 구분되어 있다.

이와는 달리 E-Ticket은 항공권이 항공사 DB에 보관됨으로써 고객이 전화나 인터넷을 통해 예약을 한 후, 항공사 매표소나 대리점을 방문할 필요가 없이 곧 바로 항공권을 발급 받을 수 있으며, 이후 여정 상에 변동사항이 생기면 마찬가지로 전화나 인터넷으로 예약을 변경한 후 곧 바로 항공권을 재발급 받을 수 있게 되었다. 즉, E-Ticket의 도입은 항공사나 고객입장에서 예약 Process와 발권 Process를 하나의 예약 및 발권 Process로의 통합을 의미하는 것이다.

(3) 실시간 수입 심사 및 사전 정산

항공사의 수입심사는 매표심사와 운송심사, 그리고 정산 Process로 나뉜다.

　　매표심사는 항공권이 올바른 운임으로 발권 되었는지를 심사하는 과정으로 Paper 항공권은 매일 영업종료 후 매표보고를 통하여 가능 하였지만, E-Ticket은 항공권 발권 시 E-Ticket DB에 저장된 기록을 이용하여 발권 즉시 심사수행이 가능하다.

　　특히 대리점을 통한 발권은 BSP(Billing and Settlement Plan) 혹은 ARC(Airline Reporting Corporation)를 통해 일정기간의 항공권 발권정보를 주기적으로 통보 받아 심사가 진행되었지만, E-Ticket은 발권시 직접 발행 항공사 DB에 저장되므로 발권 즉시 심사수행이 가능해졌다.

　　운송심사는 유효한 항공권으로 탑승수속 하였는지를 심사하는 과정으로 종전에는 항공권의 쿠폰을 스캐닝하여 수입심사 Data를 생성하였지만, E-Ticket은 이미 전자화된 Data이므로 이러한 스캐닝 작업이 불필요하다.

　　특히 타 항공사가 발행한 항공권의 경우는 출발 2, 3일전 탑승수속 준비를 위해 Flight를 Open할 때에 발행 항공사의 E-Ticket DB로부터 항공권 정보를 전달 받으므로 항공기 출발 이전에 정산을 수행하여 유효한 항공권인지를 미리 예측하는 것이 가능해졌다.

　　이와 같이 수입심사 Process는 E-Ticket의 도입으로 말미암아 사후심사에서 사전심사 중심으로 Process 재편이 가능해졌으며, 이로 인하여 사후의 문제해결 보다 사전에 문제를 예방하는 효과를 기대할 수 있게 되었다.

03 항공운임의 이해

1 국제선 항공운임의 종류

국제선 항공운임은 여행기간·여행조건 등에 따라 다음과 같이 구분된다.

- 정상운임(normal fare)
- 특별운임(srecial fare) – 판촉운임(promotional fare)
- 할인운임(discounted fare)

1) 정상운임

유효기간은 첫 구간은 발행일로부터 1년 내에 사용하여야 하며, 나머지 구간은 여행개시일로부터 1년 도중 체류횟수에 제한이 없다. 예약변경, 여정변경, 항공사변경 등에 원칙적으로 제한이 없다.

2) 특별운임(판촉운임)

승객의 다양한 여행 형태에 부합하여 개발된 운임으로 승객의 여행기간·여행조건 등에 일정한 제한이 있는 운임을 말한다. 여러 종류의 판촉운임이 각 구간별로 공시되어 있으며, 판매되는 대부분의 항공권에 판촉운임이 적용되고 있다.

- 여행기간에 대한 제한
  - 최소의무 체류기간(minimum stay)
  - 최대허용 체류기간(maximum stay)
- 여행조건에 대한 제한
  - 도중 체류횟수, 선구입 조건, 예약변경 가능 여부, 여정변경 가능 여부 등에 대한 제한이다.

3) 할인 운임

승객의 나이나 신분에 따라 할인이 제공되는 운임으로 승객의 여행조건에 따라 그 기준운임은 정상운임 또는 특별운임이 될 수 있다. 특별한 규정이 없는 한, 유효기간, 도중 체류횟수 등은 기준운임의 규정에 따라 적용된다.

(1) 유아운임(IN: Infant)

적용 대상은 최초 여행일을 기준으로 만 14일 이상~만 2세 미만의 좌석 비 점유승객 성인동반자 1명에 단 1명의 유아 할인 가능(유아가 2명 이상인 경우, 나머지는 child 운임적용)하다. 운임수준은 성인운임의 10%(국내선은 국가마다 규정이 다르다. 한국·USA·CAN 국내선 무료)이다.

(2) 소아운임(CH: Child)

적용대상은 최초 여행일을 기준 만 2세 이상~만 12세 미만으로 성인동반자가 동반하는 승객에 한한다. 운임수준은 지역별로 약간의 차이가 있으나, 대체로 성인요금의 75%수준이다. 무료수화물 허용량은 성인과 동일하다. 티켓 상에 생년월일(date of birth : dob)과 동반보호자의 항공권 번호를 기재한다.

(3) 비동반 소아운임(UM: Unaccompanied Minor)

적용대상은 최초 여행일을 기준으로 만 3개월 이상~12세 미만 승객으로서 성인보호자 없이 혼자 여행하는 승객이다. 운임수준은 만 3개월 이상~만 5세 미만으로 성인운임의 100%이다. 만 5세 이상~만 12세 미만은 child 운임의 100%(KE은 5세 이상~12세미만의 UM만 운송이 가능하다)이다. 무료 수화물 허용량은 성인과 동일하다. 티켓 상에 생년월일(date of birth : dob)을 기재한다. UM은 사전에 예약과를 통해 운송허가를 득해야 한다.

(4) 학생운임(SD: Student)

적용대상은 최초 여행일을 기준으로 만 12세 이상~만 25세 이하로 정규교육기관의 6개월 이상 교육과정에 등록된 학생이다. 구비서류는 입학허가서 사본, 재학증명서(원본), 학생증 사본이다. 운임수준은 성인 정상운임의 75%이다. 도중체류는 불가하다. 적용기간은 학업시작 6개월 전부터 학업종료 후 3개월까지이다.

|표 8-6| 할인운임의 종류와 적용기준

종 류	적용대상	운임수준
유아(IN : Infant)	만 14일 이상~만 2세 미만의 좌석을 점유하지 않는 아기	성인요금의 10% 적용
소아(CH : Child)	만 2세 이상~만 12세 미만의 어린이	성인요금의 67~75% 적용
비동반소아(UM : Un accompanied Minor)	보호자 없이 혼자 여행하는 만 3개월 이상~만 12세 미만의 어린이	*3개월~만5세: 성인요금의 100% *만5세 이상~만12세 미만: 동반소아운임
단체인솔자 (CG : Conductor of Group)	10명 이상의 단체여객을 인솔하는 자	*10명당 1명 50% 할인 * 5명당 1명 100% 할인
학생운임(SD: Student)	만 12세 이상~만 25세 이하의 학생	성인 정상운임의 75%
대리점 직원 (AD : Agent Discount)	항공사와 대리점 계약을 체결한 대리점 직원 및 그 배우자	*본인 : 정상운임의 25% *배우자 : 정상운임의 50%
항공사직원(ID: Iden tity or Industry Dis count)	항공사 직원 및 그 가족	각 항공사간의 상호계약에 의해 결정(3개월)
선원(SC: Ship's Crew)	조업과 관련하여 여행하는 선원	성인 정상운임의 75%

04 항공좌석의 등급의 이해

1 항공좌석의 등급

항공좌석의 등급은 운임기준(fare basis) 및 기내서비스등급(cabin class)을 기준하여 일반적으로 일등석(first class), 상용·우대석(business), 보통석·일반석(economy class)으로 구분된다. 그러나 예약상의 좌석등급(booking class)은 이와는 달리 다소 복잡하다. 즉 동일한 클래스(class)를 이용하는 승객이라 할지라도 상대적으로 높은 운임을 지불한 개인승객에게 수용 발생시점에 관계없이 우선권을 부여함으로써 항공사의 수입을 극대화하고 높은 운임의 승객을 보호하려는 취지에서 예약등급을 보다 세분화하여 운영하고 있다.

이를 상기 3가지 범주 내에 포함하여 구분하면 다음의 표와 같다.

|표 8-7| 항공좌석의 등급(class)

F: First Class (일등석)	C: Business Class (상용 우대석)	Y: Economy Class (보통석, 일반석)
R(Supersonic) P(First class Premium) F(First class)	J(Business class Premium) C(Business class)	Y (Economy class/Normal) K (Economy class. Excursion) M (Economy class/Promotional) G (Economy class/group)

출발지역	Cabin Class	Fare Type & Basis	BKG CLS
공통	Premium First	Normal	P
	First	Normal	F
	Prestige	Normal	C
	Economy	Skypass Bonus TKT(KE OFFICE ONLY)	U
		학생, 이민, 군인, 선원 할인, Youth Fare	M
		(LSTO, LEMO, LMDO, Y/SD/SC/EM, YZZ)	M
		단체, 단체인솔자 할인(GV, CG)	G
		SPA 체결 OAL Stock	V

공통	Economy	Promotion(Mile 입력 100%)	E
		Promotion(Mile 입력 0%)	N
한국 출발	Economy Plus	Economy Mile입력(Y, YEE, YPX)	Z
	Economy	Normal(Y,Y2, YO2)	W
		Excursion(KEE, YEE)	K
		PEX(MAPB, YPX, YIT)	M

05 항공예약용어 및 CODE

1 항공예약용어

전 세계적으로 항공관광업에 종사하는 항공사 및 관련기관 간에는 수많은 정보의 교환과 다양한 의사소통이 끊임없이 이루어지고 있다. 이는 여행자들이 전 여정을 끝마칠 때까지 관련 항공사, 여행사, 기타 서비스 제공 업체들이 여행자의 여행에 관한 정보를 교환하고 자사가 제공할 서비스의 수행과정이나 결과에 대한 사항들을 상호 간에 통보하는 일이 많기 때문이다.

일상적인 업무를 위한 의사소통 과정에서 이들 관련업계 종사자들은 이미 동 업계에서 공통적으로 사용하고 있는 기존의 단어나 약어를 일정한 형식에 따라 작성함으로써 서로 간에 의사를 전달한다.

이와 같이 업계에서는 공통의 언어와 독자적인 의사표현 체계를 갖추어 놓음으로써 정보전달 및 의사소통을 보다 원활히 수행할 수 있다. 이하에서는 오늘날 예약업무에서 가장 널리 이용되는 용어들 가운데 대표적인 기본용어와 기내식 전문용어를 나타내고 있다.

|표 8-8| 항공예약용어

약 어	원 어	의 미
ACK	Acknowledge	접수하였음을 의미함
ASAP	As soon as possible	가능한 한 빠르게
BLND	Blind passenger	시각장애 여행자
BSCT	Bassinet/baby basket	아기 요람
CHD	Child	만 2-12세 사이의 아동
CTCH	Home phone	집 전화번호
DAPO	Do all possible	할 수 있는 모든 조치를 취함
DBLB	Double room with bath	침대가 딸린 2인용 객실
ETA	Estimated time of arrival	도착 예상 시간
ETD	Estimated time of departure	출발 예상 시간
FHTL	First class hotel	최고급 호텔
FRAV	First available	첫 번째 항공편
GOSH	Go-show	예약기록 없이 공항에 나타난 승객
GPST	Group seat request	단체 좌석 요청
INF	Infant	영아(3개월~24개월)
NOSH	No show	예약 부도
NRC	No record passenger	예약 기록이 없는 승객
NSST	No smoking seat	금연석
PSGR	Passenger	승객
SGLB	Single room with bath	침대가 딸린 1인용 객실
STA	Schedule time of arrival	스케줄 도착 시간
STD	Schedule time of departure	스케줄 출발 시간
STPC	Layover at carrier's cost	항공사가 제공하는 무료 숙박
TWOV	Transit without visa	무비자 통과
WCHC	Wheelchair on cabin	휠체어
WCHS	Wheelchair on step	휠체어
WCHR	Wheelchair on ramp	휠체어

|표 8-9| 기내 특별식 용어

약 어	원 어	의 미
AVML	Asian/Indian vegetarian meal	아시아·인도식 야채식
BBML	Baby/Infant meal	유아음식
BFML	Restricted fibre diet	섬유질이 적은 다이어트음식
CHML	Child meal	아동음식
DBML	Diabetical meal	당뇨환자를 위한 음식
FPML	Fruit meal	과일음식
GFML	Gluten free diet	글루틴 성분이 없는 다이어트음식
HFML	High fibre diet	섬유질이 많은 다이어트음식
HNML	Hindu meal	힌두교 음식
KSML	Kosher meal	유태교 음식
LCML	Low calorie meal	저칼로리 음식
LFML	Low fat/cholesterol meal	저지방·저콜레스트롤 음식
MOML	Moslem meal	이슬람 음식
NLML	Non-lactose meal	우유(젖당)가 포함되지 않은 음식
NSML	No sodium/salt added meal	소금이 포함되지 않은 음식
RVML	Raw vegetarian meal	익히지 않은 야채식
SFML	Seafood meal	해산물 음식
VGML	Strict/pure vegetarian meal	채식주의자를 위한 음식
WVML	Western vegetarian meal	서양식 야채식

2 항공예약코드(Reservation Code)

좌석을 예약하기 위해서는 System에 유지되고 있는 Inventory(좌석 재고)를 일련의 Code를 통해 요청하고(Action Code) 그에 대한 응답을 받아(Advice Code) 상태를 유지하는 (Status Code) 형태로 이루어진다.

전 세계 항공사가 공통적으로 사용하는 여러 Code를 IATA에서 정해놓고 있다. 예약 코드의 종류는 다음과 같다.

|표 8-10| 항공예약코드

종 류	코 드	내 용
요청코드 (ACTION CODE) : 여행사 → 항공사	NN	Need. Reply Required Indicating Action Taken Using Appropriate Code – 좌석 및 부대 서비스 요청시 사용하는 가장 기본적인 요청코드
	LL	Add To Waiting List – 대기자로 예약할 경우 사용하는 코드
	HS	Have Sold – 좌석을 판매한 상태
	SS	Sold On Free Sales Basis or Sold Within This Transaction Sell & Report가 체결 되어 있는 항공사의 비행편의 좌석예약
	OX	Cancel Only If Requested Segment Is Available. – 이미 Confirm 되어 있는 Segment 대신 대체편을 Confirm해 달라는 조건부 취소를 요청하는 경우에 쓰인다.(따라서 새로운 대체편을 요청해야 함)
	XK	Cancel Without Generating Message – 해당 항공사로는 취소 전문을 전송하지 않고 TOPAS PNR 상에서만 해당 여정 취소
응답코드 (ADVICE CODE) : 항공사 → 여행사	KK	Confirming – 요청된 내용 (항공편, 기타 요청 사항) 이 OK되었음을 통보함
	UU	Unable-Have Waitlisted – 요청된 내용이 현재는 불가하며 대기자 명단에 있음을 통보함
	US	Unable to Accept Sale. Flight, Class, Date, Segment Closed, Have Waitlisted – Sell & Report Agreement에 의거 좌석을 판매하였으나, 해당 항공사가 Accept하지 않음. 대기자에 List된다.
	UC	Unable to Confirm or Waitlist. Unable to Accept, Request, Waitlist or Sale – 요청된 내용의 대기자도 불가함을 통보
	UN	Unable, Flight Does Not Operate or Special Service Not Provided – 요청한 비행편이 운항을 하지 않거나 요청한 서비스가 제공되지 않음을 통보
	NO	No Action Taken – 요청사항이 잘못 되었거나 기타의 이유로 Action을 취하지 않았음을 통보. Action을 취하지 않은 경우 이유는 Fact난에 통보된다.
	KL	Confirming From Waiting List – 대기자 명단에 있던 승객이 대기자로부터 좌석이 OK되었음을 통보
	HX	Have Cancelled – 항공사에 의해 여정이 취소되었음을 나타낸다. 주로 TTL 경과, ARR INFO 부재, Name CHNG 등 예약규정에 벗어난 예약 경우 항공사에서 사전 정리할 목적으로 사용되며, Fact 난에 그 사유가 통보된다.
상태코드 (STATUS CODE)	HK	Holds Confirmed – 예약이 확약되어 있는 상태
	HL	Have Waitlisted – 예약이 대기자 명단에 올려있는 상태
	RR	Reconfirmed – 예약 재확인까지 마친 상태
	HN	Have Requested – 현재 Status는 모르나 요청한 적이 있음을 나타냄
기타 코드	PN	Pending For Reply
	KE	이외의 항공사 좌석을 NN으로 요청하고 응답이 오기까지 유지되는 코드

	WK	Was Confirmed, No Longer Confirmed Due To a Schedule Change – 예약이 확약(HK)되어 있었으나 항공사 스케줄 변경으로 인해 해당 여정이 취소되었음을 나타내는 코드
	SC	Schedule Change for Confirmed Segment – 변경된 스케줄로 좌석이 확약되었음을 나타내는 코드
기타 코드	DL	Deleted from Confirming List
	KL	상태에서 대기자로 되돌려진 상태
	NG	Group Booking시 사용되는 요청 Code (KE Only)
	HG	Group Booking에서 다른 Segment가 Confirnm되면 OK가능하다는 Information

|그림 8-3| 예약코드(Reservation Code)의 흐름도

3 도시코드(City Codes) 및 공항코드 "3 letter code"

1) 국내 도시코드 및 공항코드

|표 8-11| 도시 및 공항 코드

도시명	도시코드	비고(공항코드)
광 주	KWJ	
군 산	KUV	
대 구	TAE	
목 포	MPK	
부 산	PUS	
서 울	SEL	GMP/ICN
양 양	YNY	
여 수	RSU	순천
예 천	YEC	
울 산	USN	
제 주	CJU	
진 주	HIN	사천
포 항	KPO	
청 주	CJJ	

2) 각 국가별 도시코드와 공항코드

(1) 아시아·남태평양 지역

|표 8-12| 도시 및 공항 코드

도시명	도시코드	국가명	비고(공항코드)
괌(GUAM)	GUM	미 국	
광쩌우(GUANGZHOU)	CAN	중 국	
난디(NANDI)	NAN	피 지	
마닐라(MANILA)	MNL	필 리 핀	
마카오(MACAO)	MFM	마 카 오	
뭄바이(MUMBAI)	BOM	인 도	

방콕(BANGKOK)	BKK	태 국	
북경(BEIJING)	BJS	중 국	PEK-베이징국제
브리스베인(BRISBANE)	BNE	호 주	
블라디 보스토크(VLADIVSTOK)	VVO	소 련	
사이판(SAIPAN)	SPN	마이아나제도	
상해(SHANHAI)	SHA	중 국	
시드니(SYDNEY)	SYD	호 주	
심양(SHENYANG)	SHE	중 국	
싱가포르(SINGAPORE)	SIN	싱가포르	
오클랜드(AUCKLAND)	AKL	뉴질랜드	
울란바토르(ULANBATOR)	ULN	몽골리아	
자카르타(JAKARTA)	JKT	인도네시아	CGK
천진(TIANIJIN)	TSN	중 국	
청도(QINGDAO)	TAO	중 국	
코타키나발루(KOTA KINABALU)	BKI	말레이시아	
쿠알라룸푸르(KUALA LUMPUR)	KUL	말레이시아	
크라이스트처치(CHRISTCHURCH)	CHC	뉴질랜드	
타쉬켄트(TASHKENT)	TSH	우즈베키스탄	
타이페이(TAIPEI)	TPE	대 만	
푸켓(PHUKET)	HKT	태 국	
하노이(HANOI)	HAN	베 트 남	
호치민(HO CHI MINH)	SGN	베 트 남	
홍콩(HONG KONG)	HKG	홍 콩	

(2) 일본지역

|표 8-13| 도시 및 공항 코드

도시명	도시코드	비고(공항코드)
가고시마(KAGOSHIMA)	KOJ	
고마쯔(KOMATSU)	KMQ	
구마모토(KUMAMOTO)	KMJ	

나가사키(NAGASAKI)	NGS	
니가타(NIGATA)	KIJ	
나고야(NAGOYA)	NGO	
도쿄(TOKYO)	TYO	NRT-나리타 HND-하네다
마쯔야마(MATSUYAMA)	MYJ	
삿뽀로(SAPPORO)	SPK	CTS
센다이(SENDAI)	SDJ	
아오모리(AOMORI)	AOJ	
오이타(OITA)	OIT	
오카야마(OKAYAMA)	OKJ	
오사카(OSAKA)	OSA	KIX-간사이
후쿠오카(FUKUOKA)	FUK	
히로시마(HIROSIMA)	HIJ	

(3) 캐나다·미주지역

|표 8-14| 도시 및 공항 코드

도시명	도시코드	국가명	비고(공항코드)
켈거리(CALGARY)	YYC	캐나다	
뉴욕(NEW YORK)	NYC	미국	JFK-케네디 EWR-뉴왁 LGA-라구아디아
댈러스(DALLAS)	DFW	미국	
로스앤젤레스(LOS ANGELES)	LAX	미국	
마이아미(MIAMI)	MIA	미국	
몬트리올(MONTREAL)	YMQ	캐나다	
밴쿠버(VANCOUVER)	YVR	캐나다	
보스톤(BOSTON)	BOS	미국	
상파울로(SAO PAULO)	SAO	브라질	GRU
시카고(CHICAGO)	CHI	미국	ORD(오헤어)
샌프란시스코(SAN FRANCISCO)	SFO	미국	
오타와(OTTAWA)	YOW	캐나다	

워싱턴(WASHINGTON)	WAS	미 국	IAD-덜라스 DCA-로널드 BWI-볼티모어
애틀랜타(ATLANTA)	ATL	미 국	
앵커리지(ANCHORAGE)	ANC	미 국	
포틀란드(PORTLAND)	PDX	미 국	
토론토(TORONTO)	YTO	캐나다	YYZ(피어슨)
호놀룰루(HONOLULU)	HNL	미 국	

(4) 유럽·중동 지역

|표 8-15| 도시 및 공항 코드

도시명	도시코드	국가명	비고(공항코드)
나이로비(NAIROBI)	NBO	남아프리카공화국	
두바이(DUBAI)	DXB	아랍에미레이트	
로마(ROME)	ROM	이탈리아	FCO-레오나로드
런던(LONDON)	LON	영 국	LHR-히드로 LGW-게트윅
마드리드(MADRID)	MAD	스 페 인	
모스크바(MOSCOW)	MOW	러 시 아	SVO(Sheremetyevo)
바레인(BAHRAIN)	BAH	바 레 인	
부다페스트(BUDAPEST)	BUD	헝 가 리	
부루셀(BRUSSEL)	BRU	벨 기 에	
스톡홀롬(STOCKHOLM)	STO	스 웨 덴	
암스텔담(AMSTERDAM)	AMS	네덜란드	SPL
이스탄불(ISTANBUL)	IST	터 키	
제다(JEDDAH)	JED	사우디아라비아	
쥬리히(JURICH)	ZRH	스 위 스	
카이로(CAIRO)	CAI	이 집 트	
텔아비브(TELAVIV)	TLV	이스라엘	
파리(PARIS)	PAR	프 랑 스	CDG-샤를드골 ORY-오를리
프랑크푸르트(FRANKFURT)	FRA	독 일	
헬싱키(HELSINKI)	HEL	핀 란 드	

(5) 동일 도시 내의 복수공항코드

|표 8-16| 동일 도시내 복수공항코드

NYC -----------	JFK	JOHN F KENNEDY AIRPORT OF NYC
	EWR	NEWARK AIRPORT OF NYC
	LGA	LA GUARDIA AIRPORT OF NYC
PAR -----------	CDG	CHARLES DE GAULLE AIRPORT OF PAR
	ORY	ORLY AIRPORT OF PAR
LON -----------	LHR	HEATHROW AIRPORT OF LON
	LGW	GATWICK AIRPORT OF LON
OSA -----------	ITM	ITAMI AIRPORT OF OSA
	KIX	KANSAI INTL AIRPORT OF OSA
TYO -----------	NRT	NARITA AIRPORT OF TYO
	HND	HANEDA AIRPORT OF TYO
WAS -----------	DCA	RONALD REAGAN NTL AIRPORT OF WAS
	IAD	DULLES AIRPORT OF WAS

4 항공사 코드(Airport Codes) "2 letter code"

1) 주요 항공사 코드

CRS를 이용하여 항공예약 업무를 수행하기 위해서는 우선적으로 항공사 및 관련 업계에서 사용하는 공동의 언어나 약어 및 규정 등을 숙지하고 있어야 한다. 이는 항공사 및 관련업계 내부에서 상호간에 이루어지는 의사소통 및 정보의 전달을 보다 정확하고 효율적으로 수행하기 위해 필요하다.

전 세계의 모든 항공사는 자사를 나타내는 두 자로 구성된 약어(略語)를 보유한다. 약어는 국제항공운송협회(IATA)로부터 부여받는다. 약어를 선정하는 경우 우선 해당 약어를 사용하게 될 항공사의 의견이 존중되지만 기존의 약어와 중복되는 경우 다른 약어를 사용토록 하고 있다. 따라서 대부분의 항공사들이 회사명과 가장 유사한 약어를 보유하는데, 현재 국내에 취항하고 있는 항공사들의 코드는 다음과 같다.

항공사의 코드는 보통 영문숫자 조합의 2자리 수를 이용한다.

AA 아메리칸항공	AC 에어캐나다	AE 만다린 항공
AF 에어프랑스	AI 인도항공	AM 에어로멕시코
AQ 알로하항공	AR 아르헨티나항공	AS 알래스카에어라인
AY 핀에어	AZ 알이탈리아	B7 유니항공
DA 영국항공	DD 비엠이이항공	DI 로얄브루니이항공
BL 퍼시픽항공	BR 에바항공	BW 비위항공
CA 중국국제항공공사	CE 네이션와이드 항공	CI 중화항공
CM 코파항공	CO 콘티넨탈항공	CX 캐세이패시픽항공
CZ 중국남방항공	DL 델타항공	EF 원동항공
EK 에미레이트	FB 불가리아항공	FI 아이슬란드항공
FJ 에어퍼시픽	FM 상하이항공	FV 러시아 에어
GA 가루다인도네시아	GE 부흥항공	GF 걸프에어
H8 달라비아	HA 하와이안항공	HP 아메리카웨스트
HR 한에어	HU 중국해남항공	HV 우즈베키스탄
IC 인디아에어라인	IR 이란항공	JJ TAM Brazilian Air
JL 일본항공	KA 드래곤항공	KB 드럭항공
KC 에어아스타나	KE 대한항공	KL KLM네덜란드

	KQ 케냐항공		KU 쿠웨이트항공		LA 란항공
	LB 볼리비아		LH 루프트한자		LW 퍼시픽윙즈
	LX 스위스에어라인		LY 엘알이스라엘항공		MD 마다가스카르
	MF 하문항공		MH 말레이시아항공		MK 모리셔스항공
	MS 이집트 항공		MU 중국동방항공		MX 멕시카나항공
	NH ANA항공		NK 스피릿에어라인		NW 노스웨스트항공
	NX 에어마카오항공		NZ 에어 뉴질랜드		OA 올림픽항공
	OK 체코항공		OM 몽골항공		OS 오스트리아항공
	OU 크로아티아항공		PG 방콕항공		PR 필리핀항공
	PS 우크라이나항공		QF 콴타스호주항공		QH 키르키즈스탄항공
	QR 카타르항공		QV 라오에어라인		RA 로얄네팔항공
	RG 바리그브라질항		RJ 요르단항공		S2 에어사하라항공
	S7 에스세븐항공		SA 남아프리카항공		SB 에어칼린
	SC 산동항공		SK 스칸디나비아항공		SQ 싱가포르항공
	SU 러시아항공		TA 그루포타카항공		TE 리투아니아 항공
	TG 타이항공		TK 터키항공		TN 타히티 누이 항공사
	TP 에어포르투칼		U4 피엠티항공		UA 유나이티드항공
	UL 스리랑칸항공		UM 에어짐바브웨		US 항공
	UX 에어유로파		VN 베트남항공		VS 버진아틀란틱 항공
	VV 에어로비스트항공		W5 마한에어		XF 블라디보스톡항공
	Z5 지엠지에어라인		ZG 비바마카오 항공		ZH 심천항공
	2P 에어필리핀		5J 세부퍼시픽항공		6K 아시안스피릿
	6T 에어만달라이		8M 미얀마항공		9W 제트에어웨이즈

5 ICAO Phonetic Alphabet CODE

|표 8-17| ICAO Phonetic Alphabet Code

LETTE	RPHONETIC ALPHABET	LETTER	PHONETIC ALPHABET
A	ALPHA	N	NOVEMBER
B	BRAVO	O	OSCAR
C	CHARLIE	P	PAPA
D	DELTA	Q	QUEBEC
E	ECHO	R	ROMEO
F	FATHER	S	SMILE
G	GOLF	T	TANGO
H	HOTEL	U	UNIFORM
I	INDIA	V	VICTORY
J	JULIET	W	WHISKY
K	KILO	X	X-RAY
L	LIMA	Y	YANKEE
M	MIKE	Z	ZULU

여행항공 실무
PRACTICAL
TRAVEL AIRLINE

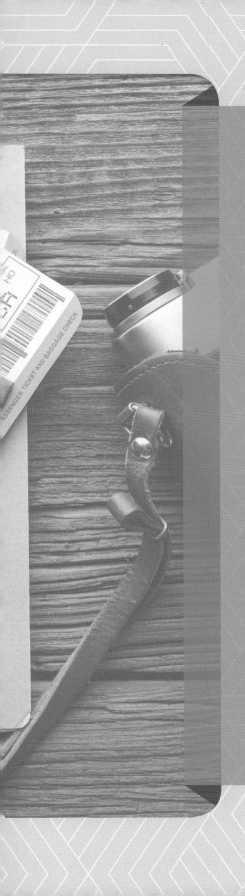

CHAPTER **9**

국외여행
여정관리업무

국외여행 여정관리업무

01 국외여행 출장 준비 업무

1 사전정보의 수집

국외여행인솔자는 출장 중 업무를 제대로 수행하기 위해서는 출장 전 준비를 철저하게 하는 것이 무엇보다도 중요하다.

국외여행인솔자는 평상시에 일반적인 지식이나 정보수집에 꾸준하게 해야 한다. 즉 세계 각국에 대한 자료의 수집, TV의 해외여행을 테마로 한 시리즈(세계는 지금, 지구탐험대, 관광전문채널), 지상수배업자를 통한 새로운 정보의 입수 등 관광과 관련된 모든 정보를 여행자들 보다 많은 정보를 가지기 위해 노력을 해야 한다.

해외출장 경험이 아무리 많다고 해도 사전 준비를 철저하게 준비하지 않는다면 업무수행 중의 원활한 업무처리의 혼선이나 단체여행객들에 돌이킬 수 없는 결과를 초래할 수도 있다. 그러므로 국외여행인솔자는 원활한 업무수행을 위해서는 현지의 여러 가지 정보의 습득과 더불어 인솔할 단체의 규모 및 성격의 파악, 그리고 인솔자 자신의 준비물을 꼼꼼하게 준비를 할 필요가 있다.

1) 현지정보의 습득

국외여행인솔자는 단체여행객으로부터 신뢰를 받기 위해서는 누구보다도 현지의 생생한 정보를 반드시 습득하고 있어야 한다. 현지의 정보에 대한 내용을 살펴보면 다음과 같다.

(1) 도착국가의 공항정보

국가별로 도착지 공항에서의 입국수속 절차가 원활하게 유도하기 위해서는 입국할 공항의 배치도와 입국수속에 절차상의 여러 가지 요구조건에 대한 가장 최근의 정보를 수집할 필요가 있다.

국가와 지역별로 세관수속이 엄격한 곳도 있고 출입국 수속시 시간이 많이 걸리는 곳도 있다. 입국공항에 대한 상세한 정보를 사전에 습득하고 있어야 당황하지 않고 단체여행객을 안전하게 인솔할 수 있다.

(2) 현지의 기후조건 및 계절정보

도착국가의 기후에 따라 단체여행객들이 여행 출발 전에 미리 준비해야 할 옷이나 휴대품 등을 챙길 수 있도록 하기 위해서는 반드시 필요한 정보이다. 특히 현지의 기후뿐만 아니라 계절별 기온, 일교차 등에 관한 정보를 정확하게 사전에 파악하여 설명회(orientation)때 정보를 제공하여야 한다.

(3) 현지의 특별한 법규 및 독특한 풍습

나라별로 고유의 독특한 관습과 풍습 등이 있게 마련이다. 그에 따른 법률이나 법규도 다른 나라들이 많다. 가끔 이러한 관습을 이해하지 못해 일행 중 곤란해지는 경우가 종종 발생하기도 한다.

예컨대 12세 이하의 어린이를 보호하지 않고 방치함으로써 부모들에게 수갑을 채워 경찰서로 압송해가는 경우도 있다. 물론 돼지고기를 먹지 않는 이슬람 국가들, 아이의 머리를 만지면 영혼이 나간다하여 싫어하는 태국 등 흥미로운 여러 가지 독특한 관습은 단지 현지인들이 불쾌감을 느낄 뿐이지만 인솔자의 무지로 인한 고객들의 피해는 결코 없어야 할 것이다.

그러므로 인솔자는 그 나라의 독특한 관습이나 법에 대해 상세하게 정보를 습득함으로써 고객들에게 재미있는 경험이 될 수 있도록 해야 할 것이다.

(4) 현지의 치안상태 및 주의해야 할 사항들

현지의 테러의 위험이나 폭동 등의 정보를 사전에 습득하여 단체여행객들의 신변보호에 만전을 기해야 한다. 특히 야간에 함부로 돌아다녀서는 안되는 곳이 많다. 동남아, 남미일부 국가, 러시아 등은 아직까지 외국인들이 안심하고 다니기에는 위험한 곳이 있다. 그러므로 그 지역의 치안상태가 어느 정도인지 사전에 충분한 정보를 입수하여 주의하도록 해야 하며, 만약에 현지에서 사고가 발생시에 처리하는 방법에 대한 정보도 미리 알아둘 필요가 있다.

(5) 천재지변 및 전염성 질병의 발생여부

지진 다발지역, 홍수 등 천재지변으로 인한 피해가 잦은 지역이나 중국의 신종 코로나 바이러스, 아프리카의 에볼라 바이러스(ebola virus), ASF, AI 등의 전염병 등으로 여행객은 많은 위험적인 환경에 노출되어 있다.

여행지의 일부국가에서는 수돗물을 그대로 마시지 못하는 나라들이 많고 위생상태가 좋지 못한 길거리 음식 등의 섭취로 인해 건강에 이상이 생기는 경우가 가끔 있다. 또한 모기 등으로 인한 심각한 질병을 옮길 수도 있으므로 습기가 많고 더운 지역에서는 특히 주의해야 한다. 이러한 지역에 대한 정보를 사전에 습득하여 건강하게 여행을 할 수 있도록 해야 한다.

(6) 현지의 시차

대부분의 단체여행객들은 수시로 한국에 전화를 하게 된다. 특히 휴대폰의 로밍서비스 등으로 손쉽게 통화하는 경우가 많음으로 현지의 시차에 대한 정보는 기본적으로 습득하고 있어야 하며, 인솔자는 현지의 시간과 한국의 시간을 동시에 숙지하고 있을 필요가 있다. 항공시각표는 각 지역의 표준시로 표시되어 있기 때문에 항공소요시간을 계산하거나 고객들이 전화통화시 수시로 한국의 시간을 문의하게 된다. 특히 여름철의 서머타임(summer time)에 관한 정보도 사전에 숙지하고 있어야 한다.

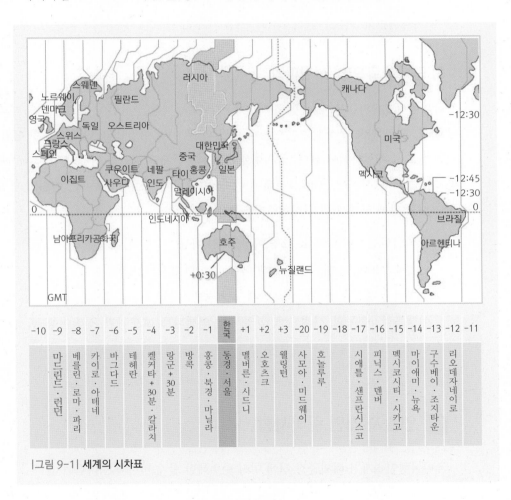

| 그림 9-1 | 세계의 시차표

(7) 관광지 정보 및 숙박할 호텔의 정보

예정된 여행에 따른 관광지 정보뿐만 아니라 주변의 관광지 정보에 대해 정확하게 습득하고 있어야 하며, 투숙할 호텔의 위치 및 지리적 환경을 잘 파악하고 있어야 고객들의 질문에 정확한 답변을 할 수 있다.

사소하고 당연이 알고 있다고 생각하기 때문에 사전에 반드시 정보를 습득하고 있어야 한다. 왜냐하면, 고객들은 항상 향후 일어날 상황에 대해 늘 궁금하게 생각하며 특히 당일 관광할 목적지와 투숙할 호텔의 주변 환경에 대해 관심이 많다는 것을 명심해야 한다.

2) 단체의 규모 및 성향파악

국외여행인솔자는 여행 출발 전에 반드시 출발단체의 구성원이 몇 명인지를 파악해야 한다. 또한 단체 구성원들의 연령대, 성별의 구성비, 여행목적, 단체의 성향 등을 사전에 반드시 확인하여야 한다. 국외여행인솔자의 단체 구성원의 팀칼라(team color)에 따라 인솔방향을 사전에 달리 설정해야 한다. 따라서 국외여행인솔자는 인솔할 단체의 규모 및 성향에 맞는 치밀한 사전준비를 해야 한다.

- 단체인원수 : 16명 이상, 32명 이상, 48명 이상
- 연령대 : 20대, 30대, 40대, 50대 이상, 혼합단체, 가족동반
- 성별의 구성 : 남성단체, 여성단체, 부부동반
- 여행목적 : 친목회, 사회단체, 산업시찰, 인센티브, 효도관광, 신혼여행 등
- 단체구성원의 성향 : 구성의 직업적 특성, 여행경험의 유무 등

2 인솔자 개인 준비사항

국외여행인솔자가 해외출장 전에 미리 준비해야 할 준비사항은 다음과 같다.

1) 출발 전 건강관리

인솔자는 출장가기 몇 일전부터 자신의 건강관리에 세심한 주의를 하여 최고의 컨디션

으로 업무에 임해야 한다. 수면을 충분하게 취하고 폭음이나 과식은 피하는 것이 좋다.

2) 출장시의 복장

① 지나치게 화려한 색상의 의상이나 점잖지 못한 복장은 피하는 것이 좋다. 행사일 정에 따라 간편한 정상이나 점잖게 보이는 복장을 준비하는 것도 좋다.

② 타인이 볼 때 깨끗하고 단정해 보이는 복장을 착용하도록 한다. 특히 여성인솔자 는 지나치게 화려한 복장만 아니면 상관없겠다.

③ 신발은 단화와 같은 준정장 스타일의 간편한 구두식 형태가 좋겠다.

④ 귀고리, 팔찌 등과 같은 장신구를 부착하지 않는 것이 좋겠다.

⑤ 여성 인솔자의 경우 화장은 엷게 하여 신선함을 주도록하는 것이 좋겠다.

⑥ 말을 많이 할 경우 입 냄새(구취)가 날 수 있으므로 구강청정제 및 은단 등을 준비하 여 두는 것도 좋겠다.

3) 개인 휴대품의 준비

① 여행용 가방 · 휴대용 가방 각 1개

여행용 큰 가방 1개와 몸에 지니기 편한 손가방이나 소형가방 1개를 준비해야 한다. 특히 소형 서류가방은 고객의 항공권 및 행사관련 서류, 사무용품, 여권 및 행사비를 넣기 위한 것으로 반드시 준비해야 한다.

② 여행자용 상비약

단체여행 중 갑자기 발생할 수 있는 여행객들의 건강을 위해 상비약을 준비해야 한 다. 이는 현지에서의 건강상의 문제가 발생하면 의약품의 구입이 건강진단 등의 이유 로 시간이 많이 소요될 수도 있고 까다롭기 때문에 사전에 위장약, 소화제, 지사제, 항 생제, 감기약, 해열제, 진통제, 멀미약, 소독약, 각종 연고, 일용용 밴드 등을 반드시 준 비해야 한다.

③ 세면도구 및 화장품

칫솔, 치약, 면도기 등이며 특히 면도기는 전기면도기가 편리하며 가능하면 건전지를 이용하는 것이 좋다.

④ 명함 및 필기도구

인솔자는 업무적인 일로서 본사를 대표하여 여행관련업자들의 관계가 필수적임으로 인사를 할 때 반드시 필요하며, 또한 행사 중 중요한 사항을 기록하거나 확인할 때 필기도구가 필요함으로 준비해야 한다.

⑤ 알람시계 및 손목시계

인솔자는 여행용 미니 알람시계와 2개국의 시간을 볼 수 있는 손목시계를 준비하는 것이 좋다. 알람시계는 모닝콜(morning call, wake up call)을 위해서 사용되며, 2개국 손목시계는 시차의 차이가 많이 나는 국가에서는 현지시간과 한국시간을 빨리 계산하지 못하는 여행객들이 수시로 한국시간을 문의함으로 준비해두면 아주 편리할 것이다.

⑥ 전자사전 및 현지지도

국외여행인솔자가 현지에서의 원활한 의사소통을 대비하여 어학사전 및 전자사전을 사전에 준비하면 편리하다. 또한 현지의 지도를 소지하고 있으면 관광지의 위치나 거리를 인지하는 데 도움이 된다. 가능하면 지상수배업자를 통한 현지 호텔의 브로셔나 관광지 지도를 함께 소지하면 매우 편리하다.

⑦ 기타사항

출장지역에 특성에 따라 슬리퍼(slipper) 및 선글라스(sunglasses), 수영복, 비옷 등을 사전에 준비할 필요가 있다.

3 단체여행객들의 준비물

1) 여행준비물 체크리스트

여행시 짐은 많을수록 짐이 됨으로 꼭 필요한 것만 준비하고, 기타 현지에서 구입하거나, 꼭 필요하지 않은 부분은 과감하게 빼는 것이 좋다. 출발 하루 전에 아래 리스트에 따라 꼼꼼하게 체크해서 짐을 꾸리도록 사전에 주문해야 한다.

|표 9-1| 여행준비물 체크리스트

체크항목	준비물 내용
여권/비자	해외여행의 필수품, 분실의 사고를 대비해 사진이 있는 1면은 복사해서 여권과 다른 곳에 보관해 둔다.
항공권	출국, 귀국 날짜, 여정, 유효기간을 반드시 확인하고, 분실의 사고를 대비해 복사본을 보관해 둔다.
한국 돈	공항간 이동시 교통비, 공항세 지불 등에 필요한 돈
현지 돈	팁, 쇼핑, 선택관광, 기타 개인적인 경비 등에 필요한 돈
신용카드	해외에서 사용가능한 카드로 만일의 경우를 대비해 1장 정도 준비한다.
여행자수표	반드시 서명을 하고, 현금과의 비율은 7:3 정도로 환전한다.
여행자보험증	단체여행의 경우 준비하지 않아도 되며, 개별여행인 경우에는 사고를 대비해 준비해 가는 것이 좋다.
국제학생증	해당자는 할인혜택도 있기 때문에 준비해 가는 것이 좋다.
국제운전면허증	렌터카로 여행을 할 분들은 국내면허증과 함께 준비해 간다.
예비용 사진	여권 분실의 사고를 대비해 2~3장 정도 준비한다.
소형계산기	환율계산이나 쇼핑, 예산 산출 등에 편리하게 사용할 수 있다.
전화카드	한국으로 전화 걸 일이 많은 분들은 구입해서 준비하는 것이 좋다.
작은 가방	큰 가방과 분리해서 휴대할 수 있는 작은 가방이 있으면 편리하다.
필기도구/수첩	여권번호, 여행자수표번호, 신용카드번호, 현지주요기관 등의 번호를 메모해 두고, 현지에서 얻은 유용한 정보를 메모할 수 있는 필기도구를 가져간다.
카메라와 필름	여행에 있어서 카메라는 필수품, 필름은 세계적으로 한국이 가장 저렴하므로, 한국에서 구입해가는 것이 좋다. 디지털 카메라도 좋다.
칫솔과 치약	해외에는 없는 경우가 대부분이므로 준비해 가는 것이 좋다.
수건과 비누	호텔에 숙박하는 경우에는 필요 없으며, 그렇지 않은 경우 여행용으로 간단하게 준비해 간다.

모자/선글라스	여름이나 열대기후 여행시에는 필수품
수영복	열대기후나 수영장, 해변이 있는 여행지에서는 필수품
자외선차단크림	여름이나 열대기후 여행시에는 필수품
편한 신발	여행에는 걷는 시간이 많으므로 편한 신발이나 운동화를 준비하는 것이 좋다.
비치샌들	열대기후나 해변이 있는 여행지에서는 운동화보다 낫다.
휴대용 우산	비가 올 경우나, 우기인 국가를 여행할 경우 휴대가 편리한 접이식 우산이 좋다.
화장품	여행용이나 소포장용을 가져가는 것이 좋다.
빗/드라이어	호텔에 없는 경우도 있으므로, 가져가는 것이 좋으며, 전압과 플러그를 확인하고 가져간다. 플로그는 호텔에서 대여해 주는 경우가 많다.
면도기	호텔에 1회용이 비치되어 있는 경우도 있지만, 그래도 준비해 가는 것이 좋다. 전압과 플러그를 꼭 확인한다.
셔츠/바지	편한 것으로 여행기간에 맞게 준비하며, 되도록 적게 가져가는 것이 좋다.
재킷/가디건	냉방차, 비행기, 비올 때, 밤에는 기온차가 생기므로 가벼운 것으로 준비하는 것이 좋다.
속옷	호텔 등에서 세탁을 할 수도 있으므로, 여행기간에 맞게 준비한다.
편한 신발	여행에는 걷는 시간이 많으므로 편한 신발이나 운동화를 준비하는 것이 좋다.
생리용품	현지에서 구입하기가 쉽지 않고, 비싼 경우가 많으므로 미리 준비해 가는 것이 좋다.
비상약	평소에 복용하는 약, 지사제, 소화제, 신경안정제, 진통제, 멀미약, 감기약, 피로회복제, 1회용 밴드 등
비닐봉투	빨래할 옷, 젖은 옷, 잡동사니를 넣기에 편리하다.
물통	휴대용으로 준비하거나, 생수는 현지에서 쉽게 구입할 수 있다.
침낭	장기 배낭여행자의 경우 야외에서 숙박할 경우 필요하다.
세제	장기 배낭여행자의 경우에는 소포장으로 가져가는 것이 좋다.
선물	현지에 친지가 있는 경우나, 우리의 문화를 알리는 작은 답례품을 가져가는 것이 좋다.
손톱깎이, 귀이개, 다용도칼	휴대용으로 작은 것을 가져가면 요긴하게 쓰이는 경우가 많다. 귀이개는 수영장이나, 해변이 있는 경우 요긴하게 쓰인다.
알람손목시계	바쁜 일정 중에 스케줄 관리에 편리하다.
사전과 회화집	개별여행자에게는 필수품, 휴대하기 편한 정도의 것을 준비한다.
한국음식	이국음식에 잘 적응하지 못하는 분들은 튜브 포장된 고추장정도를 가져가면 좋다.

4 해외출장 전 최종 점검사항

국외여행인솔자는 해외출장 전 반드시 챙겨야 하는 중요한 서류와 행사 중에서 필요한 사항들을 반드시 사전에 점검을 해야 한다.

여행사의 수배담당자로부터 인수받을 서류를 사전에 본인이 확인해야 한다. 그렇지 않으면 행사 진행 중 누락된 서류가 있게 되면 매우 곤란하다. 이는 원활한 행사진행의 방해요소일 뿐만 아니라 단체여행객들로 하여금 회사의 신뢰문제와 연관이 되기 때문에 반드시 점검해야 한다.

해외출장에 관한 사전 점검사항들을 살펴보면 다음과 같다.

|표 9-2| 해외출장 전 인수서류와 최종 점검사항

1) 여행일정표(tour itinerary) ➡ 최종 여행일정표의 내용의 확인

2) 여권(passport)·비자(VISA) ➡ 여권의 유효기간, 비자내역의 확인

3) 단체 항공권(group ticket) ➡ 항공권 매수, 영문이름, 예약상태 확인

4) 출입국신고서(E/D Card) ➡ 각국 출입국카드 작성내용 및 매수 확인

5) 세관신고서(customs declaration form) ➡ 세관신고서 작성내용의 확인

6) 최종수배확인서(final confirm sheet) ➡ 최종수배확인서 사본의 확인

7) 고객명단(name list) ➡ 단체여행객의 인적내용의 확인

8) 객실배정표(rooming list) ➡ 객실배정표 내역 및 예약객실 수의 확인

9) 바우처(voucher) ➡ 호텔, 레스토랑 등의 각종 쿠폰확인

10) 병무관계서류 ➡ 국외여행허가서의 확인

11) 여행자보험카드 ➡ 보험가입자 성명 및 개시일·종료일 확인

12) 여행경비(tour fee) ➡ 수령 행사항목과 비용금액의 확인

13) 수하물꼬리표(baggage tag) ➡ 회사배지 및 수하물꼬리표의 개수확인

14) 예방접종카드 ➡ 해당 여부의 확인과 증명서의 확인

15) 항공사 마일리지 카드 ➡ 마일리지 카드의 매수와 성명확인

16) 행사 및 안내보고서 서식 ➡ 방문지역별 매수의 확인

17) 고객정보 및 특별주문내용의 인수 ➡ 고객정보 및 특별요청 내역의 확인

1) 여행일정표의 인수 및 확인

여행일정표(tour itinerary)는 출발부터 귀국까지의 항목들을 최종적으로 점검하여야 하며, 특히 여행일정상의 무리한 점이나 특별한 사항유무 등을 반드시 확인하여 궁금한 점을 발견하게 되면 즉시에 수배담당자에게 문의하여야 한다. 또한 공항집결시간 및 장소, 항공기 출발 및 도착예정시간, 투숙할 호텔명 및 식사의 종류, 가이드 및 차량의 종류 등 제반사항을 상세하게 점검해야 한다.

2) 여권·비자의 인수 및 확인

여권(passport)의 종류에 따른 사용 가능여부와 유효기간을 반드시 확인해야 한다. 간혹 여권의 유효기간이 지난 여권을 제출하는 경우도 있음으로 확인할 필요가 있다.

비자는 여행 할 국가에 따라 비자의 소지여부를 확인하여 행사에 차질이 없도록 사전에 반드시 점검해야 한다. 그리고 출발 예정인원과 여권의 매수가 일치하는지를 확인하고, 만약에 일치하지 않을 경우에 담당자에게 문의하여 출발 당일 여행자가 여권을 직접가지고 공항으로 올 것인지 등의 상황을 정확하게 파악해 두어야 한다.

3) 단체항공권의 인수 및 확인

국외여행인솔자는 평소에 습득한 항공지식을 통하여 항공발권 담당자로부터 인수한

항공권을 꼼꼼하게 항공권 상의 기재사항과 항공예약상태를 정확하게 확인해야 한다. 특히 항공예약에 예약완료(OK) 상태가 아닌 경우에는 그 상황을 정확하게 파악하고 있어야 하며, 항공권에 기재된 단체여행자의 여권상의 이름과 항공권상의 이름이 일치하는지를 반드시 확인해야 한다.

마지막으로 단체의 인원수와 항공권의 매수가 일치하는지도 반드시 확인해야 한다.

4) 출입국신고서출입국신고서의 작성 및 확인

출입국신고서(E/D Card) 즉 출국신고서(embarkation card)와 입국신고서(disembarkation card)는 해외로 여행하는 모든 내·외국인은 각 국가의 출입국 관리규정에 따라 출입국관리소에 출입국신고서를 작성하여 제출하여야 한다. 그러므로 국외여행인솔자는 해외출장을 가기 전에 단체여행객들의 인적사항을 미리 입수하여 해당국의 출입국신고서를 작성해 두어야 한다. 또한 작성된 내용의 확인은 물론이고 참가인원수와 출입국신고서의 매수를 반드시 확인해야 한다.

우리나라의 경우 2005년 11월부터 입국신고, 2006년 8월에는 출국신고서 제출 생략하였다. 현재 유럽의 일부국가에서는 출입국신고서 모두를 생략하는 경우도 있다. 그러므로 입국예정국가에 대한 출입국 규정을 사전에 숙지할 필요가 있다.

(1) 출입국신고서 작성시 유의사항

전 세계 대부분의 나라에서는 출입국시 나라별로 별도의 출입국신고서(E/D Card = Embarkation & Disembarkation Card) 양식을 갖추고 있으며 거의 대부분이 출입국신고서 작성을 요구하고 있다. 이와 함께 입국시에는 통관수속을 위해 세관신고서(Customs declaration form)도 작성해서 제출하여야 한다. 따라서 TC는 반드시 각 나라별 출입국신고서와 세관신고서의 작성방법을 반드시 숙지하고 있어야 하며 필요시에는 즉시 작성해서 사용해야 한다.

E/D Card와 세관신고서 작성시 유의사항을 간추려보면 다음과 같다.

- 기재사항은 여권에 기재되어 있는 사항과 동일해야 하므로, 여권의 맨 앞장에 있는 사항들을 참조하여 작성하면 된다.
- 양식의 공란은 영문 인쇄체로 빠짐없이 기재하고 선택형의 문항에는 해당란에 ∨표를 하면 된다.
- 성별(sex)을 묻는 항에는 남자는 "MALE" 여자는 "FEMALE"로 적는다.
- 생년월일, 여권발급일자 등 날짜를 묻는 문항에는 "일, 월, 년"의 순서대로 우리가 사용하고 있는 순의 역순으로 기재해야 한다.
- 항공편명은 본인이 탑승한 비행기의 고유번호(Flight No)을 기재한다.
- First Name은 이름, Family Name은 성을 기재한다.
- 출입국신고서는 개인별로 따로 작성하지만, 세관신고서는 일반적으로 가족의 경우 한 가족당 1부를 작성하면 된다.
- 입국목적(Purpose of Entry/Purpose of Visit)을 기재시에는 여행객들은 당연히 관광목적이다. 그러나 TC는 업무 목적이 될 수 있으나 특히 일본을 방문시에는 가능하면 관광목적으로 기재하는 것이 유리하다.

|표 9-3| 출입국신고서에 사용되는 영문표기와 해석

영문표기	해석 및 사례
Family Name / Surname / Last Name	성 : HONG
First Name / Given Name / Forename	이름 : GIL DONG
Sex (Male or Female)	성별(남성 또는 여성)
Passport Number/ Travel Document No	여권번호
(Usual)Occupation / Profession	직업 : Company employee
(Name of) Airline and Flight Number	이용항공사 및 편명 : KE052
Country in which I boarded this flight	탑승국명 : Korea
Date of Birth / Birth Date	생년월일: 03/03/1999 또는 03/MAR/99
Place of Birth	출생지 : Seoul, Korea
Nationality / Country of Citizenship	국적 : Korea

Intended Length of stay	체류기간 : 7 Days
Date of Arrival	입국날짜
Address in country of residence / Home Address	현주소: 212-2 samsung-ro Gang Nam-Gu. Seoul. Korea
Zip or Postal Code	우편번호
Number of children travelling on parent's passport	동반자녀수 : 없다면: None
Accompanying Number	동행인원수
Purpose of Entry / Purpose of Visit	입국목적 : Tourism. Pleasure
First trip to?	처음 방문인가? Yes / No
Traveling on group tour?	단체여행인가? Yes / No
Departed from / Boarded at / Port of embarkation / Last place(of embarkation / From	출발지 : Seoul
(Next) Destination / To	다음 목적지
Mode of Entry(Road, Rail, Sea, Air)	입국형태(육로, 철도, 배, 항공)
Place of Issue / Issued at / City where passport(visa) was issued	여권(비자) 발급장소: Seoul, Korea
Date of Issue	발급일:
Date of Expiry	만료일:
Address in(Hotel)	숙박장소(호텔): Holiday Inn Hotel
Signature	서명

(2) 각국 출입국 신고서 내용

■ 중국 입국신고서

외国人入境卡
ARRIVAL CARD

请交边防检查官员查验
For Immigration clearance

1 姓 Family name
2 名 Given names
3 国籍 Nationality
4 护照号码 Passport No.
5 在华住址 Intended Address in China
6 男 Male / 女 Female
7 出生日期 Date of birth 年Year 月Month 日Day
8 签证号码 Visa No.
9 签证签发地 Place of Visa Issuance
10 航班号/船名/车次 Flight No./Ship's name/Train No.

11 入境事由(只能填写一项) Purpose of visit (one only)
会议/商务 Conference/Business
访问 Visit
观光/休闲 Sightseeing/in leisure
探亲访友 Visiting friends or relatives
就业 Employment
学习 Study
返回常住地 Return home
定居 Settle down
其他 others

以上申明真实准确。
I hereby declare that the statement given above is true and accurate.

12 签名 Signature

1	성명(성)	11	방문목적
2	성명(이름)	12	서명
3	국적		
4	여권번호		
5	중국 내 체류주소		
6	성별		
7	생년월일		
8	비자번호		
9	비자 발급 도시		
10	항공편명		

KOREAN AIR

■ 일본 입국신고서

外国人入国記録　DISEMBARKATION CARD FOR FOREIGNER　외국인 입국기록①

英語又は日本語で記載して下さい。영어 또는 일본어로 기재해 주십시오.

E.D.No 出入国記録番号　판상 **HLHT 5639012 61**

1 氏　名 (漢字) 한자 성 **Name** 이름 (한자)	**2** 한자 이름	
3 mily Name 영문 성	**4** Given Names 영문 이름	
5 国籍・地域 Nationality/Region 국적·지역	**6** 国名 Country name 나라명　生年月日 Date of Birth 생년월일　Day 日 일　Month 月 월　Ye	**7** 男 Male ① 남　女 Female ② 여
8 現住所 Home Address 현 주 소	都市名 City name 도시명	**9** 職業 Occupation 직업
10 旅券番号 Passport number 여권번호	**11** 航空機便名・船名 Last flight No./Vessel 항공기 편명·선명	

渡航目的 Purpose of visit 도항 목적 ☐ 観光 Tourism 관광　☐ 商用 Business 상용　☐ 親族訪問 Visiting relatives 친척 방문　☐ トランジット Transit 환승 **13** 日本滞在予定期間 Intended Length of stay in Japan 일본 체재 예정 기간

12 ☐ その他 Others (기타)　Years 年 년　Months 月 월　Days 日 일

14 日本の連絡先 Intended address in Japan 일본의 연락처　TEL 전화번호

15 以下の質問について、該当するものに☑を記入してください。Please check the applicable items. 이하의 질문에 대해서, 해당하는 것에 ☑을 기입해 주십시오.

1. あなたは、日本から退去強制されたこと、出国命令により出国したこと、又は、日本への上陸を拒否されたことがありますか？
　Have you ever been deported from Japan, have you ever departed from Japan under a departure order, or have you ever been denied entry to Japan?
　귀하는, 일본에서 강제 퇴거 당한 일, 출국 명령에 의하여 출국한 일, 또는, 일본에 상륙을 거부 당한 일이 있습니까？
　☐ はい Yes 예　☐ いいえ No 아니오.

2. あなたは、日本又は日本国以外の国において、刑事事件で有罪判決を受けたことがありますか？
　Have you ever been found guilty in a criminal case in Japan or in another country?
　귀하는, 일본국 또는 일본국 이외의 나라에서 형사사건으로 유죄판결을 받은 일이 있습니까？
　☐ はい Yes 예　☐ いいえ No 아니오.

3. あなたは、現在、麻薬、大麻、あへん若しくは覚せい剤等の規制薬物又は銃砲、刀剣類若しくは火薬類を所持していますか？
　Do you presently have in your possession narcotics, marijuana, opium, stimulants, or other drugs, swords, explosives or other such items?
　귀하는 현재, 마약, 대마, 아편 혹은 각성제 등의 규제약물 또는 총포, 도검류 혹은 화약류를 소지하고 있습니까？
　☐ はい Yes 예　☐ いいえ No 아니오.

4. あなたは、現在、現金をいくら所持していますか？
　How much money in cash do you presently have in your possession? _____ (円、$、元、W、その他 Others (　))
　귀하는 현재, 현금을 얼마 소지하고 있습니까？　엔、달러、인민원、원、기타 (　))

以上の記載内容は事実と相違ありません。I hereby declare that the statement given above is true and accurate. 이상의 기재 내용은 사실과 틀림 없습니다.

16 署名 Signature 서명

1	성 (한자)	9	직업
2	이름 (한자)	10	여권번호
3	성 (영문)	11	항공기 편명
4	이름 (영문)	12	방문 목적
5	국적	13	일본 체류 예정 기간
6	생년월일	14	일본 연락처
7	성별	15	질문 사항 작성
8	현주소	16	서명

KOREAN AIR

■ 러시아 입국신고서

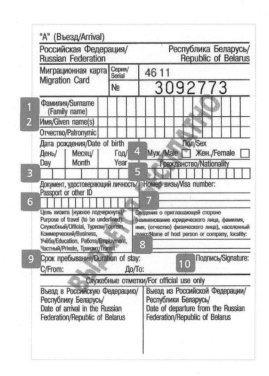

1 성

2 이름

3 생년월일 (일/월/년도)

4 성별

5 국적

6 여권번호

7 비자번호

8 초대인 / 초대기업, 지역

9 체류기간

10 서명

KOREAN AIR

■ 호주 입국신고서

YOUR CONTACT DETAILS IN AUSTRALIA

Phone ( )

E-mail
OR

Address State

EMERGENCY CONTACT DETAILS (FAMILY OR FRIEND)

Name

E-mail,
Phone OR
Mail address

PLEASE COMPLETE IN ENGLISH ▶ PLEASE ✕ AND ANSWER A OR B OR C

▶ In which country did you board this flight or ship?

A Migrating permanently to Australia

B Visitor or temporary entrant

Years Months Days

Your intended length of stay in Australia OR

C Resident returning to Australia

▶ Country where you spent most time abroad

◆ What is your usual occupation?

▶ Your country of residence

▶ Nationality as shown on passport

▶ Your main reason for coming to Australia (✕ one only)

Convention/conference Employment 4 Holiday 7
Business 2 Education 5 Other 8
Visiting friends or relatives 3 Exhibition 6

MAKE SURE YOU HAVE COMPLETED BOTH SIDES OF THIS CARD. PRESENT THIS CARD ON ARRIVAL WITH YOUR PASSPORT.

◆ Date Day Month Year of birth

Information sought on this form is required to administer immigration, customs, quarantine, statistical, health, wildlife and currency laws of Australia and its collection is authorised by legislation. It will be disclosed only to agencies administering these areas and those entitled to receive it under Australian law. The leaflet Safeguarding your personal information is available at Australian ports and airports.

11121502

© Commonwealth of Australia 2012
15 (Design date 11/12)

Incoming passenger card • Australia

PLEASE COMPLETE IN ENGLISH WITH A BLUE OR BLACK PEN

▶ Family/surname

▶ Given names

▶ Passport number

◆ Flight number or name of ship

▶ Intended address in Australia

State

▶ Do you intend to live in Australia for the next 12 months? Yes No

▶ If you are NOT an Australian citizen:

Do you have tuberculosis? Yes No

Do you have any criminal conviction/s? Yes No

YOU MUST ANSWER EVERY QUESTION – IF UNSURE, Yes ✕

▶ Are you bringing into Australia:

1. Goods that may be prohibited or subject to restrictions, such as medicines, steroids, illegal pornography, firearms, weapons or illicit drugs? Yes No
2. More than 2250mL of alcohol or 50 cigarettes or 50g of tobacco products? Yes No
3. Goods obtained overseas or purchased duty and/or tax free in Australia with a combined total price of more than AUD$900, including gifts? Yes No
4. Goods/samples for business/commercial use? Yes No
5. AUD$10,000 or more in Australian or foreign currency equivalent? Yes No
   Note: If a customs or police officer asks, you must report travellers cheques, cheques, money orders or other bearer negotiable instruments of any amount.
6. Meat, poultry, fish, seafood, eggs, dairy, fruit, vegetables? Yes No
7. Grains, seeds, bulbs, straw, nuts, plants, parts of plants, traditional medicines or herbs, wooden articles? Yes No
8. Animals, parts of animals, animal products including equipment, pet food, eggs, biologicals, specimens, birds, fish, insects, shells, bee products? Yes No
9. Soil, items with soil attached or used in freshwater areas e.g. sports/recreational equipment, shoes? Yes No
10. Have you been in contact with farms, farm animals, wilderness areas or freshwater streams/lakes etc in the past 30 days? Yes No
▶ 11. Were you in Africa, South/Central America or the Caribbean in the last 6 days? Yes No

DECLARATION
The information I have given is true, correct and complete. I understand failure to answer any questions may have serious consequences.

YOUR SIGNATURE

Day Month Year

TURN OVER THE CARD

English

■ 필리핀 출입국신고서

5) 세관신고서 작성 및 확인

해외여행자는 각국이 정하고 있는 관세법 규정에 따라 개인 수하물에 대한 통관수속 절차를 받도록 하고 있다. 세관신고서(customs declaration form)는 해당국에 입국시 신고대상물품에 대한 신고서이다.

세관신고서는 가족일 경우에는 가족 당 1부만 작성하면 되고 가족이 아닐 경우에는 각자 작성하여야 한다. 원칙적으로 세관신고서는 신고대상물품은 여행 중 내용이 수시로 변화함으로 여행객 각자가 작성해야 한다. 그러나 단체의 원활한 인솔을 위해 사전에 신고대상물품이 없는 것으로 사전에 작성해두었다가 필요에 따라 인솔자가 재작성할 경우도 있다. 그러므로 세관신고서의 작성내용을 사전에 확인해야 한다.

■ 미국세관신고서

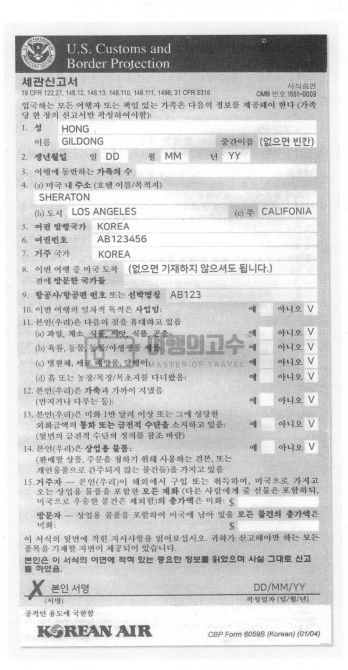

U.S. Customs and Border Protection

세관신고서
19 CFR 122.27, 148.12, 148.13, 148.110, 148.111, 1498; 31 CFR 5316

서식승인
OMB 번호 1651-0009

입국하는 모든 여행자 또는 책임 있는 가족은 다음의 정보를 제공해야 한다 (가족 당 한 장의 신고서만 작성하여야함):

1. **성** HONG
   이름 GILDONG 중간이름 (없으면 빈칸)
2. **생년월일** 일 DD 월 MM 년 YY
3. 여행에 동반하는 **가족의 수**
4. (a) 미국 내 **주소** (호텔 이름/목적지)
   SHERATON
   (b) 도시 LOS ANGELES (c) 주 CALIFONIA
5. **여권 발행국가** KOREA
6. **여권번호** AB123456
7. **거주 국가** KOREA
8. 이번 여행 중 미국 도착 (없으면 기재하지 않으셔도 됩니다.)
   전에 **방문한 국가들**
9. **항공사/항공편 번호 또는 선박명칭** AB123
10. 이번 여행의 일차적 목적은 **사업임**: 예 ☐ 아니오 V
11. 본인(우리)은 다음의 것을 휴대하고 있음
    (a) 과일, 채소, 식물, 씨앗, 식품, 곤충: 예 ☐ 아니오 V
    (b) 육류, 동물, 동물/야생생물 제품: 예 ☐ 아니오 V
    (c) 병원체, 세포 배양물, 달팽이: 예 ☐ 아니오 V
    (d) 흙 또는 농장/목장/목초지를 다녀왔음: 예 ☐ 아니오 V
12. 본인(우리)은 가축과 가까이 지냈음
    (만지거나 다루는 등): 예 ☐ 아니오 V
13. 본인(우리)은 미화 1만 달러 이상 또는 그에 상당한
    외화금액의 **통화 또는 금전적 수단**을 소지하고 있음: 예 ☐ 아니오 V
    (뒷면의 금전적 수단의 정의를 참조 바람)
14. 본인(우리)은 **상업용 물품**: 예 ☐ 아니오 V
    (판매할 상품, 주문을 청하기 위해 사용하는 견본, 또는
    개인용품으로 간주되지 않는 물건들)을 가지고 있음
15. **거주자** — 본인(우리)이 해외에서 구입 또는 취득하여, 미국으로 가지고
    오는 상업용 물품을 포함한 **모든 재화** (다른 사람에게 줄 선물은 포함하되,
    미국으로 우송한 물건은 제외함)의 **총가액**은 미화 — $
    방문자 — 상업용 물품을 포함하여 미국에 남아 있을 **모든 물건의 총가액**은
    미화: $

이 서식의 뒷면에 적힌 지시사항을 읽어보십시오. 귀하가 신고해야만 하는 모든
품목을 기재할 지면이 제공되어 있습니다.

본인은 이 서식의 이면에 적혀 있는 중요한 정보를 읽었으며 사실 그대로 신고를 하였음.

X **본인 서명**
(서명)

DD/MM/YY
작성일자 (일/월/년)

공적인 용도에 국한함

KOREAN AIR CBP Form 6059B (Korean) (01/04)

6) 최종 수배확인서 수령 및 확인

지상수배업자(local land operator)로부터 견적서(quotation sheet) 수령 이후에 수배내용의 변경조정을 통하여 최종적으로 결정된 수배내용이 기록된 증명서가 최종수배확인서(final confirm sheet)이다. 그러므로 수배담당자는 행사출발 전에 지상수배업자로부터 확정된 최종수배확인서를 수령하여야 한다.

국외여행인솔자는 수배담당자로부터 최종수배확인서의 사본을 반드시 수령하여야 한다. 이는 현지에서 행사진행 내용 등의 변경으로 문제가 발생하여 이에 대한 배상청구(claim)의 제기시 가장 분명한 증거자료가 됨으로 최종 여행일정표와 비교하여 누락된 사항이 없는지를 점검하여만 한다.

7) 고객명단표의 인수 및 확인

고객명단표(name list)는 일정하게 정해진 양식이 있는 것은 아니지만 각 여행사에 사용용도에 따라 작성하면 된다.

단체여행객의 인적사항을 정리하여 단체행사 중에 여행관련서류의 작성이나 비행기, 선박, 관광지에서 인원 파악 등 다양한 용도로 사용하는 것이다. 또한 외국에서 관련업체들과의 선택관광 접수신청 및 입국수속 등에 사용할 수도 있기 때문에 가급적이면 영어로 작성하는 것이 편리하다.

국외여행인솔자는 행사출발 전에 고객명단을 보고 고객의 이름이나 직업 등의 정보를 사전에 입수하여 고객의 성향이나 특성을 점검할 필요가 있다.

8) 객실배정표의 작성 및 확인

객실배정표(rooming list)는 단체여행객들이 숙박할 호텔이나 리조트 등의 객실배정시에 사용하는 것이다.

객실배정표는 행사출발 전에 단체 중 가족끼리, 부부끼리, 친구끼리 등 함께 투숙할 일행을 확정하여 미리 작성하여 현지의 호텔에 도착하면 객실담당자에게 객실배정표를 제시하면 담당자는 배정된 객실번호를 기재하여 인솔자에게 주게 된다. 이때 인솔자는 객실의 숫자만큼 복사하여 고객에게 나누어 주면 서로 연락하기가 편리하다. 또한 객실배정표는 고객명단표와 함께 단체인원 파악 및 확인 등으로 사용됨으로 여러 장으로 복사하여 사용하면 매우 편리하다.

NAME LIST

|표 9-4| **고객명단표**

No	한글성명 영문성명	성별	주민등록번호	여권번호	주 소	전 화	비 고
1							
2							
3							
4							
5							
6							
7							
8							
9							
10							
11							
12							
13							
14							
15							
16							
17							
18							
19							
20							

(1) 객실배정표(Rooming list) 작성

호텔투숙시 고객에게 배정되는 객실번호를 기입하기 위해 여행출발 전에 미리 작성해서 숙박하고자 하는 호텔에 도착하면, TC는 먼저 호텔 프런트데스크에 Rooming list를 제시하면 객실담당자는 객실배정표에 객실번호를 기입해준다. Rooming list는 출발하기 전에 미리 작성하여야 하며 객실배정표 작성은 일반적으로 2인 1실이 기본으로 한다.

주문여행일 경우에는 팀의 리드에게 조언을 받아서 가족끼리, 부부끼리, 친한 친구끼리 등으로 같은 객실을 사용하도록 배정표를 작성하면 된다.

그러나 패키지 투어로 모객 된 경우에는 일행은 일행끼리 배정을 하면 되지만, 부득이 서로 모르는 고객끼리 객실을 사용해야 될 때는 고객의 연령, 지역 및 흡연 여부 등을 고려하여 함께 투숙할 상대를 미리 정할 필요가 반드시 있다.

객실배정표는 여행참가자명부 대신으로 사용할 수 있는 것으로 TC의 인원파악을 할 때나 선택 관광의 선택여부나 요금을 받을 때 등으로 사용하면 아주 편리하다. 또한 Rooming list를 투숙한 고객에게 나누어 줌으로써 일행들이 투숙한 객실번호를 알 수 있기 때문에 서로 전화연락 등에 사용할 수도 있어 편리하게 사용될 수 있다.

ROOMING LIST

- ◻ GROUP NAME : OO UNIVERSITY PTY
- ◑ ARRIVAL: 0000. 00. 00
- ◻ TOUR LEADER : HONG, GIL-SOON
- ◑ DEPARTURE: 0000. 00. 00

|표 9-5| 객실배정표

NO	NAME	SEX	ROOM NO	REMARK
1	PARK SOO HYUN	M	1501	부부
2	KIM SOO JI	F		
3	HAN SEOK KYOO	M	1502	부부
4	SEO EUN YOUNG	F		
5	OH KI TAEK	M	1503	부부
6	KIM SEUL KI	F		
7	PARK JUN HO	M	1504	부부
8	LEE JUN HEE	F		
9	LEE YONG HO	M	1505	부부
10	LEE SOO JIN	F		

11	OH JUNG HOON	M	1506	부부
12	CHOI JIN SIL	F		
13	SEO YOUNG MIN	M	1507	부부
14	YOON JUNG MI	F		
15	KOO JOON MO	M	1508	부부
16	JUNG MI JUNG	F		
17	JUNG SEUNG HO	M	1509	부부
18	PARK HA NA	F		
19	KIM JIN HYUNG	M	1510	부부
20	HONG JUNG A	F		
21	HONG GIL SOON	F	1601	TC

9) 바우쳐의 인수 및 확인

여행업계에 통용되는 바우쳐(voucher)는 일종의 여행증서라 말할 수 있다. 이를 제출하는 여행자는 관련 서비스를 제공받을 수 있다는 증명서류로서 나중에 이것을 근거로 서비스를 제공한 공급업자측이 여행사에 비용을 청구하여 정산하는 것이다, 그러나 이는 상호신뢰를 바탕으로 통용되는 것임으로 외상미수금의 누적 등으로 우리나라 여행업계에서는 여러 가지 문제점이 많아 일부 호텔숙박권(hotel coupon) 형태로 사용되고 있다.

바우쳐는 일반적으로 개인여행자(FIT: foreign independent tourist)들이 호텔수배만의 의뢰로 인한 호텔 바우쳐(hotel voucher)로 이용되고 있다.

10) 병무관계서류

현재 우리나라의 국민으로서 만 25세 이상~37세 병역미필 병역의무자(영주권사유 병역연기 및 면제자 포함)는 출국당일 법무부 출입국에서 출국심사시 국외여행허가 증명서를 제출하여야 한다. 이에 해당되는 대상자는 반드시 해당병무청에서 발급하는 국외여행허가서 2부를 발급받아 1부는 여권신청시 제출하고, 나머지 1부는 출국시 공항내 법무부 출입국에서 출국심사시에 제출하여야 한다.

그러므로 인솔자는 단체여행객들 중에 해당자를 파악하여 국외여행허가서 서류를 반드시 확인하여야 한다.

11) 여행자보험카드

해외여행자는 해외여행시 발생할 수 있는 각종 사태에 대비하여 여행자보험에 가입하게 된다. 여행자보험카드(card of overseas traveller's insurance)를 인수할 때에는 반드시 여행자 이름, 주민등록번호, 주소, 보험의 개시일 및 종료일, 보상금액 등을 확인하여야 한다. 특히 보험개시일과 종료일이 출발일과 귀국일과 일치하는지를 정확하게 확인해야 한다.

12) 여행경비

여행경비(tour fee)는 현지 지상수배업자에게 지불하는 지상비(호텔비, 식사비, 차량비, 현지 관광비, 현지 가이드비)와 국외여행인솔자의 출장비, 공항사용료(airport facility) 및 공항세(airport tax), 투어펀드(tour fund), 포터비(porterage), 팁(Tip) 비상금(emergency fund), 잡비(miscellaneous fund) 등이 있다.

특히 수배담당자로부터 현지 지상수배업자에게 지불할 지상비는 대부분 여행자수표로 인수하며 인솔자는 반드시 최종수배확인서(final confirm sheet)에 나타난 지상비의 금액과 맞는지 확인하여야 한다.

13) 수하물꼬리표의 인수 및 확인

수하물꼬리표(baggage tag)는 단체여행객들의 수하물의 관리를 위해 반드시 필요한 것으로 회사로부터 인수할 시 고객명단표와 대조하여 그 내용과 숫자를 확인해야 한다.

수하물꼬리표는 한 명당 2개 정도를 준비하는 것이 좋다. 이는 여행 중 수하물개수가 늘어나는 것을 대비하는 것이다. 또한 회사의 배지(company badge)를 지급하는 경우에도 단체의 인원수보다 충분하게 인수하는 것이 좋다.

14) 예방접종카드

현재 대다수의 국가들은 여행객의 입국시 예방접종에 대한 검사를 생략하는 추세이며, 특정국가를 제외하고는 거의 사용되지 않고 있는 실정이다, 그러나 세계보건기구(WHO: World Health Organization)에서 전염병 오염지역 등에 대한 정보로 필요할 경우 예방접종카드(vaccination card) 일명 "Yellow Card"를 제출하여야 함으로 필요여부를 확인해야 한다.

15) 항공사 마일리지 카드의 인수 및 확인

항공사마다 발급하는 탑승누적거리에 따라 무료항공권 제공 등의 서비스를 제공하는 것이 항공사 마일리지 카드(airline mileage card)이다.

최근에는 마일리지카드 이용고객이 점차적으로 늘어가고 있는 추세임으로 인솔자는 가능하면 여행출발 전에 소지하지 않은 고객들에게는 미리 발급받을 수 있도록 정보를 주어야 한다. 국외여행인솔자는 공항의 항공사 카운터에서 탑승수속(check in)을 할 때, 이 카드를 함께 제출하게 되면 편리하다.

항공사 마일리지 카드를 인수 받을 때는 카드제출자의 명단을 정확하게 파악할 필요가 있다.

16) 행사 및 안내보고서 서식

행사 및 안내보고서는 국외여행인솔자가 단체여행객을 인솔하여 현지에서 업무를 수행하면서 수시로 작성하는 서류로서 여행종료 후 소속여행사에 보고하는 서식이다. 이는 통일된 규격이 있는 것이 아니라 회사마다 필요에 따라 만들어 사용하고 있다. 주 내용은 행사 중의 문제점, 인솔자가 지출한 경비내역, 쇼핑 및 선택관광의 내용과 정산, 행사에 대한 고객의 평가 등이 기록하는 것이다.

국외여행인솔자가 서식을 인수할 때 기록과 관계된 사항들을 담당자에게 상세하게 문의해 둘 필요가 있다.

행사·안내보고서

|표 9-6| 행사·안내보고서

작성자 :   200 . . .

단 체 명		기 간	출국 :
인 원			입국 :

일자	국명 및 도시		숙 박	식당	내용	가격	인원	인솔자의결
월 일	국명 :		호텔 :	조식				
	도시 :		Twin Rm :	중식				
	Local Agent :		single Rm :	석식				
	Guide :			특식				
	교통	버스 : 대	행선지	오전 : 오후 :				
월 일	국명 :		호텔 :	조식				
	도시 :		Twin Rm :	중식				
	Local Agent :		single Rm :	석식				
	Guide :			특식				
	교통	버스 : 대	행선지	오전 : 오후 :				
월 일	국명 :		호텔 :	조식				
	도시 :		Twin Rm :	중식				
	Local Agent :		single Rm :	석식				
	Guide :			특식				
	교통	버스 : 대	행선지	오전 : 오후 :				
월 일	국명 :		호텔 :	조식				
	도시 :		Twin Rm :	중식				
	Local Agent :		single Rm :	석식				
	Guide :			특식				
	교통	버스 : 대	행선지	오전 : 오후 :				

※ 교통란은 시발·종료시각을 명기하고 주요 행선지명을 기입

17) 고객정보 및 특별 주문내용의 확인

기획 및 영업담당자들의 고객에 대한 특별한 정보와 고객요청 및 주문사항을 정확하게 인수해야 한다. 그 내용들은 단체의 상황에 따라 여러 가지 사항들이 많다. 관련서류 이외에 인수 및 점검사항은 다음과 같다.

(1) 개별행동자에 대한 정보의 인수 및 확인

개별행동자(deviator)란 단체여행 일정 중에 개별적으로 행동하거나 단체를 이탈하는 여행객 또는 현지에서 단체와 합류하는 여행객 등을 지칭하는 말로서 "이탈자", "디비에이터"라고도 한다. 국외여행인솔자는 인솔할 단체여행객 중 사전에 디비에이터(deviator)의 유무 및 내용을 명확하게 파악하여 언제 어디서 단체로부터 떨어져 나가는지, 언제 합류하는지를 명확하게 알고 있어야 한다. 또한 지불처리의 내용에 대해서도 명확하게 정보를 인수하여 차후에 이로 인한 문제가 발생하지 않도록 유의해야 한다.

(2) 단체여행객에 대한 정보의 인수 및 확인

단체여행객들 중에는 사전에 본인 또는 보호자나 지인들로부터 개인적으로 요청사항들이 있는지 반드시 확인해야 한다. 특히 효도관광 단체일 경우에는 여러 가지 요청사항이 많으며, 인센티브투어(incentive tour)일 경우에는 영업담당자로부터 단체구성책임자(tour organizer)에 대한 특별요청사항이 있는 경우도 있다.

국외여행인솔자는 인솔할 단체여행객들 중에는 지체부자유자, 심신허약자, 지병이 있는 자, 또는 어린이, 고령자 등을 사전에 파악하여 만일의 사태에 대비해야 한다. 단체여행객 중에는 외국의 시민권(citizenship), 영주권(permanent resident) 소지자가 있는지도 사전에 확인하여, 출입국수속에 문제가 없는지를 관계기관에 문의하여 적절한 조치를 사전에 강구하여야 하는 것도 잊지 않아야 한다.

(3) 특별서비스의 제공에 대한 정보의 인수 및 확인

단체여행객의 주문이나 요청에 의해서 이루어지는 것도 있지만 소속 여행사의 고객서비스 및 고객관리 차원에서의 특별서비스 제공여부에 대한 정보도 있다. 이는 결혼기념일, 생일 등 축하메시지와 함께 꽃, 과일바구니, 케익 등의 제공으로 차후의 잠재고객의 확보 및 재수요 창출차원에서 많은 기여를 함으로 절대로 소홀하게 해서는 안되기 때문에 이러한 정보를 정확하게 인수하여 사전예약 및 직접구입으로 성실히 수행해야 한다.

02 공항 출국수속업무

1 국내선 탑승수속 절차와 행동요령

국내선 항공을 이용하여 국제선을 이용하는 경우 주로 수도권 지역이 아닌 지방에서부터 출발할 것을 대비하여 기초적인 지식을 습득하고 있어야 한다. 이는 현지에서도 마찬가지로 해당국가의 국내선을 이용하여 국제공항으로 이동하여 탑승하거나 특정지역으로 이동하여 탑승할 경우가 흔히 있다.

국내선 탑승은 절차가 간단하여 누구나 손쉽게 이용할 수 있다. 그러나 국제선 탑승을 목적으로 여행을 할 때에는 몇 가지 유의해야 할 사항들이 있다. 또한 국외여행인솔자는 단체여행객과의 첫 대면이기 때문에 소홀하게 취급해서는 안된다. 우선 국내공항에서의 전체적인 흐름도는 다음과 같다.

|표 9-7| 국내선 탑승 수속절차

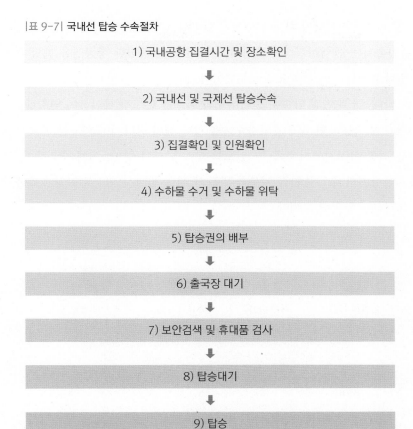

1) 국내공항 집결시간 및 장소확인

⬇

2) 국내선 및 국제선 탑승수속

⬇

3) 집결확인 및 인원확인

⬇

4) 수하물 수거 및 수하물 위탁

⬇

5) 탑승권의 배부

⬇

6) 출국장 대기

⬇

7) 보안검색 및 휴대품 검사

⬇

8) 탑승대기

⬇

9) 탑승

1) 국내공항 집결시간 및 장소확인

국외여행인솔자는 출발 하루 전에 모든 서류를 확인하여 꼼꼼하게 챙겨두고 단체여행객들에게 집결장소와 시간을 통보하는 것도 좋은 방법이라 할 수 있다. 그리고 국내선 공항은 성수기나 주말에는 상당히 복잡함으로 단체의 인원이 많을 경우에는 하루 전에 공항 카운터의 협조를 얻어 미리 탑승수속을 해 두는 것도 하나의 방법이다.

2) 탑승수속

인솔자는 단체의 집합시간보다 1시간 전에 공항에 도착하도록 한다. 인솔자가 늦게 나타난다면 처음부터 단체여행객들에게 신뢰감을 잃게 된다. 인솔자 이외의 회사 측

241

직원이 파견되는 경우도 있기 때문에 사전에 협의해서 업무를 분담하도록 하다.

국외여행인솔자는 단체여행객이 도착하기 전에 미리 준비한 항공권을 해당 항공사 카운터에서 탑승권(boarding pass)으로 교부받아야 한다.

인솔자는 국내·국제 연결 탑승수속 서비스의 여부를 반드시 확인하여 연결탑승수속(through check in)이 가능하면 국제선 탑승수속을 함께 해야 한다. 이는 단 한 번의 수속으로 수하물을 최종 목적지에서 찾을 수 있도록 수속을 해야 한다. 이때 주의해야 할 사항은 경유지공항에서 수하물연결 여부를 반드시 해당 항공사 카운터직원에게 수하물번호표를 제시하여 확인해야 된다.

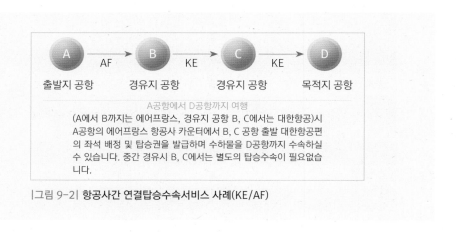

|그림 9-2| 항공사간 연결탑승수속서비스 사례(KE/AF)

3) 집결확인 및 인원파악

인솔자는 여행자가 도착하는 대로 인원을 파악을 하고 인원을 파악한 후 붙일 짐을 챙긴다. 이때 인솔자는 짐 속에 카메라, 돈, 병 등 파손될 물건이 없는지 확인하라고 반드시 지시하며 비행기 내에서 필요한 물품을 휴대용 소형가방에 꼭 챙기라고 지시한다.

4) 수하물 수거 및 수하물 위탁

단체여행객 전체의 위탁수하물들을 수거한 후 위탁수하물의 개수를 확인하고 수하물꼬리표를 나누어 주어 각자의 수하물에 부착하도록 지시한다. 그 다음은 해당항공사의 카운터(counter)로 이동하여 짐을 붙이고 수하물표를 받는다.

5) 탑승권의 배부

인솔자는 고객보다 높은 장소를 선택하여 이미 발급받은 탑승권(boarding pass)을 단체여행객 이름을 호명하면서 탑승권을 나누어 주고, 마일리지 카드를 제출하지 않은 고객은 직접 항공권 상의 주민등록번호 및 주소를 기재하도록 지시한다.

6) 출국장 대기

국내선은 대부분 출국장이 2층에 있으므로 단체를 2층으로 유도하여 대기하도록 한다. 여기에서 인솔자는 단체여행객들과 정식으로 인사를 나누고, 그 다음의 행동에 대해 미리 설명을 해야 한다.

보안검색이 끝나면 탑승대기실에서 대기하였다가 탑승방송이 있으면 탑승을 하면 된다는 내용과 함께 탑승권 상의 비행기 좌석번호에 대해 설명하고 정해진 좌석에 반드시 착석하라는 지시를 해두어야 한다.

7) 보안검색 및 휴대품 검사

일정한 시간이 경과되면 항공사 측에서 보안검색 및 휴대품 검사를 하면서 탑승장으로 이동한다. 이 절차를 받기 전에 인솔자는 보안검색이 끝나면 탑승대기실에서 대기하였다가 탑승방송이 있으면 탑승을 하면 된다는 내용과 함께 탑승권 상의 비행기 좌석번호에 대해 설명하고 정해진 좌석에 반드시 착석하라는 지시를 해두어야 한다.

8) 탑승대기

탑승장에 도착하여 시간 여유가 있는 경우 탑승자 대기실에서 신변정리를 하도록 한다.

9) 탑 승

항공사 측에서 탑승 개시에 따른 안내방송이 나온다. 탑승이 시작되면 해당항공사

직원의 지시에 따라 기내로 들어가게 된다. 이때 탑승권(boarding pass)의 한쪽을 절단하여 수거해 가고 나머지를 돌려준다.

2 국제공항 출국수속절차와 행동요령

단체여행객이 국제공항에 집결하는 시간은 통상적으로 비행기 출발 2시간 전으로 정한다. 이는 출국수속에 따른 제반소요시간을 감안하여 결정한 것이다.

따라서 국외여행인솔자는 약속시간의 30분 전에 미리 도착하여 대기하여야 한다. 이는 고객에 대한 예의이며 단체여행객보다 늦게 나타나게 되면 인솔자에 대한 첫인상을 좋게 보지 않을 뿐만 아니라 행사진행 중에도 신뢰를 잃을 수 있기 때문이다.

대부분의 국제공항은 거의 비슷한 구조를 갖추고 있지만 규모가 워낙 크고 복잡하기 때문에 사전에 출발하는 목적국가의 공항구조나 배치도를 상세하게 습득하고 출발하는 것이 편리하다. 공항의 출입국 흐름도와 최근 인천국제공항에서 취항 항공사와 출국수속 카운터는 다음과 같다.

1) 인천국제공항 제1여객 터미널 출국

① 제1여객 터미널 출국 경로

1. 도착
   방문해야 할 터미널이 제1여객 터미널이 맞는지 확인.
   제1여객터미널 출국객은 3층으로 이동

2. 체크인 짐 보내기
   탑승권을 발권하고, 부쳐야 할 짐을 보낸다.

3. 출국 전 준비 이동
   출국장 진입 전 필요한 용무를 처리(환전, 출금, 로밍, 보험 등)

4. 보안검색
   보안검색 항공기에 탑승하기 전 모든 승객들은 반드시 보안검색을 받아야 한다.

5. 출국심사이동
출국심사 보안검색 및 출국심사를 마치고 면세지역으로 진입하면 일반지역으로 되돌아 갈 수 없다.

6. 탑승 게이트로 이동
탑승권의 게이트 번호와 위치를 확인 후 이동.

7. 탑승(T1)이동
1-50번 게이트 탑승객은 제1여객터미널에서 탑승.

7. 탑승동 이동:
셔틀트레인을 타고 T1에서 탑승동으로 이동
8. 탑승(탑승동) 101-132번 게이트 탑승

8. 탑승 완료

② 제1여객 터미널, 탑승동 배치도

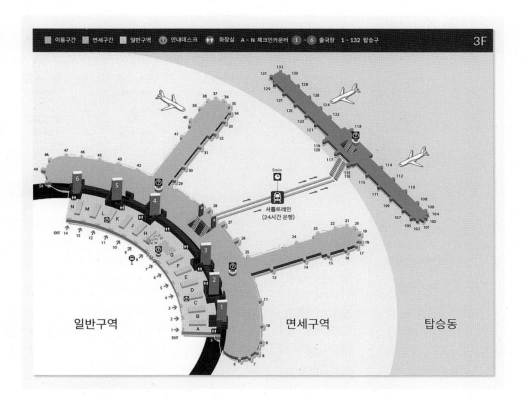

③ 제1여객터미널 취항 항공사

제1여객터미널

S7항공	라오항공	로얄브루나이항공	루프트한자 독일항공	말레이시아 에어라인스
몽골항공	뱀부 항공	사천항공	산동항공	스카이 앙코르 항공
심천항공	싱가포르항공	아메리칸항공	아시아나항공	야쿠티아항공
에미레이트항공	에바항공	에어 뉴질랜드	에어 아스타나	에어마카우
에어부산	에어인디아 리미티드	에티오피아항공	에티하드 항공	영국항공
오로라항공	우즈베키스탄항공	유나이티드항공	유니항공	일본항공
젯스타	중국국제항공	천진항공	카타르항공	캐나다항공
캐세이패시픽항공	타이항공	터키항공	팬퍼시픽항공	폴란드항공
핀에어	필리핀에어아시아	필리핀항공	하와이안 항공	홍콩항공

S7항공	라오항공	로얄브루나이항공	루프트한자 독일항공	말레이시아 에어라인스
몽골항공	뱀부 항공	사천항공	산동항공	스카이 앙코르 항공
심천항공	싱가포르항공	아메리칸항공	아시아나항공	야쿠티아항공
에미레이트항공	에바항공	에어 뉴질랜드	에어 아스타나	에어마카우
에어부산	에어인디아 리미티드	에티오피아항공	에티하드 항공	영국항공
오로라항공	우즈베키스탄항공	유나이티드항공	유니항공	일본항공
중국국제항공	천진항공	카타르항공	캐나다항공	캐세이패시픽항공
타이항공	터키항공	팬퍼시픽항공	폴란드항공	핀에어
필리핀에어아시아	필리핀항공	하와이안 항공	홍콩항공	

④ 탑승동 취항 항공사

탑승동				
베트남항공	비엣젯항공	상하이항공	세부퍼시픽항공	스쿠트타이거항공
에어서울	에어아시아엑스	이스타항공	제주항공	중국남방항공
중국동방항공	진에어	춘추항공	타이에어아시아엑스	티웨이항공
홍콩익스프레스				

베트남항공	비엣젯항공	상하이항공	세부퍼시픽항공	스쿠트타이거항공
에어서울	에어아시아엑스	이스타항공	제주항공	중국남방항공
중국동방항공	진에어	춘추항공	타이에어아시아엑스	티웨이항공
홍콩익스프레스				

2) 인천국제공항 제2여객 터미널 출국

① 제2여객 터미널 출국 경로

1. 도착
   방문해야 할 터미널이 제2여객 터미널이 맞는지 확인.
   제1여객터미널 출국객은 3층으로 이동

↓

2. 체크인 짐 보내기
   탑승권을 발권하고, 부쳐야 할 짐을 보낸다.

↓

3. 출국 전 준비 이동
   출국장 진입 전 필요한 용무를 처리(환전, 출금, 로밍, 보험 등)

↓

4. 보안검색
   보안검색 항공기에 탑승하기 전 모든 승객들은 반드시 보안검색을 받아야 한다.

↓

5. 출국심사이동
   출국심사 보안검색 및 출국심사를 마치고 면세지역으로 진입하면 일반지역으로 되돌아 갈 수 없다.

6. 탑승 게이트로 이동
   탑승권의 게이트 번호와 위치를 확인 후 이동.

7. 탑승(T2)
   230-270번 게이트 탑승객은 제2여객터미널에서 탑승

8. 탑승 완료

② 제2여객 터미널 배치도

③ 제2여객 터미널 취항 항공사

제2여객터미널				
Garuda Indonesia 가루다인도네시아	KOREAN AIR 대한항공	DELTA 델타항공	XIAMENAIR 샤먼항공	AEROMEXICO 아에로멕시코
AEROFLOT 아에로플로트 러시아항공	Alitalia 알리탈리아	AIRFRANCE 에어 프랑스	CHINA AIRLINES 중화항공	CZECH AIRLINES 체코항공
KLM 케에엘엠네덜란드항공				

가루다인도네시아	대한항공	델타항공	샤먼항공	아에로멕시코
아에로플로트 러시아항공	알리탈리아	에어 프랑스	중화항공	체코항공
케에엘엠 네덜란드항공				

1) 탑승수속 업무

탑승수속이란 공항내의 항공사 카운터 직원이 승객에 대해 업무적으로 하는 탑승수속의 과정을 말한다. 즉 항공사 카운터에서 승객의 항공권, 여행구비서류에 대한 확인절차와 수하물의 위탁수속 절차를 통칭하는 의미이다. 카운터에 제시해 할 사항은 항공권, 여권 및 비자, 출입국신고서, 위탁수하물 등이다. 탑승수속 및 출국절차를 간단하게 설명하면 다음과 같다.

- 대한민국 출국신고서 작성, 공항이용권 구입(은행환전소)한다.
- 병무신고 해당자(만25~37세 남자(병역미필자))는 병무신고를 한다.
- 탑승하실 항공편을 확인한 후 해당 체크인 카운터에서 탑승수속 및 환전을 한다.
- 그 다음 여권, 항공권, 항공사 마일리지 카드를 해당 항공사 카운터에 제출한 후 탑승권을 받은 후 수하물 탁송을 한다.
- 출국심사장 입구의 직원에게 공항이용권을 제출하고 출국심사장으로 입장한다.
- 그 다음 출국보안검사, 출국심사 순으로 심사를 받고 이상이 없으면 통과하여 면

세구역 및 항공편별 탑승게이트 구역이 나온다.

- 탑승하고자 하는 게이트 입구에 출국 대합실에서 기다렸다가 해당 항공편 탑승하면 된다. 이때 출국심사장에 들어가면 다시 나올 수 없으므로 출국장에 들어가기 전에 출영객과 인사를 나누어야 한다.

(1) 인천국제공항 체크인 카운터 탑승수속

- 공항에 도착한 여객은 먼저 해당 항공사에서 운영하는 체크인 카운터로 이동하여 탑승 수속을 받는다.
- 체크인 카운터에서는 기내에 휴대하는 물품을 제외하고는 모두 위탁수하물로 처리하여야 하며, 기내에는 가로 55cm, 세로 40cm, 높이 20cm(총합 115cm이내), 무게 10kg 이내의 물품에 대해서만 반입이 허용되며, 휴대물품 중 기내반입 시 여객의 생명과 안전에 위협이 될 수 있는 물품은 여객의 안전을 위해 절대 반입해서는 안 된다.
- 수하물 위탁

타인이 수하물 운송을 부탁할 경우 사고 위험이 있으므로 반드시 거절해야 한다. 카메라, 귀금속류 등 고가의 물품과 도자기, 유리병 등 파손되기 쉬운 물품은 직접 휴대하고, 짐 분실에 대비 가방에 소유자의 이름, 주소지, 목적지를 영문으로 작성하여 붙여 둔다. 위탁 수하물 중에 세관신고가 필요한 경우에는 세관신고대에서 신고하여야 한다.

제1여객터미널의 경우 탑승수속을 마치신 후, 맡기신 가방이 X-ray 검사를 마칠 때까지 5분 정도 주변에서 기다렸다 이상이 없으면 출국장으로 이동하면 된다.

제2여객터미널의 경우 탑승수속을 마치신 후, 맡기신 가방의 X-ray 검사 이상 확인을 위하여 출국장의 개장검색지역으로 이동한다.

■ 일반 수하물

일반석에 적용되는 수하물은 3면의 합이 158cm 이하로써 23kg 2개까지 가능하다. 공항 내 항공사별로 운영되는 체크인 카운터에서 수하물을 위탁 처리한다.

항공사, 노선 별, 좌석 등급 별로 무료 수하물 기준에 차이가 있으므로 이용할 항공사에 확인해야 한다.

■ 대형 수하물

대형 수하물은 45×90×70cm 3면의 합이 200cm 이상이거나 50kg 이상이다.

대형 수하물은 항공사 탑승 수속 카운터에서 요금을 지불한 후 세관신고를 한 뒤 대형 수하물 카운터에서 위탁하면 된다.

※ 대형 수하물 카운터 안내

■ 제1 여객터미널

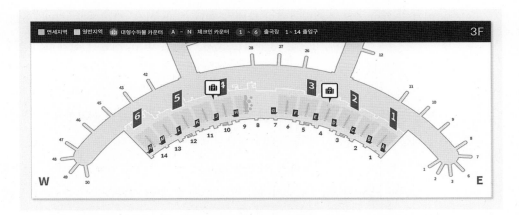

■ 제2 여객터미널

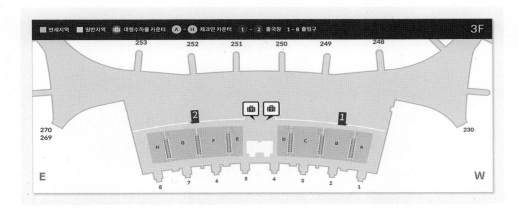

- 수하물을 초과하여 소지한 여객들은 체크인 카운터에서 초과된 수하물량 만큼 추가지불을 해야 한다. 초과되는 수하물에 대한 추가지불을 원하지 않은 여객들은 체크인을 할 때 해당 허용치 범위 내 수하물만 목적지에 보낼 수 있다.

- 무료 수하물 허용량 및 초과 요금
  - 여정과 항공권의 좌석 등급에 따라 무료로 허용되는 수하물의 개수와 무게가 다르므로 고객님의 여정에 맞는 무료 수하물 허용량을 국가별로 확인해야 한다.

※ 일부 국가의 경우 수하물 1개의 무게가 32kg/70lb 이상, 사이즈가 158cm/62in (가로×세로×높이 세 변의 합) 이상인 경우에는 초과 수하물 요금 지불과 관계없이 운송이 제한될 수 있다.

- 탁송수하물 세관반출신고는 대형수하물 투입장소에서 세관에 신고한 후 탁송한다.
- 휴대품 세관반출신고는 출국장내 세관신고대에서 한다.
- 카운터에서는 짐을 검사하여 이상이 없으면 탑승구간의 편도항공권을 뜯어내고 탑승권과 남은 항공권, 도착지에서 짐을 찾을 수 있는 수하물표(claim tag)를 돌려준다. 탑승권에 표시된 비행기의 편 명, 착석번호, 탑승 게이트 번호, 출발시간 등을 잘 확인해 두어야 비행기를 놓치거나 잘못 타는 일이 없다. 만약 현지 공항에서 수하물 분실 사고가 발생하면 이것을 해당 항공사나 공항직원에게 보여주고 짐을 찾도록 한다. 만일의 사태에 대비해 수하물 탁송 전에 자신의 주소, 연락처 등을 적은 수하물표(claim tag)를 가방에 붙여 두는 것이 안전하다.

- 보호자를 동반하지 않은 어린이 탑승객(UM)
  - 보호자 동반 없이 홀로 탑승한 어린 여객들은 해당 항공사에서 지정한 카운터에서 체크인 수속을 밟는다. 해당항공사는 이들에 대한 아동보호책임을 져야 한다.
  - 보호자를 동반하지 않은 어린 여객이 CIQ를 통과하는 동안 항공사 직원이 반드시 동반하여 CIQ를 통과하는 과정에서 문제가 발생하지 않도록 도와야 한다.

(2) 도심공항터미널에서 탑승수속을 마친 여행의 탑승

도심공항 터미널에서 탑승수속을 마친 여객의 경우는 도심공항터미널(삼성동, 반포동)에서 탑승수속을 마치고 공항에 도착한 여객은 각 출국장 측면의 전용통로를 통해 보안검색 후 바로 출국심사대를 통과한다. 출국장 전용통로 입구에서 공항보안요원에게 여권 및 탑승권 등 여행 관련서류를 제시하여야 한다.

- 이용절차 : 출국장 측면 전용통로 이용 → 보안검색 실시 → 도심승객전용 출국심사대 통과 → 탑승구 이동 → 여객기 탑승

|표 9-8| 국제공항 출국 수속 세부절차

1) 소속 여행사 안내표시판의 설치 및 집결안내

⬇

2) 인원파악 및 집결확인

⬇

3) 최종인원 확인 및 수하물 꼬리표의 배부

⬇

4) 여권 회수 및 위탁수하물 수거

⬇

5) 탑승수속(boarding procedures) 및 병무신고·환전 기타

⬇

6) 탑승권(boarding pass) 및 여권·출국신고서(E/D Card) 등의 배부

⬇

7) 출국수속절차 및 행동요령의 설명

⬇

8) 세관신고 및 귀중품 신고(report of valuables)

⬇

9) 보안검색 및 휴대품 검사(security & carry on check)

⬇

10) 검역(quarantine)

↓

11) 출국심사(emigration check)

↓

12) 면세점(duty free shop) 물품 수령 및 쇼핑

↓

13) 출국대기구역(departure waiting area) 대기

↓

14) 탑승구(boarding gate)

↓

15) 탑승(boarding)

2) 국제공항 출국수속 세부절차

(1) 소속여행사 안내표지판의 설치 및 집결안내

인솔자는 단체여행객들보다 30분 전에 도착하여 고객들에게 나누어 줄 물품이나 필요한 사항들을 최종적으로 점검하고 소속여행사의 안내표지판 및 팻말을 설치하여 원활하게 집결하도록 유도하여야 한다.

(2) 집결확인 및 인원파악

인솔자는 안내표지판을 이용하여 이미 도착한 여행객을 신속하게 집결시키고 도착하는 대로 인원을 확인해야 한다. 먼저 도착한 고객들이 시간이 많이 남을 경우에 집결시간을 확인시켜주고 개별적으로 환전 및 기타 업무를 볼 수 있도록 하는 것도 한 가지 방법이다.

(3) 최종인원 확인 및 수하물표의 배부

인솔자는 단체여행객들이 모두 집결되었는지를 최종적으로 인원파악을 한 후, 이상이 없으면 소속여행사의 미리 준비한 수하물꼬리표(baggage tag)를 나누어 주고 각자의 짐에 부착하도록 요청한다.

이때 주의사항은 반드시 깨지는 물건이나 기내에서 수시로 필요한 물건들은 휴대용 소형가방으로 옮기도록 요청한다. 단체여행객들에게 그 이유를 설명하고 요청해야 한다. 만약에 그렇지 않을 경우 장기간 비행에 필요한 사소한 물품들이 없으면 짜증을 내거나 인솔자를 원망하는 경우도 있기 때문이다.

(4) 여권 회수 및 위탁수하물 수거

인솔자는 단체여행객들이 소지하고 있는 여권을 회수한다. 이는 국제선 탑승수속을 위한 것이다. 다음은 위탁수하물(checked baggage)에 수하물표가 잘 붙어 있는지를 확인하고 이상이 없으면 각자의 짐을 들고 해당 항공사의 단체수속카운터(group check in counter)로 이동하여 최종적으로 위탁수하물의 수거하여 수하물의 개수를 정확하게 확인한다.

(5) 탑승수속(boarding procedures) 및 병무신고·환전 기타

인솔자가 탑승수속을 하는 동안 집결시간을 정확하게 알려주고 단체여행객들에게 병무신고 및 환전 등의 개인적인 일을 하도록 지시한다.

인솔자는 출발하기 전에 항공권을 구간별로 구분하여 뜯어서 보관해야 한다. 이는 탑승수속을 할 때 매우 편리하고 신속하게 처리할 수 있기 때문이다. 또한 인솔자는 탑승수속을 하기 전에 경유하거나 갈아 타야 할 경우에 연결탑승수속(through check in)이 가능한지도 반드시 확인해야 한다. 그리고 준비된 항공권과 여권 등의 해당서류를 카운터에 제출하고 탑승권(boarding pass)을 수령한다.

좌석배정이 끝나면 위탁수하물을 붙여야 한다. 이는 동시에 이루어지는 것이 대부분인데 나라별로 수하물허용량의 기준이 무게와 개수로 구분한다. 물론 항공사 담당자에게 맡기면 된다. 이때 항공사의 수하물표(airline baggage tag)를 부착하고, 나머지 반쪽인 수하물 요구표(baggage claim tag)를 인솔자에게 준다. 이것은 수하물의 분실 등의 사고가 발생할 경우 필요한 증명자료임으로 잘 보관해야 한다.

다음은 인솔자는 수하물 요구표(baggage claim tag)의 최종목적지가 맞는지를 반드시 점검해야 한다. 흔히 항공편이 경유하거나 갈아타야 할 경우에 연결탑승수속(through check in)의 여부를 명확하게 숙지하여 수하물관리를 철저하게 할 필요가 있다.

■ 병무신고

- 병역의무자는 국외여행을 하고자 할 때는 해당 병무청에서 국외여행허가를 받고 출국당일 법무부 출입국에서 출국심사시 제출하여야 한다.
- 병무신고대상자는 25세 이상~37세 이하에 해당하는 병역을 미필한 대한민국 남자이다. 해당자는 반드시 국외여행허가서를 받아서 제출해야 한다. 그러나 병역을 마친 사람이나 제2 국민역은 제외된다.

|표 9-9| 병무신고 대상 및 제출서류

대 상	제출서류		입국시
	출국시		
병역을 마치지 아니한 사람 (국외여행허가 중인 사람포함)	• 여권 • 국외여행허가증명서 : 지방 병무청장 발행(기간연장자는 병무신고사무소 창구에서 출국확인서만 작성) • 출국신고서 : 해당항공사 창구 ※ 허가국의 비자 확인		귀국신고제도 폐지
국외이주자	• 여권 • 영주권 • 출국확인서 : 병무신고사무서 창구에 있음 • 출국신고서 : 해당항공사 창구		위와 같음
재일교포 재외국민 2세	• 여권 • 외국인 등록증 • 출국신고서 : 해당항공사 창구		위와 같음

(6) 탑승권(boarding pass) 및 개인수속서류의 배부

항공 탑승수속의 완료 후 인솔자는 재집결한 장소로 이동하여 인원파악을 한 후 출국할 때 필요한 서류 즉 여권(passport), 탑승권(boarding pass), 출국신고서(embarkation card) 등과 목적지 국가에 입국할 때 필요한 서류 즉 입국신고서(disembarkation card), 세관신고서(customs declaration form), 예방접종카드(yellow card) 또는 개별 항공권 등을 나누어 주어야 한다.

(7) 출국수속절차 및 행동요령의 설명

출국서류와 입국서류를 배부한 후에 인솔자는 인솔할 단체여행객들 모두가 잘 보이는 장소를 선택하여 이때부터 이루어지는 일정과 배부한 서류의 사용내역 및 행동요령에 대해 명확한 발음과 알아듣기 쉽게 상세하게 설명하여야 한다. 출국수속절차와 행동요령에 대해 설명하는 사례를 순서대로 간단하게 살펴보면 다음과 같다.

① **인솔자 본인 소개** : 인솔자의 소속 여행사와 이름을 설명하고 단체여행객들에게 자신을 믿고 잘 따라 주시면 보람되고 재미있는 여행이 될 것이라는 내용을 함께 한다. 간혹 초보 인솔자는 처음 또는 잘 모른다는 말을 하면 신뢰를 줄 수 없고 불안해한다는 것을 명심해야 한다. 사전준비만 철저하면 초보라도 충분히 잘 할 수 있다는 생각을 가져야 한다.

② **여권에 대한 설명** : 여권의 중요성과 분실했을 때의 사례와 분실에 대한 책임소재에 대해 설명한다.

③ **탑승권에 대한 설명** : 탑승할 출구번호(gate No), 탑승시간(boarding time), 좌석번호(seat No)에 대한 설명을 하고 특히 탑승할 출구번호를 반복해서 설명해야 한다.

④ **출국신고서와 입국신고서의 설명** : 출국할 때는 출국신고서, 도착국가에 입국할 때는 입국신고서라는 설명과 함께 실제로 신고서를 보여주면서 설명해야 한다.

⑤ **향후 수속절차와 행동요령에 대한 설명** : 복잡하게 설명해서는 이해를 하지 못함으로 간단하고 쉽게 설명한다. 즉 여권 안에 탑승권, 출국신고서를 끼워주고, 지금부터 안으로 들어가서 보안검색과 휴대품 검사를 하고 귀중품 신고를 할 사람은 신고서를 작성하면 되고 다음은 출국심사를 함으로 줄을 서서 기다리면 된다.

출국심사가 완료되면 곧 바로 면세점이 나타난다. 면세점에서 개별행동을 하지 말고 지시하는 장소에서 일행이 모두 출국심사가 끝날 때까지 기다려주면 된다.

이와 같이 향후 행동요령을 수시로 단체가 흩어질 때마다 재집결 장소와 시간을 알려주어야 한다는 것을 명심해야 한다.

(8) 세관신고(customs) 및 귀중품 신고(report of valuables)

출국심사구역 내의 중간쯤에 위치한 신고안내데스크에서 고가의 귀중품을 신고하는 곳이다. 신고할 물품이 있는 경우 지나치지 않도록 사전에 신고물품이 있는 여행객에게는 정확한 위치를 알려 줄 필요가 있다.

해외여행시 휴대하는 고가품 및 귀중품은 출국 전에 반드시 세관에 신고해서 '휴대물품 반출확인서'를 받아야만 재입국시 해당 물품에 대해 세금이 부가하지 않고 재반입받을 수 있다. 신고할 물건이 없는 사람은 다음의 출국심사 창구로 이동한다.

- ■ 출국시 외화 신고
- • 국민인 거주자가 일반해외경비로 미화 1만불을 초과하는 외화를 휴대 반출할 경우 세관 외화신고대에 신고하면 직접 가지고 출국할 수 있다.
- • 해외이주자, 해외체류자, 해외유학생 및 여행업자가 미화 1만불을 초과하는 해외여행경비를 휴대하여 출국하는 경우와 외국인 거주자가 국내근로소득을 휴대하여 출국하고자하는 경우에는 반드시 지정거래 외국환은행장의 확인을 받아야 하며 일반 해외경비 이외의 물품거래대금의 지급, 자본거래 대가의 지급 등은 각 거래에서 정하는 신고나 허가를 받아야 휴대 출국할 수 있다.
- • 비거주자 등이 미화 1만 불을 초과하는 외화를 휴대반출 경우, 한국은행총재 또는 세관장의 허가를 받아야만 반출할 수 있다.

- ■ 휴대물품 반출신고
- • 일시 출국하는 여객이나 승무원은 여행 시 사용하고 입국할 때 다시 가져올 귀중품 또는 고가품은 출국하기 전 세관에 신고한 후 "휴대물품반출신고(확인)서"를 받아야 입국시에 면세를 받을 수 있다.

- ■ 출국시 세관신고 대상 물품
- • 해외거주자가 출국 시 반출할 것을 조건으로 입국 시 면세통관(휴대반입) 받은 물품

으로 미반출 시에는 당해 물품에 대한 세금을 내야 한다.

- 국내 거주가가 비디오카메라, 골프채, 고급시계, 모피의류, 악기, 보석류 등 고가 물품을 해외여행 중 사용하고 입국시 재 반입하고자 하는 물품으로 출국 시 세관 장의 반출확인이 없이 국내에 반입되는 경우에는 세금을 내야 한다.

- 휴대하여 수출하는 물품으로서 기적확인을 세관에서 받아야 하는 물품으로 기적 확인을 받지 않으면 수출로 인정되지 않으므로 관세 환급을 받을 수 없는 경우가 발생한다.

- US$ 10,000 상당액을 초과하는 외화 및 원화로 수표, 여행자 수표 등 모든 지급수 단을 포함하여 한국은행 총재의 사전허가를 받아야 한다.

■ **해외로 반출이 금지되는 물품**

- 마약, 향정신성의약품 및 이들의 제품들
- 문화재 보호법에 의거 해외 반출이 금지된 골동품 등 문화재들
- 화폐, 지폐, 채권 등의 위조품, 변조품, 모조품 등이다.

|표 9-10| **휴대품 반출신고서**

NO. 휴대품반출신고서		
품 명	규 격	수 량

위와 같이 반출함을 확인하여 주시기 바랍니다.

20 . . .
신고인

1. 이 확인서는 휴대 반출한 물품을 재 반입하는 때에 관세를 면세 받을 수 있는 근거가 되는 것이므로 소중히 보관하시기 바랍니다.

2. 본 신고서는 입국시 세관에 제출하시기 바랍니다.

(9) 보안검색 및 휴대품 검사(security & carry on check)

인솔자는 단체여행객들이 모두 출국장 안으로 들어간 것을 확인한 후에 마지막으로 들어가도록 한다. 출국장 메인게이트(main gate)에서는 출국수속을 받을 여행객들의 여권, 항공권(탑승권), 출국신고서 등을 간단하게 확인한다.

그 다음은 출국심사구역 내에서 탑승객의 안전을 위한 보안검색으로 범죄, 마약, 무기류, 폭발물, 위해물질 등의 소지여부를 검색하고, 아울러 개인의 휴대품을 검사하는데 외화의 밀반출 등을 검사한다. 구체적인 내용은 다음과 같다.

① 탑승수속 및 세관신고를 마치면 가까운 출국장으로 이동하여 보안검색을 받아야 한다.
② 기내휴대물품은 가로 55cm, 세로 40cm, 높이 20cm(총합 115cm이내), 무게 10kg이내의 물품에 대해서만 기내반입이 허용되며, 휴대물품 중 기내 반입시 여객의 생명과 안전에 위협이 될 수 있는 물품은 여객의 안전을 위해 절대 반입해서는 안된다.
③ 보안검색 여객 및 여객의 휴대수하물 보안검색은 항공사가 실시하며 이에 대한 감독은 공항 보안팀에서 수행한다.
④ 세관에 신고할 내역이 없는 여객 또는 세관신고가 끝난 여객은 보안검색대에서 순서대로 보안검색을 받아야 한다.
⑤ 보안검색대에서는 검색요원의 안내에 의해 대기선에서 순서에 따라 휴대물품은 X-ray 검색장비 컨베이어 위에 올려놓고 소지품(휴대폰, 동전 등)은 바구니에 넣고 문형 금속탐지기를 통과한다.

이와 같이 보안검색 또는 출국심사를 마친 후에는 휴대폰 로밍, 현금 인출, 환송객 접촉 등 개인적인 사유로 보안구역 밖으로 나갈 수 없으니 모든 개인적인 용무를 마친 후에 보안구역으로 입장하도록 하여야 한다.

(10) 검역(quarantine)

출국심사구역 내에서 있으며 검역검사는 예방접종카드(yellow card)의 소지유무에 대한 확인이다. 최근에는 특별한 경우를 제외하고는 거의 생략하고 있다.

(11) 출국심사(emigration check)

출국심사구역 내의 마지막에 위치한 출국심사대(출국사열대)에서 출입국심사관이 출국자들을 대상으로 제출한 서류를 확인하고 출국에 대한 신분확인 및 자격심사를 행하는 곳이다. 출국심사대를 통과할 때 여권, 탑승권, 출국신고서를 제시하여야 한다.

출국심사에 통과되면 출입국심사관이 여행객의 여권 안지에 출국 심사필의 스탬프(stamp)를 찍어주고, 아울러 여행객의 탑승권 뒷면에도 출국 심사필에 대한 확인을 해주면 CIQ(Customs, Immigration, Quarantine)에 대한 수속은 끝나게 된다.

좀 더 구체적으로 살펴보면 다음과 같다.

√ 출국심사대 앞의 대기선에서 기다리다가 자신의 차례가 오면 여권, 탑승권, 출입국신고서를 직원에게 제시한다.

√ 출국심사대를 통과한 다음 출발·통과여객 라운지에서 대기해야 한다. 급한 용무로 대기실을 나와야 할 경우는 항공기 탑승게이트 앞 대기구역에서 항공사 직원이 동행한 가운데 도착 출국 심사홀을 통과하여 밖으로 나가야 한다.

√ 예치·유치품 반환 안내 : 출국시 세관에 예치된 물품을 찾거나 유치된 물품을 반환받고자 하는 여객은 최소한 항공기 출발 1시간 전에 출국장내 세관 반송품 인도장에서 직원에게 신청하면 된다.

√ 출국심사가 끝난 후에는 면세점에서 쇼핑을 하거나 이때 사전면세점 이용자는 면세물품을 반드시 수령해야 한다. 도착해서 면세물품을 대부분을 찾을 수가 없다. 쇼핑이 끝난 후에는 탑승권만 소지하고 나머지 서류는 안전한 곳에 넣어두고 탑승시간을 기다린다.

(12) 출국라운지(departure lounge)

CIQ(Customs, Immigration, Quarantine)에 대한 수속을 마치고 출국심사대를 통과하면 곧바로 면세점이 보이고 여기부터 출국라운지(departure lounge), 보세구역(bond area), 출국대기구역(departure waiting area)이라 한다.

출국심사를 통과한 단체여행객들의 인원을 확인하고 모두 한 장소에 모아 놓고 몇 가지 유의사항을 전달해야 한다.

√ 탑승권을 제외한 여권 등의 서류를 잘 보관하도록 주의시킨다.

√ 탑승할 해당 항공사의 탑승구(boarding gate) 위치와 방향을 정확하게 확인시켜주고 탑승시간(boarding time)과 탑승자대기실에 최소한 30분 전에 집결하도록 시간을 알려주고 늦지 않도록 반드시 주의 시켜야 한다.

√ 국내면세점이나 인터넷면세점을 이용해 사전에 구입한 면세물품(duty free goods)이 있을 경우 반드시 찾아야 한다는 것을 주지시켜야 한다.

√ 쇼핑시에는 공항이 넓기 때문에 탑승구가 한쪽에 치우쳐 있을 경우에는 먼 거리에서부터 면세점을 이용하도록 권유한다.

(13) 면세점(duty free shop)물품 수령 및 쇼핑

국내면세점이나 인터넷면세점을 이용해 사전에 구입한 면세물품(duty free goods)은 구매와 동시에 수령을 할 수 없다. 그러므로 면세물품을 구입한 단체여행객은 우리나라의 경우 출국할 때 물품을 해당 면세점 창구에 가서 인환증(exchange order)을 제시하고 물품을 찾아야 한다.

인솔자는 단체여행객들은 간혹 물품수령에 대한 내용을 잊어버리고 있거나 입국할 때 찾는다는 생각을 할 수 있으므로 반드시 출국할 때 면세물품을 수령하도록 주지시켜야 한다. 또한 단체여행객들이 면세점에서 쇼핑을 할 경우 국제공항 구조가 대부분이 넓기 때문에 탑승할 비행기의 탑승구가 어느 한쪽에 치우쳐 있을 경우에는 여행객들이 찾아오는 시간이 많이 소요됨으로 탑승구에서 먼 거리에서부터 쇼핑을 하도록 권유할 필요가 있다.

(14) 출국 대기구역(departure waiting area)

국제공항의 경우 탑승할 승객이 많아 탑승구(boarding gate) 입구에 탑승자 대기구역이 있는 경우가 많다. 단체여행객들이 비행기의 출발시간(departure time) 30분 전부터 탑승개시에 따른 안내방송(announcement)을 함으로 고객들의 도착여부를 확인하고 만약에 임박하여 도착하지 않을 경우에는 항공사 측에 협조를 요청하여 방송을 하여야 한다.

(15) 탑승(boarding)

단체여행객의 인원파악이 완료되면 해당 항공사 직원의 지시에 따라 기내로 들어가면 된다. 일반적으로 항공기의 출발시간 30분 전에 탑승이 이루어지며, 탑승개시 안내방송이 나온다. 그러면 항공편의 탑승구로 이동해 탑승권을 항공사직원에게 제시하고 편명과 좌석번호가 기재되어 있는 탑승권을 되돌려 받아 지정된 좌석으로 찾아가면 탑승은 완료된다. 만약에 리모트 주기장에 출발 항공기가 주기한 경우에는 해당 여객들은 에스컬레이터 또는 자동보도를 이용하여 1층에 있는 램프 버스정거장으로 내려간 뒤 그 곳에서 램프 버스를 타고 해당 출발 항공기에 탑승하여야 한다. 탑승을 할 때 인솔자는 단체여행객들의 탑승을 확인한 후에 가장 마지막에 탑승해야 한다.

03 탑승 후 인솔자의 업무

1 탑승 후 기내업무

1) 탑승고객의 확인

비행기 탑승 후 단체고객들은 가까운 사람끼리 앉기 위해 모두가 통로에 일어서서 우왕좌왕하면 안 되기 때문에 무조건 지정좌석에 일단 착석하도록 권유해야 한다. 그리고 인솔하는 단체여행객들이 모두 탑승하였는지 인원파악을 하고 비행기가 이륙할 때까지 지정좌석에서 이탈하지 않도록 권유해야 한다.

√ 여행객이 좌석에 않으면 좌석번호를 대조하면서 전원이 탑승하였는지 확인한다. 그러나 기내에서 여행객을 돕는 것은 객실 승무원의 업무이기 때문에 TC는 필요 이상으로 나서지 말아야 한다.

√ 기내의 통로는 협소하기 때문에 휴대품이나 물건을 통로에 두지 않도록 주지시킨다.

√ 비행기가 이·착륙할 때는 반드시 안전벨트를 착용하고 Fasten Seat Belt, No Smoking Sign이 꺼질 때까지 좌석에 앉아 있어야 한다.

2) 좌석의 재배치

√ 항공기가 이륙해서 정상고도에서 수평비행을 하면 안전벨트 착용 사인의 불이 꺼진다. 이때부터 가까운 사람들끼리 좌석을 교체시킨다. 인솔자의 통제하에 한 사람 한 사람 순서대로 일행끼리, 부부끼리, 친구끼리, 연인끼리 옆자리에 앉았는지 확인하여 원하는 고객들에게 자리를 재배정을 하는 것도 좋은 배려 중 하나일 것이다. 이때 가능한 한 같은 단체고객끼리 자리 교체를 해야 한다.

√ 기내는 객실승무원의 관리영역임으로 필요한 경우를 제외하고는 가급적이면 나서지 않는 것이 좋다. 그러나 고객들에게 비행기 내의 좌석 및 콜 버튼 이용법, 화장실의 위치 등을 간단하게 설명해줄 필요성은 있다.

√ 장시간 비행을 하면 피곤함으로 고객들이 편안하게 할 수 있도록 상의를 벗는다거나 슬리퍼를 이용하도록 하거나 좌석을 뉘어서 잠을 청할 수 있도록 담요, 베개를 제공하여 최대한 편안하게 휴식을 취하도록 배려해야 한다.

3) 객실승무원과의 협의

√ 자신이 단체의 인솔자임을 밝히고, 여행객들에 대한 협조와 관심을 부탁하고 단체여행객들을 대상으로 기내에서 어떤 문제가 발생하면 자신에게 가장 먼저 협의해 달라는 요청을 한다.

√ 기내식 제공시간 및 메뉴, 영화상영의 유무 내용, 목적지까지의 소요시간 등 운항 관련 제반 정보를 기내 안내책자를 통해 습득하거나 기내승무원을 통해 모든 정보를 사전에 습득하여 인솔할 단체여행객들에게 필요시 신속하게 제공할 수 있도록 해야 한다.

√ 도착할 방문국에 대한 입국수속시 필요한 제반서류 즉 입국신고서와 세관신고서 등의 입국서류를 단체인원 만큼 미리 준비해 달라고 요청한다.

√ 일행 중 건강이 좋지 않거나 특별한 사람이 있을 경우 간혹 편한 좌석이 비어 있을 경우 승무원에게 양해를 구해 편안한 좌석으로 이동시키는 등의 세심하게 배려하는 자세가 필요하다.

4) 단체여행객과의 의사소통

장시간 비행하는 동안 인솔자는 무뚝뚝하게 자기좌석에 앉아 있지 말고 기내에서 자신이 인솔하는 단체여행객들과 접촉하여 가능한 자주 대화를 갖는 것이 좋다. 이 때 단체여행객들의 궁금한 사항에 대하여 설명해 주는 것도 바람직하지만, 그들의 신상에 대한 개인적인 대화도 함께 하게 되면 더욱더 친근감이 생길 것이다.

성공적인 여행이 되기 위한 가장 중요한 것은 인솔자는 단체여행객 개개인에게 인간적으로 가까워지는 지는 것이다. 이는 단체여행객들과의 좋은 인간관계는 여행 중 간혹 인솔자의 사소한 실수에도 너그럽게 이해해주기 때문이다.

기내에서 단체여행객과의 의사소통 및 해야 할 일들을 살펴보면 다음과 같다.

- 항공기 이륙 후 "fasten seat belt & no smoking" 표시가 사라지면 객석을 돌아보면서 기내시설의 위치와 이용법 및 주의사항에 대해 설명해 주고 편안한 여행이 되도록 배려해준다.
- 기내식과 음료서비스의 경우 영어를 잘 못하는 여행객을 대신해서 주문을 해주는 등 세심한 관심을 기울인다.

  예) For lunch, would you prefer beef or fish? fish, please

    would you like something to drink? coffee, please
- 고객의 건강상태를 수시로 확인한다. 특히 노약자나 지병이 있는 고객을 우선적으로 관심을 가져야 한다. 기내의 기압의 영향으로 귓속의 통증을 호소하는 승객들이 의외로 많다. 이런 고객들을 위해 귀마개, 약솜 등으로 귀를 막는 방법, 사탕이나 껌을 씹는 방법, 하품이나 손으로 코를 막고 콧바람을 불도록 권유한다.
- 시차가 많이 나는 국가로 여행시에는 가능하면 잠을 재워야 한다.
- 고객의 성명을 외울 수 있도록, 단체행사시를 대비해 회장, 총무를 뽑을 고객을 미리 선정해 둘 필요가 있다.
- 목적에 도착하기 전에 도착국가의 현지시간으로 시계를 맞추도록 해야 한다.
- 수시로 객석을 돌아다니면서 가능한 한 많은 대화와 친교를 하도록 노력해야 한다.

(1) 기내에서 주의사항

단체여행객들의 기내에서의 행동요령을 사전에 숙지시킬 필요가 있다. 기내행동요령을 나열하면 다음과 같다.

- 좌석등받이를 뒤로 할 때는 천천히 조정하여야 하며, 비행기가 이·착륙할 때나 기내 식사를 하는 시간에는 좌석등받이를 다시 똑바로 원 위치시켜야 한다.

- 기내승무원을 부를 때 큰소리로 하지 말고 작은 소리로 하거나 CALL button 사용하도록 해야 한다. 특히 기내승무원의 옆구리나 엉덩이 툭툭치는 것은 매우 실례가 되는 행동임으로 주의해야 한다.
- 기내에서는 휴대폰이나 기타의 통신기기 등을 사용해서는 안 된다. 비행 중 항공기의 무선전파 장애가 있을 수 있기 때문이다.
- 비행기가 이·착륙할 때에는 기내 화장실을 이용해서는 안 되며, 조용히 자기 좌석에 앉아 있어야 한다.
- 기내의 화장실은 남녀구분이 없으며, 화장실에 들어가면 반드시 문에 부착된 자물쇠(look)의 레버(lever)를 밀어서 잠궈야 한다. 바깥의 표지판에 Occupied(사용 중), Vacant(비어 있음)란 표시가 나타난다.
- 기내의 화장실은 금연구역이므로 절대로 담배를 피워서는 안된다.
- 화장실 사용 후에는 반드시 변기 세척수(toilet flush)를 눌러 날려 보내야 한다.
- 기내는 기압이 낮아 술이 잘 취함으로 과음을 하지 않도록 해야 한다.
- 고스톱, 카드를 하면서 떠드는 행위를 해서는 안 된다.
- 기내에서는 냄새나는 음식을 개인적으로 준비해 와서 식사시간 외에 먹어서는 안 된다.
- 창가좌석이나 중간좌석에서 자리를 뜰 때는 옆 사람에게 불편을 주게 되므로 항상 Excuse me(실례합니다), Thank you(감사합니다)란 말을 반드시 하는 것이 에티켓이다.
- 비행기가 목적에 착륙하는 중에 고객들이 먼저 나가려고 일어서서 짐을 챙기거나 하지 않도록 사전에 인지시켜주어야 한다.

2 경유(transit) 및 환승(transfer)시의 업무

1) 동일 항공편 경유(transit)시의 업무

항공기를 이용한 여행 중 최종목적지에 도착하기 전에 추가탑승이나 급유를 위해 중간 기착지를 경유하는 것을 통과 또는 경유(transit)라 한다.

최근에는 장거리 비행이 많으므로 이러한 경우는 흔히 있는 일이다. 도중기착지(Stopover Point)에서는 기내에서 그대로 기다릴 때도 있지만, 대체로 비행기에서 일단 내려서 경유자 대기실(Transit Room)에서 기다리게 된다.

단순 경유는 동일한 비행기를 이용할 때와 다른 비행기로 갈아탈 때로 나누어 생각할 수 있다.

경유(transit)시 인솔자가 해야 할 사항 및 업무를 살펴보면 다음과 같다.

√ 인솔자는 비행기가 착륙하기 전에 승무원에게 물어 기내에서 대기하는지, 경유자 대기실로 가는지 확인하고 단체여행객들에게 알려준다. 또한 Transit의 소요시간 및 항공기의 출발예정시간(estimated time of departure)도 사전에 미리 파악하여 숙지 시킨다.

√ 동일 항공편으로 경유구역에서 대기할 경우에는 일반적으로 승객의 수하물을 기내에 두고 내려도 문제는 없으나, 귀중품, 여권, 탑승권 등은 반드시 지참해서 내리도록 해야 한다.

√ 경유구역에서 대기하기 위해 비행기 바깥으로 나갈 경우에는 비행기 출구 바로 앞에서 해당 항공사 담당직원이 나누어 주는 경유카드(transit card)를 받아 인솔자는 공항내 입국장으로 가지 말고 경유(transit)통로를 이용하여 경유자 대기실(transit passenger room)으로 이동한다. 수령한 경유카드의 분실에 대한 주의와 재탑승할 탑승구(boarding gate)의 번호와 재 탑승할 시간을 확실하게 숙지시킨다.

√ 경유자 대기실(transit passenger room)에 면세품점이 있는 경우 여행객에게 도착지의 면세기준을 고려하여 쇼핑하도록 하고 출발시간 이전에 지정된 장소로 모이도록 권유한다. 30분에서 60분 정도이면 재 탑승의 안내방송이 있는데, 한국어가 아니

고 영어나 불어, 또는 현지어로 방송하므로 단체여행객들에게 탑승준비를 하도록 한다. 인솔자 재 탑승시간 전에 인원파악을 하여 비행기에 전원이 탑승하도록 인솔하여야 한다.

√ 탑승시간이 되면 인솔자는 먼저 기내로 들어가지 말고, 탑승구 앞에 서서 인솔할 단체여행객들 모두가 탑승하는 것을 확인한 후 가장 나중에 탑승하여야 한다.

STPC(Stopover On Company's Account)제도

승객이 주로 동일항공사 소속의 항공기를 이용하여 어느 지점을 경우 함에 있어서 당일로 항공편이 연결되지 않을 경우, 다음날 바로 연결되는 항공편에 탑승할 때까지 숙식 및 교통편 등 제반편의를 해당항공사에서 무상으로 제공하는 제도로 STPC(Stopover On Company's Account) 라고 칭한다.

이는 여행출발 전에 해당항공사에 미리 신청하여 그 항공사로부터 "오스(authorization)"를 받아야만 한다. 아주 큰 폭으로 할인요금을 적용받지 않은 이상 대부분의 항공사들이 이 제도를 수용하고 있다. 아울러 인솔자는 "STPC"의 제공에 따른 증거물로서 해당항공사에서 발행한 바우쳐(voucher) 등과 같은 증명서를 반드시 수령해 놓아야 한다.

---

2) 타 항공편 환승(transfer)업무

최종목적지를 가기 위해 도중에 어느 지점을 일시적으로 통과하는 데 있어서 동일항공편이 아닌 타 항공편으로 갈아타서 연결해 가는 업무에 대해서 살펴보도록 한다. 타 항공편 연결(connecting)은 넓은 의미에 있어서는 경유(transit)의 범주에 포함될 수 있다. 이와 같은 경우에는 한국에서 출발하기 전에 미리 갈아타는 항공편의 최소연결시간(MCT: Minimum Connecting Time)은 반드시 확인하여 여유있게 시간을 확보해 놓아야 한다.

최소연결시간은 전 세계의 정기항공운항시간표라 할 수 있는 미국의 OAG(Offical Airline Guide), 영국의 ABC World Airways Guide, 그리고 항공사의 단말기인 CRT(Cathode Ray Tube) 등을 통하여 쉽게 알 수 있다.

실제로 프랑스 파리의 "찰스 드골공항(CDG)"과 같은 경우에는 워낙 공항의 규모가 크고 복잡하여 일부의 승객이 최소연결시간을 확보하고도 제 시간에 연결하는 항공편에 탑승하지 못하는 사례가 종종 발생하고 있는 것이 현실이다. 따라서 국외여행인솔자는 사전에 목적지의 공항안내도 등을 미리 준비해서 참조하는 것이 바람직하다.

√ 타 항공편으로 연결하여 탑승할 시에는 항공기에 두고 내리는 물건이 없는지 확인 하도록 주의 시킨다.

√ 출구에 먼저 나와서 단체를 한 장소에 모아서 인원 파악 후 "connecting flight"(연결편) 카운터로 신속하게 이동한다. 특히 외국의 공항은 규모가 크고 복잡해서 연결 탑승이 늦을 경우도 많다, 길을 잃어버리는 손님도 종종 있음으로 특히 여행사 관계자는 긴장을 풀어서는 절대 안 된다.

√ 연결할 해당 항공사의 카운터 부근에 있는 의자 등 적당한 장소에 단체여행객들을 쉬게 하고, 인솔자는 해당 카운터에 가서 탑승수속을 하고 탑승권을 받는다.

√ 수하물은 "Through check-in(일괄수속)"을 한 경우에는 별도 수속 없이 짐 숫자 만 알려주면 된다.

√ 탑승권의 내용을 확인 후 인솔자는 탑승구(boarding gate)의 번호 및 탑승시간을 확인한 후에 해당 항공사의 카운터 직원에게 탑승할 탑승구의 위치를 자세하게 알아 둔다.

√ 단체여행객들을 한 장소로 모아 놓고 각자의 탑승권을 나누어 주고 탑승구(boarding gate) 번호와 탑승시간을 알려 준 다음 해당 탑승구로 인솔할 단체여행객 모두를 이동시킨다.

√ 해당 탑승구에 도착한 후에도 시간적 여유가 있을 경우에는 단체여행객들에게 인근 공항면세점에서 쇼핑할 시간을 주도록 하고, 반드시 탑승시간 전에 해당 탑승 구 앞에 집결하도록 주지시킨다.

만약에 연결편의 탑승시 시간이 늦어질 경우에는 다음과 같은 조치를 취하는 것이 좋다.

• 기내 승무원에게 현지에 연락하여 적절한 조치를 요청한다.

- 연결편 항공사 직원이 마중 나오도록 사전에 연락하여 조치해 둔다.
- 연결 항공편 측에서 사전에 부득이한 사정을 통보하면 어느 정도는 기다려 주는 것이 상례이다. 그러나 무작정 연락이 없으면 기다려주지 않는다.

√ 탑승시간이 되면 인솔자는 먼저 기내로 들어가지 말고, 탑승구 앞에 서서 인솔할 단체여행객들이 모두 탑승할 때까지 인원을 확인한 후 제일 나중에 탑승해야 한다.

중간 기착지에서 입국수속을 하는 경우

미국의 경우에는 경유지점을 포함하여 입국지점에서 입국심사 및 세관검사가 이루어지므로, 비록 경유지점이라 하더라도 자신의 모든 수하물을 찾아서 입국수속을 하여야 한다.

- 인천에서 호놀룰루를 경유 로스앤젤레스로 가는 경우 항공편은 로스앤젤레스 직행이지만, 미합중국 영토내의 최초의 기착지인 호놀룰루에서 입국수속을 하게 된다. 인솔자는 그것을 여행객들에게 설명하고 기내에 갖고 들어온 수하물 전부를 갖고 내리도록 한다.
- 입국수속은 전체적으로 일반적인 입국수속과 동일하지만 다음과 같은 점에서 차이가 있다. 로스앤젤레스까지의 Checked Baggage라도 일단 호놀룰루의 세관 역내이기 때문에 각자가 수하물을 수령하고 세관검사대까지 운반해 검사를 받는다.
- 검사가 끝난 Checked Baggage는 다시 항공사의 직원에게 맡겨져 로스앤젤레스까지 운송된다.

---

3) 접속편 환승⁽탑승⁾에 늦었을 경우 행동요령

출발항공기가 연착해서 경유하는 지점에 늦게 도착하게 되는 경우에 인솔자가 취해야 할 사항은 다음과 같다.

√ 항공기 출발 전에는 출발항공사의 카운터 근무자를 통하여, 또는 항공기 출발 후에는 탑승한 항공기의 기내승무원을 통하여 현지에 신속이 연락하여 적절한 조치를 취하도록 미리 요청한다.

√ 단체승객에 있어서는 현지의 연결항공편 측에서 어느 정도까지 기다려 주는 경우

가 많으므로, 미리 포기하지 말고 신속하게 대처하도록 노력한다.

√ 만일 연결항공편을 놓쳤을 경우에는 해당항공사의 카운터 근무자에게 사정을 이야기하고, 다음에 바로 연결되는 항공편의 좌석을 확보하도록 해야 한다.

√ 항공사의 사정으로 연착 등이 발생한 경우에는 그로 인한 비용은 일체 항공사에 의해서 지불되는 제도가 있는데, 이는 크게 의무서비스(Obligatory Service)와 우대서비스(Complimentary Service)가 있다.

의무서비스가 제공되는 상황은 항공기의 지연운항, 항공기의 운항취소, 반란이나 전쟁상태, 사회적 소요상태, 정부의 법령이나 규정에 의한 상황 등이다. 단, 기상 관계로 인한 상황일 때에는 24시간 한도 내에서 서비스를 제공할 수 있다. 서비스 제공내용 및 한도는 지연시간 1~3시간의 경우는 음료수 혹은 간이음식, 지연시간 3~6시간은 음료수, 식사 혹은 간이음식, 시내관광, 지상교통 등이고, 6시간 이상의 경우는 음료수, 식사, 지상교통, 시내관광에 더불어 호텔 주간사용 혹은 숙박이 제공되고 있다.

4) 공항 및 터미널빌딩이 다른 경우 행동요령

동일도시에 두개 이상의 공항이 있거나 동일 국제선 또는 동일국내선이라도 항공편에 따라 다른 공항에서 이륙하는 경우가 있다. 이는 항공 관제상 필요에 따라 동일도시에 있는 공항이 멀리 떨어져 있게 되어 환승하는 데는 많은 시간이 소요된다. 이러한 공항은 다음과 같다.

- 뉴욕(JF케네디·라가디안공항)
- 워싱턴(달라스·워싱턴내셔널공항)
- 시카고(오하르·미드웨이공항)
- 파리(오르리·드골공항)
- 런던(히드로·가드윅공항)
- 동경(나리다·하네다공항)
- 오사카(간사이·이타미공항)

공항이 다를 경우 사전에 그런 상황을 알고 있어야 한다. 그렇지 않을 경우 비행기를 놓일 경우가 있다. 특별히 주의해야 한다.

입국수속이 필요한 경우에는 더욱 문제가 되는 경우도 있다. 그러므로 사전에 항공스케줄을 숙지하여 최소연결시간(minimum connecting time)을 가능한 여유를 두어야 한다.

동일공항에서도 항공사나 목적지에 따라 터미널 빌딩이 다른 경우에는 연결버스를 이용해야 한다. 이러한 공항은 뉴욕 JFK 공항, 아테네 공항, 시드니 공항, 파리의 샤르드골공항, 런던의 히드로공항 등이 대표적인 예이다.

이러한 공항들은 예상했던 것보다 시간이 많이 소요됨으로 가능한 신속하게 이동할 필요가 있으며, 가끔 공항간이나 터미널간의 이동이 필요한 것을 모르고 쇼핑이나 개인적으로 시간을 보내는 경우가 있는데 정말 주의해야 한다.

04 입국수속 업무

1 목적지 도착 전 입국준비업무

항공기 착륙이 가까워지면 기내 승무원이 현지의 시각(local time), 날씨(weather), 입국수속(immigration), 세관(customs), 연결항공편(transit)에 대한 안내방송을 한다. 이때 주의 깊게 청취하여 일행에게 이에 관한 상황을 설명할 수 있도록 한다. 항공기가 도착하기 전에 기내에서 인솔자가 해야 하는 업무를 살펴보면 다음과 같다.

√ 도착국의 입국카드와 세관신고서를 나누어 준다. 비행기 탑승 전에 미리 나누어 줄 경우도 있다.

√ 자신의 여권과 도착국가의 입국카드(Embarkation Card), 세관신고서를 챙기도록 한다. 또한 개인 사인을 하지 않는 사람은 확인하여 사인을 하도록 권유한다.

√ 출발 전에 미리 입국카드를 작성하지 않았을 경우에는 name list를 참고해서 작성해야 한다.

√ 도착하기 30분 전에 인솔자는 객석을 한 바퀴 돌며 입국준비가 되어 있는지 확인한다.

√ 손가방이나 기타 소지품들을 두고 내리지 않도록 짐을 챙기도록 권유한다.

√ 비행기 도착 전에 절대로 짐을 들고 일어나 있거나 서두르지 않도록 권유해야 한다. 이때부터 관광객은 흥분하기 시작한다는 것을 명심해야 한다.

√ 비행기가 일단 지상에 착륙하면 도착했다는 사실에 흥분한 나머지 바로 좌석벨트를 풀고 일어서서 짐을 챙기거나 하는 행동을 하지 않도록 해야 한다. 일단 비행기가 완전히 정지하고 좌석벨트 사인이 꺼진 후에 일어난다.

√ 일단 목적지 공항에 비행기가 도착하면 인솔자는 기내의 단체여행객들에게 항공기가 착륙 후 집결장소에 대해 알려주고, 일행보다 앞서 내려 일행이 모일 수 있는 장소에 먼저 가서 기다린다.

종종 큰 공항이나 번잡한 공항에서는 공항버스나 기차를 타고 입국수속장으로 이동할 때도 있는데, 이 경우에는 전원이 기내에서 내려왔는지를 반드시 확인한 다음 가능하면 같은 버스, 기차에 타도록 해야 한다.

2 목적지공항 도착 후 입국진행과정

단체여행객들이 항공기에서 내려서 일정한 장소에 모두 집결되면 인솔자는 입국수속장으로 인솔한다. 대개 경험이 없는 초보 인솔자는 처음 방문하는 입국공항 내에서 입국수속장을 찾지 못해 당황하는 경우가 있다.

입국수속장은 어느 나라든지 공항 내에는 안내 표지판이 있다. 그 표지판에 "Transit"(경유)는 경유여행객이 이용해야 하는 표시판이고, "Arrival"(입국), "入國", "入境"이라는 표시판은 그 나라에 입국하는 여행객이 이용해야 하는 표시판이다. 이러한 표지판을 보고 따라가면 전혀 문제가 없다. 그러나 일부 국가에서는 "immigration", "passport control", "baggage claim" 등으로 표시되어 있는 경우도 있다.

- 단체여행객들을 인솔하여 입국수속장 앞에 도착하면 다시한번 인원파악을 한다.
- 각자가 소지하고 있는 여권, 입국수속 서류들을 나누어 주거나 확인한다. 즉 입국수속 서류로는 출입국신고서(E/D card), 세관신고서(customs declaration from), 예방접종카드(yellow card) 등이 있다. 미국과 같은 나라의 경우에는 개별항공권의 제시를 요구하므로, 해당 국가의 항공권도 나누어 주어야 한다. 기타 세관신고는 입국할 나라가 요구하는 신고대상물품이나 화폐 등의 소지 여부를 확인하여 반드시 신고하도록 유도하는 경우도 있으므로 사전에 확인해야 한다.
- 위와 같이 수속서류를 나누어 주고 입국수속의 과정 및 요령에 대하여 간략하게 설명해 준다. 그리고 입국수속 중에 어떤 문제가 발생하면 신속하게 인솔자를 부르라고 일러둔다.

☞ 목적지 공항에 도착 후 입국 진행과정은 다음과 같다.

입국수속은 일반적으로 앞에서 설명한 출국수속의 진행과정의 반대로 이루어진다. 입국수속장을 잘 모르면 앞사람을 따라서 가거나 Arrival이라는 글자를 따라서 나가라고 알려준다. 현지 입국수속은 반드시 외국인용에서 줄을 선다. 세관신고는 그룹(group)이라고 쓰인 곳에서 할 것을 알려준다. 입국수속이 끝나면 아래층으로 내려와 해당 항공편수의 수하물센터 앞에서 만난다는 것을 알려준다.

√ 인솔자는 가장 먼저 입국심사를 받도록 하며, 단체를 인솔하는 대표로서 입국심사관에게 여행객의 인원과 방문목적 및 체제일수 등의 기본사항을 알려 줌으로서 수속이 빨리 진행될 수 있도록 해야 한다.
√ 입국심사가 끝나더라도 자신의 도움을 필요로 하는 손님이 있을 수 있으므로 여행객 전원에 대한 입국심사가 마무리 될 때까지 입국심사대 부근의 잘 보이는 곳에 있어야 한다.
√ 여행객 전원이 입국심사대를 통과하게 되면 단체객들을 수하물센터로 인솔해 위탁수하물을 회수한다.
√ 수하물의 총 개수가 맞는지를 확인하고 수하물의 상태를 점검한 후 이상이 없으면

세관심사대로 향한다.

√ 인솔자는 세관심사관에게 한국에서 온 단체여행객임을 밝히고, 단체인원수 및 체제일수 등을 미리 알려주면 보다 수월하게 끝날 수 있다.

입국수속진행 과정을 상세하게 살펴보면 다음과 같다.

1) 검역(quarantine check)

⬇

2) 입국심사(immigration check)

⬇

3) 수하물의 회수(baggage retrieval)

⬇

4) 세관심사(customs clearance)

⬇

5) 보안검색(security check)

⬇

6) 공항출구 게이트의 통과(through airport exit gate)

⬇

7) 입국대기구역(arrival waiting area) 현지가이드 미팅

1) 검역(quarantine check)

최근에는 대부분의 국가들은 특별한 경우를 제외하고는 검역을 생략하는 경우가 많다. 검역과정은 간단한 설문용지로 대체하는 경우가 많다. 검역의 내용을 살펴보면 다음과 같다.

√ 콜레라, 황열, 페스트 오염지역(동남아시아, 중동, 아프리카, 남아메리카)으로부터 입국하는 승객과 승무원은 기내에서 검역 설문서를 배부 받아 작성 후 입국시 제출해야 한다.

√ 외국인으로서 연예활동, 운동경기, 흥행을 목적으로 입국하여 91일 이상 체류하는 사람은 에이즈 검진을 받아야 한다.

√ 승객이 데리고 입국한 동물, 축산물은 입국 즉시 동물검역소에 신고 검역을 받아야 한다.

√ 식물류를 휴대하고 입국하는 승객은 식물검역소에 신고하여 검역을 받아야 한다.

2) 입국심사(immigration check)

입국심사는 해당국의 심사관들을 입국자들을 대상으로 이들이 제출하는 서류들을 보고 그들의 신분확인 및 자격심사와 함께 입국신고를 접수하는 과정을 의미한다. 여기서 입국자들이 제출하는 서류들로서는 일반적으로 여권과 E/D Card 등이며, 앞에서 언급했듯이 경우에 따라 일부 국가에서는 항공권의 제시를 요구하는 국가에는 미리 항공권을 나누어 주어야 한다. 즉 다음 행선지가 명시된 개별항공권도 요구될 수도 있다는 것을 명심해야 한다.

입국심사는 한 사람씩 개별적으로 실시되며, 입국심사대는 일반적으로 자국인(residents)과 외국인(aliens)으로 나누어져 있으므로 엉뚱한 쪽에 줄을 서지 않도록 주의해야 한다. 인솔자가 이런 실수를 범하지 않기 위해서는 입국심사대 위에 부착된 표지판을 반드시 확인하는 습관을 갖도록 해야 한다.

입국심사관이 주로 질문하는 내용들은 입국목적(purpose of arrival) 및 체재일(period of stay) 등이다.

국외여행인솔자는 상황이 허락하는 한 인솔여행객들의 움직임을 쉽게 파악할 수 있도록 한 곳으로 모아서 입국심사를 받도록 노력하고, 또한 자신이 가장 먼저 입국심사를 받도록 선두에 선다. 아울러 인솔자는 입국심사시 심사관에게 자신이 인솔자임을 밝히고 인솔여행객의 인원 및 입국목적과 체재일수 등 기본적인 사항을 알려주고, 혹시 인솔여행객들의 심사에 있어서 어떤 도움이 필요하게 되면 신속히 자신을 불러 달라고 요청해 놓는 것이 바람직하다. 따라서 인솔자는 입국심사가 끝나더라도 먼저 다음 장소로 가지 말고, 입국심사대 부근에 여행객들이 잘 보이는 장소에 서서 인솔여행객들의 심사가 끝날 때까지 대기해야만이 고객들이 불안해하지 않는다.

일반적으로 입국수속은 입국자가 제출한 여권 상에 입국 스탬프의 날인과 함께 E/D Card 중 입국신고서(disembarkation card)를 뜯어 수거하고, 나머지 출국신고서(embarkation card)를 여권상에 끼워서 돌려주는 것으로 끝난다.

3) 수하물의 회수(baggage retrieval)

인솔여행객들의 위탁수하물을 찾기 위해서 해당 회전식 수하물대(turn table)를 찾아가는 것으로 시작된다. 해당 수하물대를 쉽게 찾아 가기 위해서는 선진국의 경우 공항에 설치된 모니터(monitor)를 이용하면 된다. 이때 탑승했던 항공기의 편명(flight no)을 정확하게 알아야 한다.

√ 입국심사를 마치면 수하물센터로 가서 자신이 탑승한 항공편수의 컨베이어벨트에서 위탁수하물을 회수한다.

√ 단체로 물건을 찾을 경우에는 인솔자는 수하물의 전체의 숫자를 확인해야 한다. 확인 완료되기 전까지는 개별적으로 가져가지 못하도록 한다. 특히 한국인은 같은 종류의 가방이 많음으로 타인의 가방을 오인하는 사례가 많다는 것을 유의해야 한다.

√ 수하물의 파손, 분실 등의 일이 생기면 즉시 운송항공사에 통보하거나 분실물 신고센터에 반드시 신고해야 한다. 수하물 분실 또는 유실시 조치 요령은 공항 내 유실물계(Lost & Found)에 신고하고 호텔명, 전화번호를 알려준다.

4) 세관심사(customs clearance)

세관심사(통관)는 국가에 따라 차이가 있지만, 개별적인 심사를 행하는 국가라도 인솔자가 맨 앞에 나서서 세관심사관(customs officer)에게 한국에서 온 단체관광객들임을 밝히고, 단체인원수 및 체재일수 등을 미리 말해 주면 무척 수월하게 세관심사를 마칠 수 있다.

미국과 같은 국가의 입국시 세관심사에서는 개인소지금액이 미화 1만달러 이상을 초과할 경우 반드시 신고하도록 되어 있다는 것 내용 등 특별한 세관심사의 경우는 사전에 주지시켜주어야 한다. 세관심사의 순서를 보면 다음과 같다.

입국심사가 끝나면 세관심사가 실시된다.

다음은 턴테이블로 승객 자신들의 위탁수하물들을 회수하여 세관심사대로 이동 한다. 세관검사대 선택은 신고대상 물품이 없는 경우 면세통로(녹색) 검사대로 한다.

√ 휴대품 신고대상물품이 있는 경우 자진신고통로(흰색) 검사대로 여행자 스스로 세관검사대를 선택해야 한다. 무신고자 중 우범성이 있는 여행자, 밀수정보 및 감시대상자는 지정검사 통로인 적색검사대로 간다.

√ 그러나 면제통로라고 하여 그냥 통과하는 것은 아니며 일반여행자들의 간편한 검사를 위해 구분한 것이므로 성실하게 신고하는 것이 원칙이다.

5) 보안검색(security check)

입국시 보안검색은 출국시에 비해서 대개 완화되어 있는 것이 일반적이지만, 한국과 일본 및 일부 사회주의 국가들은 아직까지도 까다로운 나라들이 있으므로 유의해야 한다.

6) 공항출구 게이트의 통과(through airport exit gate)

입국에 따른 모든 수속이 끝나면 인솔자는 단체여행객의 인원 및 수하물의 개수를 최종 확인한 후, 선두로 하여 공항출구 게이트로 향한다. 이 때 유의해야 할 점은 개인(individual) 출구 및 단체(group)출구가 따로 구분되어 있는지를 확인하는 것이다. 출구를 확인하기 위해서는 출구 쪽의 표지판을 참조하면 도움이 된다. 예를 들면 홍콩의 경우에는 여러 개의 출구가 존재함으로 한국에서 출발하기 전에 현지가이드와 몇 번 출구에서 미팅을 할 것인지를 사전에 약속해 놓아야 만이 혼란을 초래하지 않고 곧바로 미팅이 가능하다는 것이다.

7) 입국대기구역(arrival waiting area) 현지가이드 미팅

모든 수속이 끝나고 입국대기구역에서 현지 가이드와의 Meeting을 하게 된다. 이 때 현지가이드와 미팅을 할 때는 단체여행객들을 일정한 장소에 대기시켜놓고 신속하게 현지가이드와 인사를 하는 것이 좋다. 자신의 소개를 간단하게 하고 현지 가이드와 명함을 주고받는다. 이는 비록 현지가이드를 처음 만났다고 할지라도 인솔여행객들로 하여금 예전부터 잘 알고 있었던 사이처럼 보이는 것이 바람직하고 서로 어색하지 않게 행동하기 위함이다. 그 다음 현지가이드를 단체여행객들에게 간단하게 인사를 시킨다. 그리고 버스에 탑승한다.

목적지공항에 도착했으나 현지가이드를 만나지 못한 경우의 대처

① 먼저 공항출구(airport exit gate)를 잘못 나왔는지를 확인한다. 출구가 여러 개 있는 경우가 있으므로 단체출구(group gate)가 아닌 개인출구(individual gate)로 나왔을 경우도 있기 때문이다.

② 일단 공항출구를 잘못 나왔다고 판단되면, 여행객들을 쉬게 하고 인솔자가 먼저 현지가이드를 찾아서 데리고 오도록 한다. 이는 단체가 우왕좌왕하게 되면 인솔자의 신뢰에 문제가 생기기 때문이다.

③ 공항출구를 나온 후 30분 이상이 지나도 현지가이드를 만나지 못한 경우는 먼저 현지여행사로 연락하여 그 원인을 파악한 후, 더 이상 지체할 상황이 되지 않으면 현지여행사의 동의하에 호텔버스나 택시를 나누어 목적지까지 가도록 한다.

④ 만약에 택시를 이용할 경우 인솔자는 각 택시마다 행선지에 대한 메모를 여행객과 택시기사에게 나누어 준다.

⑤ 인솔자는 모든 여행객을 분승시키고 가장 나중의 택시를 이용하는 것이 바람직하다. 이때 가능하면 천천히 가도록 지시하고 가시거리를 유지할 필요가 있다.

☞ 버스탑승 후 차내에서의 진행사항 및 공지사항

√ 단체여행객들을 대기 중인 차량으로 이동하고 단체인원과 수하물의 숫자를 확인한 후 버스에 탑승시킨다.

√ 버스에 탑승한 후 인솔자는 다시 한번 인원파악을 하고, 버스 내의 마이크를 이용하여 인솔자는 반드시 마이크를 잡고 전체에게 인사를 하면서 지금까지 협조에 대한 감사인사를 한다.

현지 여행사직원에게 모든 것을 일임하더라도 모든 행사의 책임자는 인솔자라는 것을 인식시킬 필요가 있다. 특히 태국 등 동남아시아 지역의 현지 가이드들은 숙박을 함께 하면서 인솔자가 할일을 전부 맡아서 하고 있는 실정이다. 특히 초보인솔자는 이것이 편한 것 같으나 현지가이드는 어떤 수단과 방법을 가리지 않고 고객을 선택관광, 옵션, 쇼핑을 시키려고 유도하더라도 통제하기가 불가능해 질 수도 있다는 것을 명심해야 한다.

√ 단체의 장이 있을 경우에는 간단하게 인사를 시킨다.

√ 현지 가이드를 소개하고 기타 현지에서의 상세한 여행일정에 대한 안내를 부탁한다.

√ 현지여행사의 배지(agent badge) 및 현지의 여행일정표(tour itinerary) 등을 나누어주는데 이때 인솔자는 최종수배확인서(final confirm sheet)와 비교하여 변경된 것이 없는지를 체크해야 한다.

√ 오늘 일정 안내, 호텔까지의 소요시간에 대한 안내

√ 한국과의 시차, 현지통화, 쇼핑, 국제전화사용 방법 등

√ 현지에서의 주의사항과 현지인의 생활습관 등 소개

• 범죄에 대한 주의(소매치기, 사기꾼)

• 외화 불법교환에 관한 주의

• 사진촬영금지 구역에 대한 주의

• 식수에 대한 주의 그 외 주의사항

√ 해당국가와 도시에 대한 일반적인 설명을 한다.

• 해당국가나 방문하는 지역의 거리에 대해 설명한다.

√ 향후의 전체 여행일정을 설명한다.

• 집합장소 및 집합시간을 명확하게 반복하여 설명한다.

- 여행 중 복장에 대한 설명과 사전준비사항을 설명한다.
- 호텔·공항·관광지를 이동 중 주의해야 할 사항

√ 오늘 지금부터의 행동요령

- 호텔에 도착 후 짐을 어떻게 할 것인가? 포터의 팁은 개별적으로 지급하고 그 액수는 어느 정도를 지불하면 된다. 객실 배정을 하고 객실 키를 가지고 몇 시까지 집합하라는 식의 향후 발생되는 행동요령을 미리 알린다.

√ 호텔을 이탈할 시에 주의사항

- 호텔의 위치와 전화번호가 있는 카드를 소지
- 동일 이름의 호텔이 2개 이상이 있을 경우가 있기 때문에 호텔의 정확한 명칭을 알아야 택시를 타더라도 찾아올 수 있다.

05 현지 호텔수속 업무

1 호텔 CHECK IN 업무

공항을 출발한 버스가 인솔여행객들이 투숙하게 된 호텔에 도착하면, 인솔자는 현지 가이드와 함께 호텔 체크인(hotel check-in)을 해야 한다.

호텔에 도착해서 버스에서 내릴 때 물건을 두고 내리는 일이 없도록 선반이나 의자 뒤의 그물망 등을 확인함과 동시에 신속하게 여행자들을 로비로 유도한다. 이때 인솔자는 수하물들은 포터(poter)로 하여금 여행객들의 객실까지 운반해 주는 방법도 좋지만, 때로는 잘못 전달되거나 많은 시간이 걸리는 경우가 있으므로 가급적 중요하거나 작은 수하물들은 여행객들 각자가 직접 갖고 가도록 권유한다.

- 호텔 도착시 수하물 처리는 운전기사가 내린 짐을 호텔로 운반하면서 짐을 파악한다.

- 짐을 완전히 파악하기 전에는 호텔 포터에게 짐을 맡기지 말아야 한다. 간혹 도난 사고가 일어나기 때문이다.
- 짐을 일부러 내리지 않을 경우나 짐 바꿔치기하는 경우도 발생함으로 주의해야 한다.
- 짐을 내리는 것부터 일행 중 2사람 정도의 도움을 받아 짐을 지키도록 하는 것이 좋다.
- 짐의 바깥 부분에는 중요한 물건을 절대 넣지 않도록 주의 시킨다.

1) 호텔 체크인

인솔자는 현지가이드와 함께 투숙할 호텔의 프런트 데스크(front desk-현관접객부)에 가서 객실담당직원(room clerk)과 만나서 호텔객실 사용에 대한 등록(registration)을 행하도록 한다.

등록은 대개 해당호텔의 숙박기록부에 여행객들의 인적사항 등을 기입하는 것으로 사용되는데 최근에는 간단한 사인 등 약식으로 대체하는 경우가 많다.

호텔의 체크인(check-in)은 통상적으로 20:00시까지가 상식이다. 만약 늦어질 경우에는 사전에 연락을 해두어야만이 예약이 취소되지 않는다는 것을 명심해야 한다.

호텔 체크인시 인솔자의 유의사항
(1) 호텔 측과 아래와 같은 숙박조건을 확인해야 한다.
① 객실형태 및 설비를 확인. 특히 유럽지역은 욕조의 유무를 확인한다.
② 객실의 위치 즉 신관과 구관, 바닷가 쪽 등을 확인하여 객실배정시 참조
③ 체재일수와 숙박조건의 확인
④ Half Pension의 경우 점심이나 저녁 중 어느 것을 선택할 것인지 매니저에게 연락한다.
⑤ 서비스료, 세금, 포트(poter)비 등의 포함 유무확인
⑥ 인솔자가 지불해야 할 것과 개인계산이 되는 것을 명확하게 전달한다.
⑦ 체크아웃 일시의 통보
(2) 각 호텔에 체크인시 각 식사시간, 식사장소를 빨리 결정하여 연락한다. 이를 빨리 결정하지 못하면 식사시간이 너무 빠르거나 느려지는 일이 많다. 이것은 호텔 프런트에게만 부탁하는 것은 불충분함으로 직접 식당매니저에게 확인하는 것이 더욱 정확하다.

2) 객실배정 및 등록

인솔자가 미리 준비한 객실배정표(rooming list)를 프런트 데스크(front desk) 담당자에게 제시하고 반드시 그룹 체크인이라는 말을 한 다음 지시를 기다린다.

숙박등록이 끝나면 객실담당종사원으로부터 객실번호가 적힌 객실배정표와 객실열쇠(room key), 식사권(meal's coupon) 등을 인수 받는다.

그리고 객실담당직원에게 객실 수만큼 객실배정표를 복사해 달라고 요청해야 한다. 이는 투숙할 객실마다 한 장 씩 배부하여 객실간의 연락을 취하거나 여행객들 간에 일행들이 투숙한 객실번호로 연락을 취하는 등 유익하게 사용할 수 있기 때문이다. 그 다음은 인솔자 스스로가 챙겨야 할 사항으로 호텔에 비치된 호텔명함(hotel name card) 및 소형 호텔안내서(hotel guide book) 등을 단체인원수 만큼 반드시 챙겨놓아야 한다.

객실배정을 할 때 주의사항 및 객실에 관한 내용을 정리하면 다음과 같다.

√ 고객들을 로비 라운지 쇼파에 대기시키고 프론트에서 수속을 한다.

√ 미리 준비한 객실배정표(rooming list)를 등록부서에 접수한다.

√ 객실 수는 계약내용과 일치하는지 확인한다.

√ 객실의 구조, 조명 등이 차이가 너무 나지 않는 방을 배정받는 것이 좋다. 만약에 고객끼리 왕래하다가 비교 되면 불평불만이 생기기 때문이다.

√ 침대의 형태를 파악하고 고객들이 편리한 것을 선택한다.

√ 가능하면 트윈베드(twin bed) 즉 더블침대(double bed) 하나와 싱글침대(single bed)가 있는 객실을 이용하면 편리하다. 더블침대는 부부에게 배정하는 것이 좋고 나이든 사람은 부부라도 더블베드를 싫어하는 경우가 있다.

객실배정 방법은 제대로 되었는가?

• 신혼부부, 노 부부, 가족끼리, 비슷한 연령, 성격 등에 따라 배정
• 나이든 사람, 신체가 부자유스런 사람은 승강기 근처로 배정
• 친구나 가족은 가능하면 같은 층 배정
• 성격이 까다롭거나 부부싸움 가능이 있어 보이는 사람을 안쪽 객실 배정
• 술을 좋아 하거나 간혹 도박을 할 것 같은 사람들은 안쪽 객실

3) 객실배정 후 객실 키(key)의 전달

호텔 체크인이 끝난 후에는 인솔자와 현지가이드는 단체여행객들의 대기장소로 돌아가서 모두가 모였는지를 확인한다.

그 다음 여행객들에게 호텔 측에서 인수받은 객실키(room key) 및 식사권 등을 나누어 준다. 특히 객실배정표(rooming list)의 사본들을 나누어 줄 때는 인솔자의 객실번호를 강조하여 알려준다.

마지막으로 호텔명함 및 호텔안내서 등을 나누어 줄 때는 단체여행객들이 개인적인 일로 호텔 밖으로 외출시에는 반드시 인솔자에게 이야기를 하고 외출을 하도록 당부하고, 낯선 거리에서 헤매는 일이 없도록 하기 위해 반드시 지참하도록 강조한다.

4) 객실점검 및 주의사항의 전달

① 객실 배정이 끝나면 일단 각자 방으로 입실하도록 한다.

- 첫 방의 문을 열어 주면서 메인키, 카드키 사용법을 알려 준다.
- 현지 가이드와 함께 각 방마다 일일이 방문하여 간단한 사용법을 안내한다.
- TV 사용법, VTR, PAY TV, 난방기구, 전기스위치, 전압
- 욕실 샤위시 커텐 사용법
- 방문 자동 잠김
- 커피 및 차 끓이는 법 등 설명
- 미니바 사용
- 룸서비스 이용방법 특히 신혼부부들이 주로 사용한다.
- 자동제빙기 사용 등

② 객실에서의 전화사용법에 대한 설명을 한다.

호텔객실에서 한국으로 전화하는 방법과 객실간의 통화방법을 설명한다. 이러한 내용들은 객실 내에 비치된 전화 안내책자 등으로 알 수 있으나 인솔자는 다시 설명을 한다.

- Person to Person Call^(지명통화~직통전화)
- Collect Call^(수신자 부담 통화)
- Room to Room call^(방과 방끼리)

③ 다음날 기상시간 · 식사시간 및 장소 · 집합시간 및 장소 등을 알려 준다.

이동 중에 중요한 일정에 대한 설명을 하지만 주위가 산만하여 인솔자가 말하는 것을 제대로 기억하지 못할 수도 있으므로 기상하는 시간과 식사시간 및 집합장소를 알려주어야 한다. 특히 식사장소나 집합장소를 알려줄 때는 대충 2층에서라고 말하지 말고 상세하게 "2층 엘리베이터 승강장 바로 앞 ○○레스토랑", "1층 로비의 벽시계의 아래 소파 앞" 등으로 말하는 것이 좋다.

④ 다음날의 일정에 대해 설명하고 준비물 등을 알려준다.

인솔자는 다음날 진행될 일정에 대하여 간략하게 설명하면서 가장 핵심적인 관광지를 강조하여 흥미와 관심을 갖도록 유도한다. 또한 바닷가를 방문하는 일정이 있다면 수영복, 선글라스 등을 준비하도록 알려준다.

⑤ 치안상 주의사항과 개인행동시 주의사항을 말해준다.

외국의 일부도시에서는 범죄가 빈번하게 발생하며, 또한 일반인들도 총기소지를 자유롭게 하고 있기 때문에 강력범죄의 발생가능성이 높다. 그러므로 이런 지역을 여행할 경우에 가능하면 야간에는 호텔 밖으로 외출을 삼가도록 하는 것이 좋다. 부득이하게 외출을 하게 될 경우에는 가능하면 여러 명이 함께 동반하거나 현지 거주인의 안내를 받도록 요청한다. 아울러 투숙객들이 개인행동을 할 때에는 반드시 인솔자에게 알려 줄 것을 당부해야 한다.

2 호텔 이용업무

호텔시설의 이용 등에 관한 사항들은 객실내 비치된 호텔 디렉토리(hotel directory), 서비스 디렉토리(service directory)를 우선적으로 참조하면 된다.

호텔내 시설이용안내, 레스토랑, 국제전화 등 대부분의 사항에 대해 상세하게 설명되어 있다.

1) 객실의 열쇠

객실의 열쇠는 일반 열쇠형태, 전자열쇠로 구분할 수 있는데, 최근에는 일부 오래된 호텔들을 제외하고는 전 세계적으로 전자열쇠를 사용하고 있는 추세이다.

- 보통 객실에 들어서면 에너지 절약 차원에서 열쇠 꽂는 곳(key box)에 열쇠를 꽂아야 객실 전체의 전원이 들어오게끔 되어 있는 객실열쇠작동시스템(room key tag system)을 이용한다. 전자열쇠에는 보안을 이유로 객실번호가 표시되어 있지 않으므로 객실번호를 잘 기억해야 한다.

- 서로 친근하지 못한 일행이 같은 객실을 사용할 경우 하나의 열쇠로는 불편하므로 프런트데스크에 부탁하여 예비열쇠를 하나 더 부탁하도록 한다. 일반열쇠의 경우 외출시에는 반드시 프론트 리셉션에 맡긴다.

- 문은 잠그지 않더라도 문을 닫으면 자동으로 문이 잠기므로 열쇠를 객실에 두고 문을 닫지 않도록 주의해야 한다. 문이 잠겼으면 프런트에 연락하면 된다.

- 객실 발코니에 나갈 경우에도 자동으로 문이 잠기는 경우가 있으므로 유리문을 열어 놓는 것이 좋다. 발코니에 나갔는데 거실 문이 잠겨 버린다면 발코니에서 정말 곤란하다.

- 치안이 좋지 않은 지역의 경우 객실내에 있을 땐 문의 잠김을 확인하고, 잘 때는 걸쇠(night-latch)를 반드시 채워야 한다. 밖에서 노크소리가 들리면 신분을 확인한 후 걸쇠를 잠근 채 문을 열고 사람을 확인하여 호텔 투숙객을 노리는 각종 범죄에 미리 대처해야 한다.

2) TV(Pay TV)

객실의 TV는 일반방송과 호텔자체에서 개설해 놓은 자체방송 등 두 가지를 방송한다. 일반방송은 그 나라의 방송채널이고 자체방송은 호텔 홍보방송과 유료 TV(Pay TV) 등이 있다.

유료 TV는 최신영화, 혹은 성인영화(adult movies)를 주로 방송한다. 호기심에 이것저것 들어보는 투숙객들이 있는데, 계속 채널을 돌리면 그 횟수만큼 영화를 본 것으로 전산 처리되므로 체크아웃시 엄청난 돈을 지불하는 경우도 있다. 유료방송 프로그램 스케줄은 보통 TV 위에 따로 비치되어 있다.

일반 TV를 이용하므로 어린이나 노인들이 리모콘을 잘못 작동하여 볼 수도 있으므로 이를 사전에 주의시켜야 한다. 일반적으로 유료방송은 유료채널을 선택한 후 붉은색 버튼을 눌러 확인(confirm)하도록 되어 있다. 어린이만 있는 객실이라면 미리 리셉션에 전화하여 유료방송이 나오지 않도록 할 수도 있다.

최근 일부호텔은 객실 내에서 팩스시설은 물론이고 전화선과 전용선을 통한 인터넷 접속서비스를 제공하기도 한다. 이것도 유료인지 무료인지 반드시 확인해야 한다.

3) 안전금고(safe box)

현금이나 귀중품은 호텔 객실에서 분실할 경우 호텔에서 책임을 지지 않으므로 호텔 금고에 보관시키는 것이 좋다. 객실 내 옷장 안에 작은 금고가 있는 경우도 있고, 아니면 호텔 프런트데스크 옆에 따로 안전금고가 설치되어 있다.

옷장 내 작은 금고는 이용안내문에 따라 금고를 열고 비밀번호를 직접 지정하고 다시 잠그면 된다. 하룻밤만 숙박할 것이라면 이용하지 않는 편이 좋다. 맡긴 걸 잊고 호텔을 출발하는 경우가 종종 있기 때문이다. 그러나 여러 날 체재할 경우에는 항공권 등 중요한 서류나 많은 양의 현금 등은 보관하는 것이 좋을 것이다. 안전금고 열쇠 분실시 US $ 50 이상의 벌금을 요구하므로 열쇠를 잃어버리지 않도록 주의해야 한다.

4) 미니바(mini bar)

객실 내에 있는 작은 냉장고를 말한다. 시중보다 매우 비싸므로 되도록 이용하지 않도록 일행들에게 주의를 준다. 냉장고 안에는 생수(mineral water), 콜라, 사이다, 맥주, 양주 작은 병(miniature) 등의 음료 및 술이 있으며, 초콜릿, 땅콩 등 안주류도 비치되어 있다.

미니바는 이용 후 비치되어 있는 계산서의 품목 란에 표시를 하고 체크아웃을 할 때 계산하면 된다.

미니바 위에 커피포트와 커피, 차 종류가 비치되어 있기도 한데 이러한 차 종류는 대개 무료이다. 커피포트에 물을 끓여 마실 수 있으므로 이를 이용하도록 하며, 커피포트가 없을 경우 하우스키핑(housekeeping)에 연락하여 가져오도록 할 수 있다. 이밖에 미국이나 캐나다의 호텔에서는 복도의 끝에 자동제빙기(ice cube)가 설치되어 있어 얼음을 사용할 수 있다.

5) 호텔 부대시설의 이용

국외여행인솔자는 사용호텔에 도착하면 곧 바로 호텔의 부대시설을 완벽하게 파악하여 단체여행객들이 이용할 수 있는 호텔부대시설에 대한 정보를 제공해 주어야 한다.

호텔 투숙객들에게 호텔내 부대시설은 상당한 할인을 제공한다. 특히 수영장(swimming pool), 헬스클럽(fitness center) 등은 투숙객이 이용할 경우 대개는 무료이며, 호텔에 따라 사우나(sauna)나 온천(spa)이 무료인 곳도 많다. 호텔에 늦지 않게 도착했을 경우 이러한 부대시설을 이용하도록 일행에게 적극 권장한다.

6) 룸서비스(room service)의 이용

객실 내에서 차를 마시거나 식사를 할 때에는 룸서비스를 이용한다. 개인일 경우 아침식사 서비스로 주로 이용하지만 단체의 경우에도 밤늦게 야식을 할 경우 객실 내에 비치되어 있는 룸서비스 메뉴를 이용할 수 있다.

식사 이외에 음료 서비스도 가능하다. 생각보다는 비싸지 않으므로 한번 이용해 보는 것도 좋다. 보통 10%의 서비스요금이 가산된다.

룸서비스 메뉴는 대개 전화기 옆에 비치되어 있다. 메뉴와 가격을 확인하고 룸서비스 번호를 눌러 원하는 메뉴를 말하면 된다.

특급호텔의 경우 새벽 2시 정도까지 룸서비스를 받을 수 있다. 밤중에 양식을 원하는 일행이 있다면 룸서비스에 통화하여 주문해주면 된다. 지불은 계산서에 객실번호를 기입하고 서명을 한다. 요금은 채크아웃시 계산하게 된다. 식사 후 식기는 냅킨으로 덮어서 문 밖에 내어놓으면 된다.

7) 객실내 통화(room to room call)

동일한 호텔 내 객실과 객실 간에 통화를 의미한다. 객실 간 통화는 돈을 지불하지 않는다. 일행에게 인솔자, 회장, 총무의 객실번호와 객실 내 통화번호를 알려주어 무슨 일이 발생할 경우 객실 간에 바로 연락이 가능하도록 한다.

보통 객실번호를 그대로 누른다든지, 객실번호 앞에 특정한 숫자를 먼저 누르고 객실번호를 누르게 되어 있다.

객실이 아닌 호텔 로비에서 객실로 통하고 싶을 때는 하우스 폰(house phone)이라고 쓰여 있는 전화기를 이용하여 방 번호를 누르면 된다.

8) 국제전화(international call, overseas call)

객실 내에서 사용하는 전화는 자동으로 계산되어 체크아웃시 일괄적으로 지불하게 되어 있다. 고객의 편리를 위하여 최근에는 대부분의 호텔이 객실에서 교환원을 거치지 않고 본인이 직접 국제전화를 걸 수 있도록 되어 있다.

그러나 객실에서 국제전화를 이용할 경우 서비스 요금이 부가되기 때문에 공중전화 사용료보다 상당히 비싸므로 되도록이면 호텔내 일반 공중전화를 이용하도록 하는 것이 유리한다. 상대편과 통화가 되지 않더라도 일정시간이 지나면 서비스요금을 부과하는 곳도 있다.

국제전화 이용방법은 공중전화, 혹은 객실 내 전화 디렉토리(telephone direc tory)에 나와 있다. 국제전화의 종류에는 지명통화(person to person call), 전화번호 통화(station call, station to station call), 수신인 부담통화(collect call) 등이 있는데, 지명통화의 경우 특정 수신인을 지명하여 전화신청을 하므로 통화요금은 신청자와 수신인이 직접 통화하는 시점부터 계산된다. 수신인 부담 통화는 수신국에서 수신인에게 요금을 부담하겠느냐고 묻고 지불을 승인하면 통화가 가능하도록 하는 것이다.

9) 욕실의 사용

샤워 시에는 샤워커튼을 욕조 안쪽으로 치고 샤워해야 바닥으로 물이 흐르는 것을 막을 수 있다. 동남아 지역의 호텔들은 욕조 밖에도 배수시설이 되어 있는 곳이 많으나 유럽이나 미국의 호텔들은 욕조 밖에 배수시설이 되어 있지 않아 물이 흐르면 욕실을 넘어 객실 마루까지 물이 흐를 수 있다.

- 유럽의 호텔들은 주로 나무 바닥에 카펫을 깐 경우가 많아 욕실 바닥에 물이 흐를 경우 객실의 마루가 썩게 되어 당분간 객실판매가 불가능해 큰 손해배상을 해야 하는 경우도 있다. 그리고 욕실 위에 달려있는 끈은 비상용이므로 잡아당기지 않도록 주의해야 한다.
- 욕실 가장자리에 욕실용 매트와 고무매트가 있으면 욕조 바닥에 고무매트를 갈고, 욕실용 매트는 욕조 바깥에 깐다. 고무매트는 바닥이 젖었을 때 미끄러지는 것을 막기 위해서, 욕실용 매트는 욕실 바닥이 젖지 않게 하기 위하여 사용한다.
- 가장 큰 수건은 목욕이나 샤워 후 몸을 닦거나 두르는데 사용한다. 중간 정도의 수건은 머리를 닦거나 얼굴을 닦는데 이용하며, 가장 작은 수건은 핸드타월(hand towel)로 손을 닦거나 샤워시 비누칠을 하는 용도이다.

10) 하우스 키핑(housekeeping)

객실에서 필요한 칫솔, 치약, 드라이기 등이 준비되지 않은 경우 하우스키핑에 전화를 하면 가져다준다. 물론 1달러 정도의 팁은 각오해야 한다. 그 외에도 불이 들어오지 않는다든지, 화장실 변기가 고장일 경우, 하수구가 내려가지 않는다든지, TV가 켜지지 않는 경우 대부분의 객실관련 문제와 베개나 수건이 더 필요한 경우에도 하우스키핑에 전화를 하면 즉시 해결된다.

대부분의 단체여행객들이 이러한 내용을 잘 모르고 있어 인솔자에게 문의하면 인솔자는 하우스키핑에 전화하여 인솔자임을 밝히고 일행의 객실번호를 불러주고 요구사항을 설명하면 즉시 처리해준다.

11) 세탁(laundry)

호텔에서의 세탁은 세탁계(laundry)나 객실을 청소하는 룸메이드(room maid)에게 요청하면 된다. 객실 내 서랍 안에 세탁주문서가 들어 있는 경우는 필요사항을 기입하여 세탁물과 함께 세탁봉지를 문 안쪽에 두면 청소할 때에 룸메이드(room maid)가 가져간다. 다만 단체관광은 한 호텔에서 머무는 기간이 매우 짧으므로 세탁 완료날짜를 반드시 확인해야 한다. 또한 저녁 5시 이후와 토요일, 일요일은 세탁물을 접수하지 않는 곳이 많다.

장기간의 여행일 경우 세탁은 호텔의 서비스(laundry service)에 맡기는 것이 원칙이지만 속옷이나 양말 등은 자신이 세탁하는 경우가 대부분이다. 한국인들의 경우 객실의 발코니에 널어두는 경우가 많은데, 건조대가 발코니에 있지 않은 이상 이곳에서 속옷 빨래를 말리는 일은 삼가야 한다. 욕조 위에 줄을 꺼내어 반대편에 걸게 되어 있는 경우도 있고 그렇지 않다면 옷장내의 옷걸이를 이용하여 빨래를 말린다.

12) 환전(money exchange)

호텔 프런트데스크의 케셔(cashier)가 환전해 준다. 단체여행의 경우 여행 중 환전할 시간이 거의 없으므로 몇 십 달러정도의 많지 않은 돈이라면 은행까지 가서 환전하는 것 보다는 호텔에서 환전하는 것이 유리할 수도 있다.

호텔 이용시 유의사항

① 침대를 이용시 침대커버를 벗기고 이불 속으로 들어간다. 간혹 침대위에 그냥 자는 고객도 있다는 것을 참고하여 알려준다. 만약에 춥다면 벽장 속에 담요여분이 있는지 확인하고, 없다면 하우스키핑에 담요를 요구하면 된다.

② 유럽지역은 호텔들은 1층이 그라운드 플로어(ground floor)라고 하며, 2층이 1층이 된다. 보통 로비(lobby)는 G층에 있다. 엘리베이터 이용 시에도 1이 아닌 G 버튼을 눌러야 한다.

③ 객실의 열쇠는 항상 휴대하여야 한다. 대부분의 호텔의 경우 문을 닫으면 자동으로 출입구가 잠기게 되어 있으므로 외출시에는 반드시 객실열쇠나 카드를 키 박스에서 빼서 나가야 한다.

④ 엘리베이터 이용시 여성을 먼저 타게 하고 먼저 내리게 해야 한다. 호텔출입구에서도 마찬가지이다.

⑤ 객실 내에서는 신발을 벗고 맨발로 다니지 않아야 한다.

⑥ 객실청소원(room maid)을 위해 매일 객실당 1달러 정도의 팁을 탁자 위에 올려놓아야 한다.

⑦ 춥거나 더울 때는 수시로 에어컨을 조절해야 한다.

⑧ 문을 열어둔 채로 밤늦게까지 모여서 떠들지 말아야 한다.

⑨ 복도에서 큰 소리로 떠들거나 팬티 등 속옷차림으로 다니는 것은 금물이다.

⑩ 침대위에서나 로비에서는 대부분이 금연이다.

⑪ 호텔객실 내에서 음식물을 조리하거나 냄새가 많이 풍기는 김치, 고추장 등의 음식을 먹어서는 안 된다.

3 호텔 CHECK OUT 업무

체크아웃을 위해 전날 가능한 것은 미리 정리하고, 정산은 출발 전에 가능한 일찍 여유를 가지고 하는 것이 좋다.

프런트 회계원에게 마스터 빌(master bill)의 작성을 의뢰해 둔다. 아침 일찍 출발시 전날 모닝콜을 의뢰하고, 조식을 예약하며, 수하물 수거에 대해 벨갭틴(bell captain)과 협의해야 한다.

단체여행객들에게는 출발일에 대한 사항, 즉 모닝콜시각, 조식시간, 장소, 수하물수거 관련사항, 출발시간 등의 사항을 전달하는 것을 잊지 않도록 해야 한다. 특히 체크아웃 후 항공기에 탑승할 경우에는 항공기예약을 재확인해 둔다.

　다른 항공편으로 여행을 계속할 경우에는 항공편의 재확인을 하여야 한다. 이는 이용항공사에 전화를 걸어 편명(flight number), 목적지, 단체명, 예약번호, 승객수 등을 말하고, 예약이 잘되어 있는지를 반드시 확인해야 한다.

　호텔의 체크아웃을 하는 경우에는 계속여행을 하는 경우와 여행일정을 마치고 입국하기 위한 준비가 있다. 여기서는 우선 여행 중의 호텔체크아웃에 대해 설명하고자 한다. 호텔 체크아웃시 단체여행객에게 전달할 사항 및 업무들을 살펴보면 다음과 같다.

1) 기상시간을 알려야 한다.

　모닝콜을 부탁한 시간을 알려준다. 아침 일찍 출발할 시에는 출발 전날 반드시 모닝콜(morning call)을 의뢰해야 한다. 모닝콜은 조식 전 30분~60분 전에 일어나도록 예약신청을 해야 한다. 특히 여성고객이 많을 경우에는 상황에 따라 시간을 좀 더 앞당길 필요가 있다.

2) 조식시간을 알려야 한다.

　체크아웃 할 때의 조식은 호텔출발 60분 전에 식사를 할 수 있도록 예약한다. 메뉴는 호텔 측의 처리능력, 고객의 수, 시간대에 다라 소요시간이 달라지기 때문에 여러 가지를 종합적으로 고려하여 정한다. 아침 일찍 출발할 시에는 식사는 가능하면 일찍 끝내도록 하는 것이 좋다.

3) 짐 수거시간을 알려 준다.

　포트가 수거해 가야 하는 짐을 도어 바깥쪽에 두도록 지시한다. 조식시간과 짐 수거시간이 거의 동일함으로 핸드케리어하는 짐은 도어 안쪽에 보관하거나 아니면 간단한 짐은 직접가지고 다닌다.

　수하물의 수거를 위해 전날 저녁에 Chief Porter, Bell Captain과 상의하여 같은 시간에 출발하는 단체가 있는지를 확인한다. 하물집하시간은 출발 전 60분 전이 원칙이지만 단지 고객숫자가 적고 다른 고객이 별로 없을 경우에는 30분 전에도 무방하다. 수하물을 수거하는 Chief Porter, Bell Captain 또는 담당자에게는 전날 저녁에 하물의 개수, 시각, 짐표의 색깔, 특징 등을 전달하여 같은 시간에 출발하는 단체는 없는지 확인하고, 단체가 많이 겹치는 경우에는 우선적으로 처리해 줄 수 있도록 부탁한다.

그리고 여행자들에게 하물수거의 시간을 이야기하고 정해진 시각에 하물을 객실문 안쪽 또는 바깥쪽에 놓아두도록 한다. 특히 정해진 시간보다 빨리 하물을 내놓지 않도록 주위를 환기한다. 시간이 틀리면 다른 단체의 짐에 들어 갈 가능성이 커진다.

4) 개인이 정산해야 하는 지불내용을 미리 알려준다.

채크아웃 시 개인이 정산해야 할 것들은 혼잡하지 않는 시간에 각자가 프론트 창구에서 지불하도록 지시해야 한다.(전화요금, 미니바 사용, PAY TV 등)

인솔자는 조식 후 호텔을 출발할 때에는 고객보다 아침식사를 빨리 마치고 회계를 마친다. 미국의 대형호텔 등에서는 아침 일찍 출발시에는 많은 사람들이 일시에 몰리는 관계로 회계처리가 늦어져 곤란을 겪게 되는 경우가 많다. 이런 경우에는 창구에 줄을 서서 기다리지 말고 별도의 입구로 사무실로 들어가 인솔자임을 밝히고 특별한 절차에 의해 회계를 해 달라고 요구해야 한다.

가능하면 단체의 체크아웃은 전날에 호텔회계 담당자와 현지여행사 지불 혹은 후일 송금 등의 내용들을 협의해 두는 것이 좋다.

5) 호텔에서의 출발시간을 알려준다.

호텔체크아웃을 하고 아침 식사시간과 더불어 최종적으로 호텔에서 차량이 출발하는 시간을 사전에 알려주고 어떠한 일이 있더라도 늦어서는 안 된다는 것을 주지시켜둔다.

차량에 탑승하기 전에 귀중품을 안전금고에서 찾았는지, 객실에 두고 온 물건은 없는지, 객실열쇠는 반환하였는지, 개인적 비용의 정산은 제대로 마쳤는지, 여권은 소지하고 나왔는지 등을 확인하고 대기 중인 차량에 개인적으로 탑승하도록 지시한다.

06 현지에서 관광 진행업무

1 관광 전 협의사항

국외여행인솔자는 가능하다면 여행이 시작되는 전날 현지 가이드와 미팅을 하여 다음날 여행일정에 대하여 협의하는 것이 바람직하다. 이때 여행일정표대로 진행이 되는가를 제일 먼저 확인한다.

관광지에서 소요되는 시간과 식사장소 등을 사전에 협의하여 가장 효율적으로 일정을 조정하도록 노력해야 한다.

관광을 하는 첫날 아침에는 단체여행객들의 각 객실을 순회하면서 아침인사와 함께 그 날의 여행일정에 따른 준비물과 집결시간 등을 알려주면서 간단한 대화를 나누도록 하는 것이 좋겠다. 이와 같이 인솔자는 집합장소에 약속시간보다 항상 30분 전에 나와 대기하도록 한다. 인솔자가 이러한 습관을 갖기 위해서는 많은 노력이 필요하며, 동작이 민첩하지 못하면 인솔자로서 자질이 없다고 할 수 있다. 또한 인솔자는 여행일정에 따른 필요한 관련서류와 필기구, 상비약 등을 사전에 준비하여 행사진행 중에 항상 휴대하도록 하여야 한다.

|표 9-11| 현지 가이드와의 협의내용

① 일정에 관한 세부적인 협의	• 전 일정 관광코스 및 현재 상황의 보고 • 호텔에서의 픽업시간, 출발시간 • 식당의 이름과 메뉴
② 필요서류 및 인원수 확인	• 예약 인원수의 상호체크 • 입장권, 기차, 선박 등의 티켓 발권 현황 • 행선지와 출발지, 시간 등
③ 새로운 관광지에 대한 정보	• 새로운 관광지 및 주변의 정보 • 관람시간 및 영업시간 • 관람요금 및 조건 기타
④ 선택관광 및 쇼핑에 대한 정보	• 선택관광의 금액 및 예상인원 파악 • 요금의 절충 가능 금액 • 쇼핑장소 및 시간의 협의

2 관광 진행시 업무

현지에서의 관광은 대부분의 여행객들이 가장 기대하는 부분이며, 그동안 접해보지 않았던 여러 나라의 문화와 현지인들의 생활방식을 보고 느끼면서 여행의 목적을 달성하고자 하는 것이다.

먼저 국외여행인솔자는 업무상 여러 번 방문한 지역이라 할지라도 항상 처음방문 한다는 마음으로 호기심과 열정을 가지고 단체여행객들과 함께 적극적이고 활기차게 투어를 하여야 한다. 현지에서 관광을 위한 안내는 현지가이드(local guide)의 역할이며, 단체의 개개인의 관리 및 인솔은 TC의 역할이라 할 수 있다. 간혹 현지의 모든 것을 현지가이드에게 일임해 버리고 인솔자 자신도 여행객처럼 행동하는 경우가 있는데 이는 아주 잘못된 것이다. TC는 즐기기 위해서 관광을 하는 것이 아니라 비즈니스 중이라는 것을 항상 명심해야 한다.

관광 진행시 여러 가지의 행동요령 및 업무를 살펴보면 다음과 같다.

1) 관광지에서의 행동요령

(1) 관광지의 안내는 현지가이드에게 맡겨라.

현지관광지의 관광안내에 있어서 현지가이드가 알아서 하도록 맡겨두고 인솔자는 도와주는 역할을 한다는 생각으로 업무에 임해야 한다. 간혹 여행경험이 많은 국외여행인솔자가 의도적으로 현지가이드를 제쳐두고 단체여행객들의 관광안내까지 한다면 현지가이드는 싫어할 것이고 이런 것들로 인해 서로 간에 갈등 및 마찰을 초래할 수 있다는 것을 명심해야 한다.

(2) 여행 중 재집결할 때 장소·시간·차량번호 등을 반복하여 알려준다.

단체여행 중 재집결하는 장소 및 시간을 강조하여 반복적으로 알려줄 필요가 있다. 현지 관광지에서 여행객들의 주의가 매우 산만하므로 현지가이드가 이미 언급했다 할

지라도 TC는 재집결의 장소 및 시간을 강조하여 여러 차례 반복적으로 알려준다. 특히 타고 온 버스에 다시 집결할 때에는 유사한 버스들이 많이 대기하고 있을 것을 예상하여 버스의 형태, 색깔, 번호, 안내표지판 등을 상세하게 알려 주어야 한다.

(3) 여행 중 단체여행객들에게 사진촬영장소의 추천과 사진촬영을 도와준다.

관광지에서 단체여행객들에게 사진촬영하기에 적합한 장소를 추천해주거나 사진 찍는 것을 도와주도록 해야 한다. 초보 인솔자들은 자기 사진 찍기에만 정신을 쏟는 경우가 있는데, 이는 인솔자 자신이 처음 방문하였다는 증거이고 단체여행객들은 이러한 것들이 불만의 대상이 됨으로 각별히 유의해야 한다.

(4) 붐비는 관광지에서는 안전사고 및 이탈자 예방에 세심한 주의를 해야 한다.

관광지 내의 공연장소 등에 입장할 때는 세심한 주의를 기울여서 안전사고 및 이탈자 예방에 만전을 기해야 한다.

관광지 내의 공연 장소에서는 많은 관람객들로 붐비게 되므로 안전사고가 많이 일어날 수 있고 단체대열을 벗어난 이탈자들이 발생할 소지가 높다. 따라서 TC는 단체여행객들의 신변안전 및 인원파악에 보다 세심한 주의를 기우려야 하며, 만약에 이탈자 발생을 대비하여 다음 집결지에 대해 늘 상세하게 알려주어야 한다.

(5) 관광을 할 때 인솔자는 단체의 가장 뒤에서 안내하여야 한다.

관광지에서 단체여행객들이 이동하면서 관광을 할 때 현지가이드는 맨 앞에서 단체를 안내하고 인솔자는 단체의 가장 뒤에서 여행객들의 이탈자가 있는지 등의 동향을 살피거나 전체의 인원파악 및 통제를 하면서 인솔하는 것이 일반적이다.

2) 식당에서의 행동요령

(1) 식당의 위치 및 식사의 계획을 사전에 알려준다.

여행지에서의 거리 및 소요시간 등을 미리 파악하여 인솔여행객들에게 식사시간 및 식당의 위치를 여행 중에 간략하게 알려주고, 또한 식사의 종류가 한식, 현지식인지를 알려준다. 만약 특별식이라면 구체적으로 어떤 것인지에 대해 알려준다.

(2) 단체여행객들에게 사전에 식사의 범위에 대해 명확하게 설명한다.

일반적으로 미리 작성된 여행조건에 명시되어 있으나 다시한번 개인적으로 주문하는 술과 음료는 개인부담이라는 것 설명해야 한다.

(3) 고급레스토랑에서 식사를 할 경우 준비해야 할 복장에 대해서 사전에 알려준다.

(4) 식사를 선택하게 되는 경우 여행객들의 취향에 맞도록 결정한다.

(5) 식사가 나올 때까지 여유 있게 기다리고, 식사는 천천히 하도록 권유한다.

한국 사람은 대체로 성급해서 자리에 앉자마자 "빨리 빨리"를 외치는 사람이 많다. 그리고 다른 민족에 비해 식사시간이 너무 빠르기 때문에 식사의 문화도 이럴 때 배워보는 것도 여행의 경험이다.

(6) 식사 후 적당한 액수의 팁을 놓고 가도록 일러둔다.

식사요금에 봉사료(service charge)가 포함되어 있는지의 여부를 미리 확인한 후에, 여행객들로 하여금 식사 후에 적당한 액수의 팁을 놓고 가도록 사전에 전달해 두어야 한다.

(7) 식사가 끝나갈 때 계산서를 미리 받아둔다.

식사가 끝날 무렵 인솔자는 계산서를 미리 받아서 개인적으로 주문한 술, 음료수대를 해당 여행객들로부터 수금하도록 조치해야 한다. 그렇지 않으면 여행객들은 모두 자리를 떠났을 경우, 인솔자가 고객에게 대금을 받아내기가 어렵기 때문이다.

3) 쇼핑안내를 할 때의 주의사항

(1) 쇼핑 횟수와 시간을 미리 조정해야 한다.

현지가이드와 쇼핑의 횟수와 소요시간을 사전에 상의하는 것이 좋다. 쇼핑센터를 자주가면 견물생심이라 쇼핑을 많이 할 것을 기대하지만 그렇지 않다. 예전과 달리 매스컴 등의 영향으로 현지가이드와 쇼핑상점에 대한 불신의 벽이 의외로 높다는 것을 명심해야 한다. 여행불평불만의 대부분이 과도한 쇼핑이 원인이라는 사실을 알고 있어야 한다. 그러나 건전한 쇼핑은 즐거움이다. 쇼핑은 관광지 및 식당, 호텔부근으로 선택하는 것이 좋고 관광지의 방문 직후나 식사시간의 전후, 일정이 끝나고 돌아오는 길에 잠깐하는 것이 바람직하다. 또한 쇼핑으로 인해 일정에 차질을 주어서는 안 된다는 것을 명심해야 한다.

(2) 쇼핑하는 것을 절대로 강요하지 말아야 한다.

TC는 고객이 원하지 않는 한 쇼핑을 해서는 안되며, 그들이 원할 때까지 기다리는 것이 바람직하다. 아울러 인솔여행객들이 쇼핑을 요청했을 경우라도 여행의 주요목적은 관광이라는 것을 누누이 강조하고 여행일정에 차질을 빚지 않는 범위 내에서 쇼핑을 하도록 합리적으로 설명한다.

(3) 쇼핑안내에 대한 설명을 해야 한다.

쇼핑을 하기 전에 쇼핑센터 앞에서 인솔여행객들을 한 곳에 모아 놓고 다음과 같은 설명을 해야 한다.

√ 외화낭비에 따른 과다한 쇼핑의 자제를 언급한다.

√ 쇼핑은 자신의 판단으로 물건을 사고, 결과도 자신이 책임져야 한다는 것을 조언하고 현혹되어 무모하게 물건을 구매하지 말라는 것을 당부한다.

√ 쇼핑시간 한도시간과 모이는 장소를 명확히 언급해 준다.

√ 현지국가의 특산품을 간단하게 소개하고 구매추천 상품과 구매하지 말아야 하는 상품을 설명해준다.

√ 구입물품에 대한 면세통관의 범위를 알려주고, 통관금지 물품에 대해서도 간략하게 설명해 준다.

√ 유럽지역의 면세품은 부가가치세의 환급에 대한 안내와 절차를 설명해준다. 특히 쇼핑상점으로부터 "면세쇼핑전표"를 반드시 받아야 한다는 것을 설명한다.

√ 유명한 면세점(DFS-Duty Free Shop) 이용시 면세용품카드에 대해 설명한다.

√ 일반상점에서는 방문시 배지 및 스티커를 쇼핑이 끝날 때까지 부착하도록 일러둔다. 이는 구매자의 소속을 확인해 주는 역할을 하여 차후 쇼핑정산시 필요하기 때문이다.

(4) 인솔자 자신부터 과다한 쇼핑을 자재해야 한다.

일부 인솔자들은 여행출발 전에 가까운 주변으로부터 물건구입 부탁을 받는 경우가 있는데 이러한 이유로 인솔자의 과대한 쇼핑은 때때로 고객들로 하여금 불평(complaint)의 원인이 될 수 있다. 또한 인솔자의 과다한 쇼핑으로 귀국시 감시대상자(black list)로 분류되어 차후 귀국시마다 정밀검사를 받게 되면 인솔자로서는 치명적인 타격을 입게 된다.

(5) 여행객들의 요금계산을 도와주도록 한다.

여행객들이 쇼핑을 할 때 접근하여 물건을 구매하도록 권유하거나 강요해서는 안 된다. 그러나 여행객들이 현지화폐에 익숙하지 않으므로 물건 값을 지불할 때 인솔자가 계산대 옆에서 금액 및 거스름 돈 등이 맞는지를 확인해 주는 것은 바람직하다.

(6) 여행객들이 구매한 물건에 대해 평가하지 말아야 한다.

일부 여행객들은 자신이 구매한 물건들을 인솔자에게 잘 구매했는지를 등을 질문하는 경우에 있다. 이때 그 물건에 대해 함부로 평가하지 말아야 한다. 극단적인 표현으로 "잘 샀다, 정말 좋다" 또는 "잘못 구매했다, 가짜다, 나쁘다"한다면 어떠한 대답을 한다하더라도 좋은 이미지를 갖지 못함으로 가급적이면 긍정적이면서 일상적인 대답을 하는 것이 바람직하다.

(7) 쇼핑상점의 주인과 인사는 나누되, 너무 가깝게 이야기하지 말아야 한다.

일반적으로 소규모의 쇼핑상점을 방문하면 현지가이드가 그 상점주인과 인솔자를 인사시키는 경우가 많다. 간혹 예전에 알고 있는 사람도 있는데 이때 상점주인과 아주 친한 사이처럼 대화하거나 오랫동안 그 장소에 있게 되면 예민한 여행객들로 하여금 오해를 받을 소지가 많기 때문에 가능하면 가볍게 인사하고 그 장소를 피하는 것이 좋다.

(8) 쇼핑센터 주변의 잡상인의 사기행각에 주의하도록 권고한다.

인솔자는 단체여행객들에게 가급적이면 잡상인들과 상대하지 말라고 사전에 권유해야 한다. 그래도 물건을 구입하였을 때는 거스름돈을 받을 때 인솔자나 현지가이드를 불러서 현지화폐에 대한 확인을 받도록 해두어야 한다. 대부분이 조잡한 상품이나 거스름돈을 지불할 때 속이는 행위를 한다는 것을 명심해야 한다.

(9) 쇼핑을 많이 한 고객과 그렇지 않은 고객을 차별대우해서는 절대 안 된다.

사소한 일이지만 쇼핑을 많이 한 고객들을 인솔자나 현지가이드가 잘 대하는 경우가 때때로 있다. 이는 아주 위험한 행동이다. 지금의 여행객들은 여행 중에 일어나는 일들에 있어 아주 민감하고 이러한 인솔자의 사소한 감정표현은 인간성에 대한 문제로 평가받을 수 있다. 그러므로 인솔자는 쇼핑관광의 진정한 의미를 절대로 금전적으로 계산해서는 안 되며, 단체여행객들이 편파적인 차별대우를 하고 있다는 생각을 하게 된다면 아무리 열심히 인솔하여도 신뢰하지 못하고 차후에 여행평가에 크나큰 오점을 남길 수 있다는 것을 반드시 명심해야 한다.

(10) 쇼핑 문제로 현지가이드와 다투지 말아야 한다.

간혹 여행객들이 있는 장소에서 쇼핑문제로 현지가이드와 언쟁을 하는 경우가 있다. 이는 여행객들의 입장에서 볼 때는 보기 흉한 모습임에 틀림없다. 따라서 가능하면 여행객이 보이지 않은 장소에서 해결하고 특히 금전적인 문제와 관계되는 일들은 구매영수증 등과 같은 근거자료의 제시 등으로 합리적으로 해결하는 것이 현명할 것이다.

4) 자유 시간에 행동요령

√ 단체여행객들은 정해진 모든 일정이 끝나면 개인적인 시간을 갖게 된다. 아울러 인솔자도 개인적인 신변정리와 다음날의 일정에 대비해서 준비하는 등으로 시간을 보내거나 충분한 휴식을 취하는 시간을 가져야 한다. 그러나 개인적으로 무리하게 술을 마시는 것은 피하는 것이 좋다.

√ 인솔자는 자유 시간에도 가능하면 단체여행객들의 동정을 살피면서 그들이 원하는 정보나 필요한 사항이 있을 때에는 신속하게 서비스를 제공하여야 한다. 그리고 고객들의 취향과 기호 등을 파악하여 자유 시간에 유익하게 시간을 보낼 수 있는 정보를 사전에 제공해주는 것도 좋은 방법이라 하겠다.

√ 단체여행객들이 원하지 않는 이상 가급적 개입을 삼가는 것이 좋다. 다만 주변의 지리적 위치에 대한 설명 및 안전사고의 방지를 위한 주의사항 등을 일러 둘 필요는 있다. 특히 호텔 밖으로 외출할 때 반드시 투숙호텔 명함을 항상 소지하도록 당부해 놓을 필요는 있다.

√ 간혹 여행객들이 인솔자와 동행하여 외출을 원할 경우에는 다수의 여행객들이 참여하는 쪽으로 동행하는 것이 바람직하며, 소수의 여행객들과의 동행은 가급적 삼가는 것이 좋겠다.

√ 인솔자는 자유 시간에 단체여행객들에게 선택관광에 대하여 설명해 줄 수 있는데, 그들이 원하지 않는 한 절대로 강요해서는 안 된다.

5) 선택관광시 행동요령

일반적으로 정상적인 패키지여행에 있어서 선택관광은 정해진 일정이 모두 끝나고 남은 시간이나 저녁 이후의 야간시간에 이루어지는 것이 타당한 일이다. 그러나 여행 일정상 자유 시간을 포함시켜 정상적인 시간에 선택관광을 실시하는 경우가 많은 것이 현실이다.

적절한 선택관광은 관광의 가치를 높이고 그 나라가 아니면 할 수 없는 선택관광은 단체여행객이 원한다면 하는 것이 좋다. 이러한 선택관광은 고객의 만족을 배가하고 인솔자 입장에서도 수입이 생겨 좋다. 그러나 지나친 선택관광은 단체여행객들에게 불만을 높이게 될 뿐만 아니라 여행전반에 불신으로까지 확대될 가능성이 높다.

따라서 이러한 상황을 충분히 고려하여 인솔자가 취해야 할 선택관광을 추천하는 요령을 살펴보면 다음과 같다.

√ 팀의 건강상태나 기호를 파악하여 적절한 시기에 권하는 것이 좋다.

√ 지나치게 권해서는 안 된다.

√ 관광이 재미있고 흥이 났을 때 하는 것이 좋다. 일정 이외의 관광임으로 여행객들의 자발적인 의사에 따라 결정할 사항임으로 인솔자의 강요에 의해서 결정되어서는 안 된다.

√ 자유시간이 많을 때 실시하는 것이 좋다.

√ 나이트투어는 일정 중 한번 정도 하는 것이 좋다.

√ 나이트투어는 일정 중 한번 정도 하는 것이 좋고 가능하면 일정 중간정도에 하는 것이 좋다. 팀 칼라에 따라서 선택을 하되 가능하면 남자·여자가 함께 할 수 있는 이색적인 나이트 투어를 하는 것이 효과적이다.

√ 호기심이 많은 고객(회장, 총무)에게 선택관광에 대한 설명을 사전에 하라.

√ 여러 가지의 옵션투어가 있을 때, 가급적 한쪽으로 의견통일을 시키는 것이 인원

통제 상 바람직하다. 극소수의 여행객만이 참가할 경우 다음날로 연기해 보는 것
도 좋다.

√ Night tour를 할 경우, 향락장소가 많다. 그러므로 인솔자는 가능하면 술을 많이
먹는 장소나, 낮 뜨거운 장소는 가급적 TC는 동행하지 않는 편이 좋다.

√ 야간관광은 고객들의 건강과 다음날 일정을 위해서 너무 늦게까지 하는 것은 바람
직하지 않다.

√ 야간 선택관광 비용은 현지가이드, TC의 비용이 포함되어 있기 때문에 생각보다
저렴하지 않다는 것을 솔직하게 말해주는 것이 바람직하다.

3 교통수단에 따른 수행업무

1) 버스여행(Bus tour. Coach tour)시 수행업무

현지에서 단체여행객들이 가장 많이 이용하게 되는 교통수단이 바로 버스여행으로
일명 "코치투어"(coach tour)라고도 불린다.

버스여행은 시내관광 뿐만 아니라 유럽이나 미주의 장거리 여행시 대형버스를 주로
이용하게 된다. 대형버스는 화장실이 있으나 긴급한 상황이 아니면 가능하면 자제하는
것이 바람직하다. 대형버스관광의 경우 많은 시간을 버스 안에서 보내게 되므로 좌석
의 위치는 매우 중요하다. 좌석의 여유가 많을 경우에는 상관없지만 일주일 이상을 같
은 위치의 좌석에 앉게 되는 경우 좌석이 불편하거나 할 때는 규칙적으로 교대하여 좌
석을 앉을 수 있도록 인솔자는 사전에 공지해둘 필요가 있겠다. 수시로 좌석을 일정한
방향으로 재배치한다면 고객들의 불만을 해소할 수 있을 것이다.

버스관광에서는 한정된 지역만 안내하는 현지가이드(local guide)와 전 일정을 여행객
들과 동행하면서 안내하는 전 일정 가이드(through guide)가 있다. 여기에서는 현지가이
드 없이 인솔자가 독자적으로 수행하는 업무에 대해 살펴보면 다음과 같다.

√ 출발 전에 운전기사와 버스의 출발시간, 버스의 이동경로, 중간 휴식의 장소, 목적

까지의 소요시간 등을 협의해야 한다.

√ 단체여행객들에게 협의한 사항들을 사전에 설명해 주고 장거리 여행 중 다른 나라의 국경을 통과할 경우에는 여행객들의 여권의 제시를 요구할 수가 있으므로 여행객 각자가 미리 준비하도록 일러둔다.

√ 버스여행은 이동하면서 관광을 겸하는 특성이 있으므로, 인솔자는 사전에 관광지도나 안내책자 등을 통하여 버스관광 중 지나가는 위치의 관광지, 도시, 주변의 경관 등을 파악하여 버스이동 중에 단체여행객들에게 설명할 수 있어야 한다.

√ 버스이동 중에 방문하게 될 지역이나 나라에 대한 일반적인 여행관련정보 외에 그 나라의 역사, 문화 및 특이한 풍습 등에 대해서도 설명해 주는 것도 좋다.

√ 버스관광은 일반적으로 장시간이 소요되기 때문에 차내에서 잠을 자거나 휴식을 한다고 해도 지루한 경우가 많다. 따라서 인솔자는 여행객들이 지루하지 않도록 재미있게 안내 및 설명을 하는 등 융통성 있게 시간을 배분하여야 한다.

√ 패키지여행의 경우 서로를 잘 모르는 여행객들이 많으므로 인솔자는 차내의 마이크를 넘겨가면서 각자의 자기소개와 함께 인사하는 시간을 갖는 것도 좋은 방법이다.

√ 수시로 단체여행객의 건강상태를 확인하고 만약에 건강에 이상이 있는 여행객을 발견하게 되면, 준비하고 있는 구급약 등을 제공하고 심리적 안정을 취하도록 해야 한다.

√ 장거리 버스관광시 안전운행 및 여행객들의 건강을 위해 약 2시간의 간격으로 휴식시간을 갖도록 하는 것이 바람직하다. 휴식시간을 가질 때는 반드시 출발시간 및 차량에 관한 안내를 해서 일정에 차질이 생기지 않도록 해야 한다.

√ 인솔자는 버스의 승·하차시 항상 여행객들의 인원파악을 해야 하는 것은 당연하고 수시로 수하물도 확인해야 한다.

2) 철도여행(train tour)시 수행업무

철도여행(train tour)은 나라별로 차이가 있지만 일반적으로 유럽지역이 가장 발달되어 있다. 유럽의 철도는 도시에서 웬만한 시골까지 거미줄처럼 연결되어 있고, 국경통과시에도 멈추지 않고 열차 내에서 간단한 여권 및 세관검사만을 행한다.

유럽에서는 영국과 프랑스를 오가는 유로스타(euro star)라는 고속열차와 프랑스의 떼제베(TGV: Train a Grande Vitesse), 독일의 이체(IC: Intercity Train)같은 초고속열차, 일본의 신칸센, 미국의 암트랙(AMTRAK), 러시아의 시베리아 횡단열차, 그리고 유럽도시열차(EC: Euro city Train) 등이 있다.

이와 같이 유럽이나 미주지역 등에 철도여행을 많이 하는 이유는 항공여행은 탑승수속 및 대기시간이 많이 소요되지만 철도여행이 탑승수속이 간단하고 하차지점이 도심지에 역이 있기 때문에 목적지까지의 소요시간이 절약됨으로 많이 이용하는 교통수단이다. 다음은 유럽의 철도여행을 기준으로 한 인솔자의 철도여행시 수행업무에 대해 살펴보도록 한다.

√ 승차할 역명 및 하차할 역명, 열차의 출발시간 및 도착시간, 플랫폼 및 열차의 번호, 열차의 구조 및 차량 편성 등을 미리 확인해야 한다.

√ 여행객들에게 위의 사항들을 설명하고 주의사항과 국경통과시 수속과정에 대해서 간략하게 설명한다. 국경이 가까워지면 세관원이나 입국심사관이 열차 안을 돌아다니면서 여권을 심사한다. 일행에게 여권을 제시할 수 있도록 준비시키고 입국심사관이 오면 단체의 인원수를 통보한다. 물론 공항에서의 심사보다는 까다롭지 않으므로 간단하게 통과할 수 있다.

√ 단체승차권의 경우 A4 크기의 종이가 한 장 있다. 이것은 단체예약에 따른 일종의 증명서로서 열차의 경로·운임·인원수 등이 기재되어 있다. 이 증명서와 함께 Control card(통제카드)가 있는데 이것이 승차권이다. 통제카드는 인원수보다 한 장이 부족한데 이 통제카드(control card)가 또 다른 한 장의 승차권이라는 것을 명심해야 한다. 처음 철도여행을 하는 사람들은 종종 승차권이 한 장이 부족한 것으로 잘못이해하고 잊어버린 것이 착각하는 경우가 있다. 이 Control card는 여행객에게 배부하지 말고 인솔자가 소지하고 있다가 검표시 증명서와 함께 열차승무원에게 제시하면 된다.

√ 승차시 인솔자는 인원파악 및 수하물의 개수를 반드시 확인한 후 좌석예약을 근거

로 여행객들을 해당좌석까지 안내하면 된다.

√ 외국의 철도는 우리나라와 달리 열차의 발차신호가 없으므로 인솔자는 열차 출발 직전에 열차에서 내리는 일이 없도록 당부해야 한다.

√ 철도여행 중 식사를 할 경우, 인솔자는 식당차(Dinning car)에서 식사를 할 것인지 아니면 도시락(Lunch box)으로 할 것인지를 사전에 파악하여 조치하여야 한다. 즉 식당차에서 할 경우에는 식당 담당자와 미리 시간과 인원을 확인하고 도시락으로 할 경우에는 어디에서 수령할 것인가를 역무담당자를 통하여 사전에 확인해 두어야 한다.

√ 유럽의 열차 내에서는 도난사고가 자주발생 함으로 소지품에 대한 주의사항을 알린다. 특히 침대차(wagon-lit)를 이용할 경우 열차객실의 문단속을 철저히 하도록 알린다.

√ 인솔자는 여행객들의 탑승하고 있는 객차 내를 자주 돌아보면서 일행의 건강상태를 수시로 확인하여야 한다.

√ 여행 중 관광지를 지날 경우에는 간략하게 설명해줘야 한다.

√ 열차가 목적지 종착역 도착예정시간 30분 전에 하차준비를 해야 한다. 미리 준비하지 않으면 동시에 많은 승객이 내리게 될 경우 복잡함으로 주의해야 한다. 그리고 도착하기 전에 열차의 차장(conductor)에게도 미리 말해두어 목적지 역을 지나치지 않도록 특히 주의해야 한다. 일행들에게도 하차준비를 하도록 하고 열차에 두고 내리는 물건이 없도록 주지시킨다. 아울러 하차시에도 승차시와 마찬가지로 수하물의 개수와 인원을 반드시 확인해야 한다.

3) 선박여행(cruise tour)시 수행업무

선박여행(ship tour)은 최근에는 대형 유람선형태의 여행으로 크루즈관광(cruise tour)이라 불린다. 크루즈는 바다 위를 움직이는 고급호텔이다.

지중해, 에게해, 남미 등에서는 크루즈 관광이 다양하게 이루어지고 있다. 최근에 우리나라도 인천에서 중국, 부산에서 일본으로 페리 등을 이용하여 준 크루즈여행을 하고 있는 실정이다. 이러한 크루즈여행시 수행하는 업무를 살펴보면 다음과 같다.

√ 선박여행을 하기 전에 기본지식을 습득하고, 승선 및 하선할 장소(name of port), 선박명 및 정박위치, 승선시간 및 하선시간, 선박의 구조 및 선실(Cabin)의 위치 등 확인하여야 한다.

√ 승선시간은 대개 선박의 출항 2시간 전부터 시작하므로, 가능하면 일찍 도착하여 승선수속을 해야 한다. 승선수속은 공항의 출국수속과 유사하다

√ 승선수속 전에 미리 인솔자는 승선수속의 과정 및 요령 등을 간략하게 설명한다.

√ 승선하여 선실배정이 끝나면, 사무장(purser)과 인사하고 긴밀한 협조부탁을 한다.

√ 직원(staff)이나 승무원(steward)들로부터 선내의 편의시설에 대한 영업 일람표, 행사예정표 등을 입수하여 고객에게 설명한다. 선상에서의 행사들로는 환영파티(welcome party), 환송파티(farewell party), 선장주최의 칵테일파티(Captain's cocktail party), 댄스파티(dance party) 등의 공식파티가 있는데 이때에는 사전에 정장을 준비하도록 일러두어야 한다.

√ 선박여행 중 도중에 어느 국가의 한 지점에서 입항하여 관광하고 그 국가의 다른 지점에서 출항 때까지의 육상관광을 육상통과관광(Overland tour)이라 말한다. 이때는 육상통과허가증(overland pass)을 취득해서 하면 된다.

√ 선박여행 중 일시적으로 관광지 인근에 하선하여 관광하는 것을 기항지관광(shore excursion)이라 말한다. 이때에는 상륙허가증(shore pass)을 미리 받아야 한다. 기항지 관광시에는 반드시 출항시간과 부두번호(pier number)를 사전에 주지시켜 출항시간에 늦지 않도록 해야 한다.

√ 하선수속도 공항수속과 유사하다. 입국심사를 하고 세관을 통과하면 된다. 보통 검역은 선내에서 미리 받게 되는데, 검역관이 승선하여 선내에서 검역(quarantine)을 실시하고 세관검사를 받게 된다. 세관통과시에는 본인의 수하물을 확인시키고 직접 운반해야 한다.

4 특별단체에 따른 수행업무

일반적인 패키지단체와는 달리 특별단체는 기업이나 법인 및 각종 단체·협회 등을 모체로 하여 조직된 여행으로 단체조직형 여행형태이다. 이러한 단체는 참가자끼리 여행에 참가하기 전에 어떤 관계가 있는 것으로 주로 산업시찰(technical visit) 및 단기연수(short term training), 문화 및 학술행사(cultural and academic events) 등의 특별여행(special tour)에 있어서 국외여행인솔자가 수행해야 할 업무이다.

1) 산업시찰(Technical visit)의 수행업무

산업시찰(technical visit)이란 산업체 견학, 산업관련 박람회 및 전시회 등에 참관하는 것을 말한다.

√ 산업시찰 관련 단체의 기본적인 내용 및 성격을 파악한다. 아울러 해당 업체와 관련된 기초지식을 습득해야 한다.

√ 관련된 자료들을 미리 확보하여 전문용어들을 미리 습득하고 정확한 정보를 입수해 두어야 한다.

√ 시찰할 산업체로부터 정상적인 허가를 받았는지 반드시 확인해야 한다. 그리고 차량 및 식사제공의 여부, 공식행사의 개최여부 등을 사전에 점검해야 한다. 사진촬영 여부도 사전에 허가를 필해야 한다.

√ 시찰이 허가를 받았을 경우, 사전에 약속(appointment)된 시간을 반드시 지키도록 해야 한다.

√ 대형박람회·전시회의 경우에는 기본적으로 현지의 전시장소·전시기간·전시품목·입장료 등을 사전에 파악하여야 한다. 이러한 행사시에는 개최 장소에 가장 가까운 숙박지의 확보가 관건이다. 외국에는 1년 전에 미리 예약하는 것이 관례이다.

√ 박람회장·전시회장의 입장시에는 반드시 재집결 장소와 시간을 정확하게 알려주어야 한다. 대형행사장에는 입구와 출구가 다를 경우가 있으므로 특히 주의시켜 줘야 한다.

√ 현지통역을 원할 경우 공식적인 행사를 제외하고는 무료로 해주는 것은 바람직하지 않다. 현지여행사를 통해 전문통역사를 수배하여 적정한 비용을 청구하는 것 바람직하다.

√ 산업시찰 중에도 종종 현지의 선택관광(option tour)을 하는 경우가 있다. 물론 산업시찰이라는 본래의 성격이 훼손되지 않는 범위 내에서 하는 것은 바람직하다. 그러나 참관객들의 자발적인 동의 없이 인솔자의 강요에 의해서 행해서는 안 된다.

2) 단기연수의 수행업무

단기연수(short-term training)는 정해진 짧은 기간 동안 기술·지식 등을 습득하기 위하여 훈련이나 연수교육을 받을 목적으로 하는 여행을 말한다. 따라서 인솔자는 단기연수의 목표가 극대화할 수 있도록 최대한의 배려를 아끼지 말아야 한다. 단기연수 여행시 수행업무를 살펴보면 다음과 같다.

√ 우선 연수주최자(training organizer)로부터 연수의 기본적인 내용들을 파악하여야 한다. 즉 연구기관명, 연수기간·연수장소·연수내용 등을 사전에 파악하여야 한다.

√ 연수는 대부분 방문지 연수기관에서 하는 것이 대부분이지만 가끔은 별도의 숙박지의 선정하는 경우도 있으므로 사전에 정확하게 파악하여야 한다. 연수기관에서 하는 경우 운송차량의 제공여부 등도 사전에 점검해야 한다.

√ 연수기관에서 정해진 일정의 연구일 경우에는 연수 참가자들에게 시간을 엄격히 준수하도록 하고 가급적이면 개별행동을 삼가도록 해야 한다.

√ 단기연수는 일반적으로 많은 인원들이 참가하기 때문에 인솔자는 통제하기가 거의 불가능함으로 참가자들을 몇 개의 조로 나누어 각 조마다 조장(chief)을 뽑아서 대리통제를 하도록 사전에 치밀하게 계획하여 실시하여야 한다.

√ 인솔자는 해당 연수기관에서 수료증 등 증명서의 발급여부를 확인하여 이를 참가자의 통제수단으로 활용하는 것도 좋은 방법이다.

√ 일반적으로 연수의 종료 후 현지의 답사여행을 하는 경우가 많으므로 사전에 인솔자는 이에 대한 예약확인을 하는 것이 바람직하다.

√ 귀국일이 다가오면 최소 3일전에 인솔자는 연수 참가자들의 귀국항공편에 대한 예약재확인(reservation reconfirm)을 반드시 해야 한다.

√ 단기연수는 대부분이 인원이 많으므로 늘 긴장하여야 하고 특히 안전사고가 발생하지 않도록 만전을 기하도록 해야 한다.

√ 인솔자는 연수주최자 및 연수기관 측과 긴밀한 협조관계를 유지하여야만 하나 약속불이행에 따른 보상 문제가 발생할 경우 그 책임의 소재를 명확히 가려서 대처해야 한다.

3) 문화 및 학술행사의 수행업무

문화 및 학술행사(cultural and academic events)는 문화 및 학술에 관련되어 행해지는 행사로서 주로 발표회·집회·세미나 등의 행사에 참석하는 것을 말한다. 이러한 문화행사에 참석하는 사람들은 대개 전문직 종사원이거나 지적 수준이 높은 사람들이 많다.

√ 인솔자는 문화 및 학술행사의 성격을 파악하고 관련 자료들을 바탕으로 기본적인 내용을 습득해야 한다.

√ 문화 및 학술행사는 대부분 개최하기 전에 사전등록을 해야 하는 경우가 많으므로 인솔자는 사전에 이를 반드시 확인하고 적절한 조치를 취해야 한다.

√ 대규모의 문화 및 학술행사의 개최시에는 대부분 숙박지와 행사장간에 셔틀버스(shuttle bus)가 운행되므로 인솔자는 사전에 이에 대한 정보를 입수하여 참가자들에게 알려 준다.

√ 인솔자는 현지의 주최자 측 사무국과 긴밀한 연락을 취하여 세부적인 일정표를 포함한 관련서류들을 인수하여 참가자들에게 배부해주도록 한다.

√ 문화 및 학술행사에 관련된 리셉션파티(reception patty)가 열리는 경우에는 사전에 인솔자가 참가자들에게 날짜·시간·장소 등을 정확하게 알려주도록 한다.

√ 대규모의 문화 및 학술행사의 개최시에는 현지의 주최 측에서 행사 전·후의 관광(pre & post-events tour)을 정규 프로그램에 포함시켜 등록하는 경우가 종종 있다. 따라서 인솔자는 이러한 상황을 충분히 고려하여, 현지의 선택관광(option tour)의 판

매에 신중을 기해야만 한다.

√ 행사기간에는 인솔자가 참가해야 할 경우는 별로 없으므로 인솔자는 대기하게 될 장소 및 연락처를 참가자들에게 사전에 알려 주어 필요시 연락을 하도록 한다.

√ 행사기간 중에 참가자들 중에 개인행동을 원할 경우에는 반드시 사전에 인솔자에게 알려 주도록 당부하여 인원파악에 차질을 초래하지 않도록 해야 한다.

√ 인솔자는 참가자들에게 약속한 사항은 반드시 지켜야 하고, 변경된 사항은 그 즉시 알려서 클레임(claim)이 발생하지 않도록 해야 한다.

5 여행 중 사고대책과 긴급처리업무

단체여행행사의 진행 중에 각종 사고에 접했을 때 대처능력은 유능한 인솔라면 당연히 숙지하고 신속하게 대처해야 한다. 사고발생시 대처능력은 인솔자의 순발력과 기본적인 업무지식에서 나온다. 그러므로 인솔자는 여행관련 사고를 최소화함으로써 여행자와 계약이 잘 이행될 수 있도록 해야 한다.

사고 중 가장 많이 일어나는 것이 도난사고라 할 수 있다. 도난사고는 당하고 난 뒤에 거의 대책이 없다. 그러므로 도난을 당하지 않도록 사전에 대비하는 것이 가장 현명한 방법이다. 그러나 아무리 주의하여도 사고는 일어나기 쉬운 것이다. 즉 천재지변, 전란, 파업, 교통사고, 항공기의 결항 등등 많은 사고가 일어날 가능성이 있다.

본서에서는 해외여행 중 발생할 수 있는 예기치 못한 사고 및 사태에 대비하여 그 예방적 차원에서의 대비방법 및 사후의 적절한 처리업무에 대해서 살펴보도록 한다.

1) 사고 및 긴급사태에 대한 자세와 행동요령

단체를 인솔하고 여행일정을 관리하다 보면 여러 가지의 원인으로 사고가 발생할 경우가 많이 있다. 물론 아무런 사고가 발생하지 않으면 좋겠지만 간혹 일어나는 사고에 대한 대처능력은 유능한 인솔자인가 아닌가의 척도가 되기도 한다. 그러므로 인솔자는 이러한 사고방지를 위해 만전을 기하는 것이 가장 중요한 업무 중 하나이다. 사고 발생시에는 신속하고도 적절한 조치를 함으로써 여정관리자로서의 직분을 원활하게 수행하는 것이고 또한 단체여행객들에 믿음을 줄 수 있도록 최선의 노력을 다해야 할 것이다.

다음은 만일의 사고 및 긴급사태에 대비하여 인솔자가 기본적으로 숙지해야 할 내용과 행동요령이다.

(1) 사전예방에 대한 준비

√ 현지 여행사의 비상연락망 및 재외 한국공관의 연락처를 알고 있어야 한다.

√ 여행객들에게 위험요소에 대한 주의사항과 정보를 수시로 제공해야 한다.

√ 여행객의 인원 및 수하물 개수를 수시로 확인해야 한다.

√ 단체여행객의 건강 및 안전 상태를 수시로 체크해야 한다.

√ 예약 및 예약 재확인을 철저하게 수행해야 한다.

√ 현지의 관련법규의 숙지 및 준수를 철저하게 해야 한다.

(2) 사고발생시 수습을 위한 행동요령

√ 침착하고 냉정하게 임기응변을 발휘한다.

√ 시간적 여유가 없을 경우 인솔자 자신의 판단에 의한 1차적 조치를 한다.

√ 소속여행사의 책임자에게 신속정확하게 보고하고 지시에 따른다.

√ 현지여행사 및 재외공관, 현지경찰에게 도움을 요청한다.

√ 단체여행객들의 동요방지 및 협력을 요청한다.

√ 단체여행객들의 이익보호와 회사의 손해방지를 고려한다.

√ 소속여행사 및 자신의 면책사항을 확인한다.

√ 상대측의 의무불이행 부분을 확인하고 당사의 권리를 최대한 주장한다.

√ 정확한 상황파악과 증거물을 확보해야 한다.

√ 최선의 대책을 수립하여 적극적이고 신속하게 실행한다.

2) 사고 사례별 대처요령

(1) 항공기의 출발이 지연되는 경우

√ 신속하게 원인을 파악하여 여행객들에게 상황을 설명하고 안심시켜야 한다.

√ 2시간 이상 지연될 경우 인솔자는 해당항공사 카운터로 가서 적절한 보상대책을 요구하고, 항공사측에서 여행객에게 직접 해명하도록 요청해야 한다. 만일에 수습이 늦어질 경우에는 해당항공사의 책임자를 찾아서 강력하게 항의하여 대책 마련에 적극적으로 시도하여야 한다.

√ 본사 또는 현지여행사에 연락하여 가장 적절한 항공일정을 잡아야 한다. 특히 귀국편이 지연될 경우에는 본사에 연락하여 출발이 지연되는 상황설명과 함께 여행자 가족들에게 연락을 하도록 해야 한다.

√ 사태가 수습되면 새로운 항공일정과 도착시간을 알려준다.

(2) 파업(strike) 등으로 지정 항공편의 탑승이 불가능한 경우

√ 해당 항공사에 요청하여 다른 항공편으로 'Endorsement'(타 항공사로의 교체에 승낙한다는 이서)가 가능한지 확인한 후 가능하다면 조치를 받고, 다음 행선지에 즉시 연락하여 변경된 항공편명 및 도착시간 등을 자세히 알려주도록 한다.

√ 만일 엔도스먼트(endorsement)가 불가능하다면 해당 항공사에 적절한 대책을 강구해 주도록 요구하고, 받을 수 있는 최대한의 편의를 제공받도록 노력해야 한다.

√ 당일 항공편 연결이 불가능할 경우에는 다른 대체 교통수단(버스, 기차, 선박 등)이 가능한지를 신속하게 확인해야 한다.

√ 위의 상황도 불가능할 경우 가장 빠른 시일 내에 연결 가능한 항공좌석을 확보하고 이에 따른 변경사항을 다음 목적지 및 본사에 통보하고 적절한 대책을 강구하도록 해야 한다.

√ 여행일정에 대한 변경은 원칙적으로 여행객들의 동의가 있어야만 가능하지만, 위와 같은 불가피한 경우에는 인솔자가 잘 이해시켜 협조를 구하도록 한다. 참고로 항공

사측의 일방적 변경에 의한 책임은 여행업 약관상으로 여행사의 면책사항에 해당되지만, 인솔자는 여행객들에게 이해하기 쉽게 설명하여 납득이 되도록 한다. 또한 변경에 수반되는 추가요금의 부담은 사전에 여행객들의 확실한 동의를 얻지 못하면 차후에 큰 문제가 생길 수 있으므로 인솔자는 이를 지혜롭게 대처해야 한다.

√ 인솔자는 항상 인솔여행객들의 피해를 최소화하도록 노력해야 하고 소속 여행사에 대해서도 이미지 손상 및 금전적 피해가 최소화되도록 적극적으로 노력해야 한다.

(3) 위탁수하물의 분실 또는 파손이 되었을 경우

√ 수하물의 분실은 다른 항공기에 탑재된 경우, 목적지가 잘못된 경우, 수하물의 이름표가 파손된 경우, 항공 연결편 잘못으로 다른 지역으로 운송된 경우, 탑승자들에 의한 오인으로 잘못된 수취 등으로 분실할 경우가 있다. 이때 분실된 수하물인 환증과 항공권을 가지고 수하물분실신고센터(lost & found)에 가서 소정의 서식인 수하물사고보고서(PIR-Property Irregularity Report)를 작성하여 제출한다. 1부를 수령하여 보관한다.

√ 수하물의 회송을 위하여 체재호텔 및 여정 등을 상세하게 알려주어 여행 중 에도 연락이 가능하도록 한다.

√ 분실기간 중의 일상생활용품 등의 구입비용은 정해진 한도 내에서 해당항공사에 청구한다. 보상금액은 각 항공사마다 약간의 차이가 있으므로 미리 확인해 둘 필요가 있다.

√ 만일 분실된 수하물을 찾지 못했을 경우에는 해당항공사에 연락하여 수하물 손해 배상청구를 할 수 있도록 사전에 준비를 취해둬야 한다.

√ 수하물이 파손되었을 경우에도 수리비 및 구입비와 같은 경비를 해당항공사로부터 배상받을 수 있다.

(4) 여권 분실사고의 경우

√ 여권을 분실하게 되면 가장 먼저 현지경찰서에 서면으로 분실증명확인서(police

report)를 발급받아야 한다. 이를 근거로 현지주재 한국공관(대사관, 영사관)에 가서 여권 재발급신청을 한다. 이때 필요한 서류는 여권분실확인서, 여권용 사진 2매, 여권번호와 발행 년 월일 등을 요구한다. 또한 현지에서 바로 귀국할 경우에는 여행증명서(travel certificate)를 발급받을 수 있다.

√ 여권 재발급에 따른 소요기간으로 인해 단체의 이동에 합류하기 힘든 경우에는 여권을 분실한 여행객이 차후 일정에 재합류가 가능한지 혹은 개별 귀국하는 것이 바람직한 것인지를 판단하여 현지여행사에 협조를 의뢰한다.

√ 인솔자가 단체여행객들의 여권을 일괄 보관하는 것은 우리나라 관련법상 금하도록 되어 있으므로 가능하면 이를 지키는 것이 유리하다.

√ 여권을 분실했을 경우 사증(visa)도 분실한 것이 되므로 이민국에 가서 재발급신청을 해야 한다.

√ 여권을 분실로 인한 금전적인 손해를 포함한 제반적인 불이익 및 추가적인 경비지불의 책임은 분실한 당사자에게 있다는 것을 사전에 명확하게 해둘 필요가 있겠다.

√ 여권의 분실 및 도난사고는 분실한 후에 조치도 알아야겠지만 분실하지 않도록 사전에 예방이 더욱 중요함으로 인솔자는 수시로 여행객들에게 주의시키는 것이 무엇보다 중요하다.

(5) 항공권의 분실의 경우

√ 항공권을 분실한 경우에는 먼저 현지경찰서에 가서 분실신고를 하고 경찰의 분실증명서(police report)를 발급받아 해당항공사의 현지지점에 분실에 대한 재발급(lost ticket reissue)신청을 한다. 재발행을 받기 위해서는 항공권번호, 예약번호(address), 운임, 발행일, 발행지점 등을 확인하기 때문에 반드시 항공권 복사본을 준비해 두거나 중요한 사항을 메모해 놓는 것이 바람직하다.

√ 여행일정상 항공권을 최초에 발행한 항공사에 직접 재발행을 요청하는 것이 바람직하나, 여의치 않을 경우는 본사에 연락하여 본사에서 해당항공사에게 재발행을 요청하도록 한다. 해당항공사의 조치가 늦어질 경우에는 다음 탑승예정항공사에

의뢰하도록 한다.

√ 인솔자는 현지에서 항공운임을 지불하지 않고 재발행을 받기 위해 분실증명서와 같은 성격의 책임인수서(indemnity letter)에 서명하고 재발행을 요청하도록 한다. 참고로 위의 서류는 분실항공권이 타인에 의해 사용되거나 환불을 받았을 경우 항공사의 손해를 여객이 보상할 것을 서약하는 것으로 '무상대체항공권 발행의뢰신청서' 일종의 보증서약서이다.

√ 분실항공권이 현지에서 무상으로 재발급되지 않고 남은 구간을 새로 구입해야 할 경우에는 본사에 연락하여 승인을 받은 후, 나중에 환불(refund)이 가능하도록 증빙서류를 꼼꼼하게 받아 놓아야 한다.

√ 위와 같은 번거로움을 겪지 않기 위해서는 무엇보다도 인솔자는 항공권의 보관에 만전을 기해야 할 것이다.

(6) 유레일패스(Eurail Pass)의 분실의 경우

√ 유레일패스의 분실시에는 재발행이 불가능하다.

√ 유레일패스를 다시 구입하려면 현지의 중앙역이나 공항에 있는 유레일 보조사무소(Eurail aid office)를 이용하면 된다.

√ 유레일패스가 예전에는 발리데이션 슬립(validation slip)이 있어서 재발행이 되었으나 현재는 어떠한 경우에도 재발행이 불가능함으로 절대 분실하지 않도록 사전에 철저하게 관리해야 한다.

(7) 현금 및 귀중품의 분실 및 도난의 경우

√ 자신의 착오로 혹 다른 곳에 둔 것은 아닌지, 분실한 여행객에게 다시 한번 생각할 기회를 준다.

√ 분실이나 도난으로 판단되면 관할 경찰서에 신고하도록 한다.

√ 호텔인 경우에는 호텔의 보안담당자(security officer)에게 알린 다음 관할 경찰서에 신고한다.

√ 분실 및 도난신고시 관할 경찰서에서 차후의 보험 청구에 대비하여 반드시 분실 및 도난증명서를 받아 둔다.

√ 일단 현금 및 귀중품은 분실 및 도난 되었을 때 경찰에 신고를 하였다 하더라도 그 것을 찾을 확률이 매우 희박하기 때문에 사전예방이 최우선이다. 따라서 인솔자는 항상 여행객들에게 주의를 기울여 줄 것을 당부하고, 호텔 투숙시에는 귀중품보관 함(safety box)을 이용하도록 권유해야 한다.

(8) 여행자 수표(traveler's cheque)의 분실 및 도난의 경우

√ 분실시 신속하게 해당은행의 지점이나 대리점에 신고하고, 분실한 여행자수표에 대한 무료수속과 재발행신청을 하도록 한다. 필요한 서류는 여권과 여행사수표 구 입시 받은 구매영수증(sales receipt)의 사본 등이다.

√ 재발행신청서는 분실자의 인적사항, 분실한 여행자수표를 구입한 은행지점명 및 구입 년월일, 분실한 수표의 번호 및 총금액, 본인의 서명상태, 재발행 받을 장소 등을 기재한다. 따라서 인솔자는 여행객들에게 여행자수표 구입시 이러한 내용들 을 사전에 수첩에 메모하도록 권유해야 한다.

√ 여행자수표는 구입한 후에 반드시 여행자수표의 사인(sign)란 중 한곳에 서명을 해 야 한다. 그리고 수표를 지불시에는 카운터사인(counter sign)란에 확인서명을 다시 하여 사용한다. 만약 서명을 하지 않은 상태에서 수표를 분실하게 되면, 분실시 다 른 사람이 본인의 서명을 하여 사용할 수 있으므로 주의해야 한다.

√ 분실 및 도난증명서는 여행자수표 재발행시 필수적인 서류는 아니지만, 관할경찰 서에 신고해서 증명서류를 받아두면 안전하게 처리할 수 있다.

√ 여행자수표를 구입하자마자 수표의 번호를 메모해 두고 사용할 때마다 지워나가 는 방법으로 사용하면 분실되더라도 쉽게 처리할 수 있고 안전하다는 것을 여행객 들에게 숙지시킬 필요가 있다.

(9) 신용카드(credit card)의 분실 및 도난의 경우

√ 분실과 동시에 신속하게 발행회사의 지점 및 대리점에 신고하고, 분실한 신용카드의 무효수속과 재발행신청을 병행하도록 한다. 이때 카드의 종류, 번호, 유효기간 등이 필요하므로 사전에 메모해 두는 것이 바람직하다.

√ 신용카드는 재발행 신청을 할 경우 상당한 시간이 소요된다는 것을 알고 대처해야 한다.

√ 신용카드의 분실은 여행자수표의 경우와 비슷하다. 분실이 확인되면 수신자 부담 전화로 한국의 해당 카드회사에 직접 전화하는 것이 가장 확실한 방법이 될 수 있다.

(10) 환자가 발생했을 경우

√ 해외여행 중 신체에 이상이 있을 경우 병원을 방문하거나 의사가 내방하여 진료 및 치료를 받도록 조치한다. 호텔 내에서 발생하였을 경우에는 호텔프런트에 연락 하여 하우스 닥터(house doctor)의 진료를 받도록 하고, 여행 도중에 심각한 환자가 발행했을 경우는 여행객들에게 양해를 구한 후 직접 또는 구급차를 불러서 병원으로 이송한다.

√ 입원이 필요한 환자가 있을 경우에는 소속여행사에 상황보고를 하고 환자의 가족에게도 연락하도록 조치한다.

√ 진료비는 환자 본인이 직접 현금이나 카드로 결제하여야 하며, 치료비의 결제는 카드로 하는 것이 보험처리하기에 좋다.

√ 인솔자는 보험 청구에 대한 수속을 위하여 의사의 진단서, 치료비명세서, 영수증 등을 꼭 받아 두어야 한다.

√ 미주나 유럽 등에서는 의약이 분업화되어 있어 약이 필요한 경우, 의사의 처방전 (prescription)을 받아야 약국에서 약을 구입할 수 있다.

√ 단체여행객이 환자를 남겨 두고 이동하게 될 경우에는 현지여행사, 호텔 및 병원

관계자, 재외공관 등에 협조를 요청하는 등 필요한 조치를 해야 한다.

√ 인솔자는 환자와 보호자에게 차후 여행에 필요한 서류를 넘겨주고, 호텔요금 및 입원비 등의 지불방법 및 처리 등에 대한 정보를 상세하게 제공해줘야 한다. 또한 보험처리에 필요한 서류 등도 알려줘야 한다.

√ 만약 환자가 정신병 발작의 우려가 있는 경우에는 현지사정을 감안하여 본사 및 환자의 가족, 현지여행사 및 재외공관, 병원 등이 협력하여 신속하게 대처하도록 해야 한다.

√ 의사가 외국 사람임으로 언어문제로 통역을 해야 하는 경우를 위하여 인솔자는 평소에 의학용어를 공부할 필요가 있으며, 간단한 의학용어는 어느 정도 숙지하고 있어야 한다.

(11) 교통사고가 발생했을 경우

√ 교통사고로 사상자가 발행하였을 경우에는 신속하게 구급차를 수배하여 병원으로 이송한다.

√ 그 다음 관할경찰서에 신고하여 사고조서를 작성과 더불어 '사고증명서'를 교부받는다. 이 경우 인솔자 혼자보다는 현지상황에 능통한 현지가이드를 통하여 사고처리를 하는 것이 바람직하다. 아울러 인사사고의 경우에는 즉시 해외공관에 연락하여야 한다. 만약 의무를 이행하지 않으면 중형이 가해질 때도 있다.

√ 인솔자와 현지가이드는 행사를 계속 진행해야 함으로 현지여행사에 부탁하여 교통사고에 익숙한 담당자를 불러 달라고 요청한다.

√ 인솔자는 소속여행사에 연락하여 책임자의 지시를 받도록 하고, 사고자의 가족에게도 연락을 하도록 의뢰한다.

√ 인솔자는 환자의 상태가 심각할 것을 고려하여, 현지여행사를 통하여 재외공관에 연락을 하도록 한다. 이때 사고자명, 사고내용, 병원명, 현재 상태 등을 알려준다.

√ 사고자가 가입된 해외보험대리점에 연락하여 사고내용을 알리고, 보험회사의 지시를 받아 이행한다.

(12) 사망사고가 발행했을 경우

√ 의사의 입회하에 사망진단서를 발급받는다.

√ 사고사나 변사일 경우는 경찰에 신고하여 검시진단서, 경찰증명서 등 필요한 서류를 취득한다.

√ 현지의 재외공관에 다음 사항을 신고한다.

- 사망일시 및 장소
- 사망자명, 주소, 본적지, 여권번호 및 발급일
- 유족의 성명 및 주소
- 사망원인
- 유해안치장소

√ 인솔자의 소속여행사에는 다음 사항을 연락 및 의뢰한다.

- 사망자명, 여권번호와 발급일
- 사망일, 장소, 사인
- 유해안치장소
- 가족에 대한 연락
- 보험청구의 의뢰

√ 유해의 처리는 반드시 유족의 의사를 존중하여 그 요구에 따라 처리하도록 한다. 현지에서 위임장이 없을 경우 유해인수에 대한 법정대리인의 취지를 전보로 전달하여 위임장으로 대체하는 경우도 있다.

√ 현지의 장례사에게 의뢰하면 관련기관에 대한 신고와 증명 및 허가수속은 물론 기타 증명서류의 취득을 대행해 준다. 또한 화장 및 매장의 여부, 유해의 보관, 항공화물용의 유해방부 보존처리, 그리고 항공화물의 수속대행 등도 요청하면 된다.

(13) 천재지변이 발생했을 경우

√ 만약에 천재지변이 발생했을 경우에는 침착하게 행동하여 단체여행객들의 동요를 막는다.

√ 일단 여행객들을 안전한 장소로 대피시키고 사망자나 부상자가 발생하였을 때는 긴급히 병원으로 이송한다.

√ 그 다음 관할경찰서에 신고하고 사망자가 발생하였을 경우에는 현지의사의 사망 진단서를 취득한다.

√ 재외한국공관에 신속하게 신고하고 한국의 본사에 연락하여 적절한 대책 마련과 지시를 받는다.

√ 가능하면 모든 일정을 취소하고 빨리 귀국하도록 해야 한다.

√ 여행사의 명백한 책임한도를 설정하고 단체여행객들이 이해하도록 최선을 다해야 한다.

√ 마지막으로 여행사의 책임한도에 대해 국외여행약관의 내용을 참조하도록 한다. 참고로 약관내용을 살펴보면 '천재지변, 불의의 재해, 정부의 명령, 공공단체의 명령, 전란, 정변, 파업, 항공기납치, 폭동, 도난, 사기, 폭행, 상해, 질병 등은 당사에 귀책되지 않는 사유로 발생한 여행자의 피해에 대하여 책임을 지지 않는다'로 되어 있다.

07 귀국업무

1 귀국 전날 준비업무

단체관광행사의 마지막 날의 여행일정은 가능하면 빨리 마무리하고 귀국을 위한 준비를 하여야 한다. 물론 어느 특정나라에서 여행을 마치고, 다음 목적지로 향하는 경우에도 마찬가지일 것이다. 귀국을 위한 업무는 귀국 전 준비업무, 호텔에서의 체크아웃, 공항으로 가는 버스 안에서의 안내, 공항에서의 수속업무, 항공기 탑승과 기내업무, 한국도착 후 입국수속 및 위탁수하물 수취업무로 구분할 수 있다.

귀국 전 준비업무를 살펴보면 다음과 같다.

1) 항공예약의 재확인(reconfirmation)

↓

2) 모닝콜 신청, 아침식사, 수하물 수거확인

↓

3) 항공권의 분류 및 매수확인

↓

4) 출입국신고서, 세관신고서의 확인

↓

5) 여권 소지여부 및 매수 확인

↓

6) 호텔객실별 추가요금 개별 사전계산 공지

↓

7) 귀국 전날 모임 및 귀국 준비사항 전달

1) 항공예약의 재확인(reconfirmation)

항공예약은 입국할 때 이미 예약하고 출발하지만 국제항공편의 경우 일반적으로 출발 72시간 전에 항공예약 재확인(reconfirmation of air reservation)을 하도록 되어 있다. 이는 항공권 또는 PNR(Passenger Name Record)에 예약이 확정되어 있다고 하여 예약을 재확인 하지 않으면 좌석이 취소될 수 있다. 따라서 인솔자는 이를 명심하여 반드시 항공예약 재확인을 하여야 한다.

항공예약 재확인은 TC의 임무이므로 현지가이드나 현지 자상수배업자에게 미루지 않는 것이 바람직하다. 이때 해당항공사의 수신자부담 전화번호를 이용하면 편리하다.

예약 재확인시에는 이용 항공편명, 탑승일, 구간, 단체명, 단체 인원수, TC의 이름 등을 알려주어야 하지만, 예약번호(PNR)를 알려주면 간단하게 확인이 된다. 예약 재확인시 현지 숙박호텔의 연락처(contact number)를 남겨두면 항공기의 지연, 결항 등의 만일의 사태에 연락이 가능하도록 하는 것도 잊지 않아야 한다.

2) 모닝콜 신청, 아침식사, 수하물 수거확인

귀국일 전날에 인솔자는 호텔 프런트데스크(front desk, reception)로 가서 모닝콜(wake-up call) 시간과 아침식사 시간, 식당의 위치를 다시한번 확인한다.

모닝콜의 경우 조식시간 1시간 전이 기본이지만 여성단체의 경우에는 화장을 하는 데 많은 시간이 소요됨을 감안하여 최소한 1시간 전에 예약하는 것이 안전하다.

수하물을 벨맨(bellman)을 시켜 옮길 경우 적어도 출발 예정시간 30분 전에는 모든 객실에서의 수거가 이루어져 호텔로비의 입구에 보관될 수 있도록 해야 한다. 전날 일행에게 미리 수거할 수하물 개수를 파악하여 벨캡틴(bell captain)에게 수하물 수거시간과 개수를 알려두어야 한다.

체크아웃시 인솔자는 매우 바쁘기 때문에 아침식사는 평상시보다 빨리 끝내도록 해야 한다.

3) 국제선 항공권의 분류 및 매수확인

다음 날 사용할 항공권을 한 장씩 분리하여 출발인원과 매수가 맞는 확인을 해 둘 필요가 있다. 그리고 한국에 도착하여 국내선을 이용할 경우에는 국내선 항공권도 같은 방법으로 분리하여 매수를 확인하여 따로 보관해야 한다.

4) 출입국신고서, 세관신고서의 확인

귀국하루 전날에 인솔자는 객실에서 출입국신고서(E/D Card) 즉 출국하는 나라의 출국신고서(embarkation card)와 입국하고자 하는 나라의 입국신고서(disembarkation card)의 내용의 확인은 물론이고 인원수와 매수가 맞는지를 확인하여야 한다. 우리나라로 바로 귀국할 때에는 입국신고는 현재 필요하지 않다.

5) 여권 소지여부 및 매수 확인

행사 종료 후에는 단체여행객들의 여권을 반드시 확인하여야 한다. 출발 당일 여권을 분실하였거나 어디에 보관하고 있는지 찾지를 못하면 낭패를 당한다. 그러므로 귀국 전날 여권의 소지여부 및 매수를 반드시 확인해 둘 필요가 있다.

6) 호텔객실별 추가요금 개별 사전계산 공지

대부분 한국의 단체관광에 있어서는 호텔에 직접요금을 지불하는 경우는 없고 현지 지상수배업자가 호텔의 객실료를 지불하든지, 아니면 인솔자가 가지고 온 바우처(voucher)로 대체하는 경우가 많다. 따라서 호텔 체크아웃은 객실별 추가요금의 지불만 하면 된다.

인솔자 개인의 지불 추가요금이 있다면 귀국 전날에 계산하는 것이 좋다. 그리고 체크 아웃시 개인이 정산해야 할 것들은 혼잡하지 않는 시간에 각자가 프런트 창구에서 지불하도록 지시해야 한다. 즉 객실의 전화요금, 미니바 사용, Pay TV 시청료 등을 전날 미리 지급하도록 하는 것도 좋은 방법이다.

7) 귀국 전날 모임 및 귀국 준비사항 전달

귀국 전날에는 모두 함께 모일 기회를 만드는 것이 좋다. 그날의 관광일정이 모두 끝난 후 일정한 장소모아서 고별파티 겸 귀국 준비를 위한 시간을 가질 필요가 있다.

일행이 모두 모이면 인솔자는 그 동안의 여행일정에 있어서 단체의 협조에 대해 감사의 뜻을 전하고, 행사진행 상 문제점이나 실수한 점이 있다면 정중하게 사과하면서 모든 일정을 정리해야 한다.

전반적인 진행에 대한 사항이 마무리되었으면 다음날의 일정에 관하여 구체적으로 설명하고 협조를 구해야 한다. 구체적인 내용을 간단하게 살펴보면 다음과 같다.

√ 기상시간을 알려줘야 한다. 즉 모닝콜을 부탁한 시간을 알려준다.

√ 마지막 날 조식시간을 알린다.

√ 짐 수거시간과 방법에 대해서 알려준다. 즉 포트가 수거해 가야 하는 짐을 도어 바깥쪽에 두도록 지시한다. 조식시간과 짐 수거 시간이 거의 동일함으로 핸드 케리어하는 짐은 도어 안쪽에 보관하거나 아니면 간단한 짐은 직접가지고 다니도록 알린다.

√ 호텔 측에 개인이 지불해야 하는 내용을 미리 알려준다. 체크아웃시 개인이 정산해야 할 것들은 혼잡하지 않는 시간에 각자가 프론트 창구에서 지불하도록 알린다.

√ 호텔에서의 출발시간을 알려준다. 출발 전에 차량을 대기시키고 개인적으로 탑승하도록 알린다.

2 귀국 당일의 수행업무

호텔 출발 당일에 해야 할 일은 예약 재확인을 하였지만 당일에 다시한번 항공편 출발예정시간의 확인과 출발의 이상유무의 확인해야 한다. 그리고 아침 식사는 가능하면 평소보다 빨리 끝내도록 하고, 호텔 측의 계산을 마무리한다. 이는 하루 전에 미리 계산할 수 있는 것은 전날에 하는 것이 좋다. 또한 여행객이 개별적으로 지불해야 할 부분을 체크하여 미지불된 내용들을 해당 고객에게 알려 지불완료가 될 수 있도록 해야 한다.

대부분의 단체관광에서 지상수배업자에게 의뢰하였을 경우에는 호텔에 직접요금을 지불하는 경우는 거의 없다. 현지지상수배업자가 호텔의 객실요금을 지불하든지, 아니면 인솔자가 가져온 바우처로 대체한다. 그러나 호텔 측에 계산완료 확인정도만 하면 된다. 마지막으로 출발공항에서 지불할 여행경비와 당일 공항에서 인솔자가 현금으로 지불할 공항세, 현지가이드 및 기사 팁 등을 체크한다.

단체여행객들의 짐 수거(Baggage Collection)를 하고 최종적으로 짐의 개수를 확인하여 이상이 없으면 마지막으로 개인 소지품 및 개인 소지할 짐이나 빠트린 것이 없는지 반드시 확인하고 버스에 짐을 이동한다.

대기 중인 버스 안에서 여행객의 인원수를 확인하고 출발 전 여행객에게 마지막으로 확인을 한다. 즉 개인부담의 지불 분을 잊어버리고 온 사람은 없는가, 잊어버린 물건은 없는가. 여권, 귀중품 보관소(safety box), 세면장에 시계, 침대 밑, 베게 밑에 둔 채 오는 경우도 있다. 객실 키를 프런트에 반납하였는지 등을 확인하고 이상이 없으면 출발한다.

호텔에서 공항으로 이동하면서 현지가이드와 운전기사와 감사의 인사와 약간의 팁을 지불하고, 공항에 도착하면 탑승수속 및 출국수속을 한국을 출발할 때와 거의 동일하게 하면 된다. 한국에 귀국하게 되면 간단한 세관검사를 하면 모든 행사일정은 끝난다. 이상과 같은 내용을 좀 더 상세하게 살펴보면 다음과 같다.

1) 당일 항공편의 출발이상 유무의 확인

항공편은 그날의 날씨에 따라 수시로 변경됨으로 출발예정시간에 제대로 출발하는지를 반드시 확인해야 한다. 이것은 물론 현지여행사의 직원 또는 현지가이드도 확인을 하겠지만 만일을 위해서 인솔자는 직접 확인할 필요가 있다.

1) 당일 항공편의 출발이상 유무의 확인
⬇
2) 호텔 추가요금 지불의 확인 및 호텔 체크아웃
⬇
3) 짐 수거(Baggage Collection) 확인
⬇
4) 버스의 확인 및 여행객의 인원수 확인
⬇
5) 여행객에 대한 마지막 주의사항
⬇
6) 공항이동 중 버스에서의 수행업무
⬇
7) 현지공항 도착에서 탑승까지의 업무

8) 귀국시 기내에서의 업무

9) 한국공항 입국수속업무

10) 행사일정 종료 - 고객과 마지막 인사

2) 호텔 추가요금 지불의 확인 및 호텔 체크아웃

인솔자는 식사를 일행보다 일찍 마치고 호텔의 체크아웃과 함께 추가요금 지불에 관한 사항을 확인해야 한다.

여행객들이 개별적으로 체크아웃 할 경우 대형호텔에서는 혼잡함으로 여행객들이 불편을 겪을 때가 많으므로 인솔자는 여행객들을 대신하여 사전에 객실배정표(rooming list)를 바탕으로 호텔 측으로부터 종합청구서(master bill)을 받아 체크아웃이 신속하게 처리될 수 있도록 해야 한다.

여행객의 개인지불은 가끔 잘못 청구되는 일이 있기 때문에 청구서를 면밀히 확인하도록 여행객들에게 일러두어야 한다. 개인지불내용을 체크하여 완불하지 않고 그냥 체크아웃 하는 고객들에게 지불내용을 알려주어 차후에 인솔자가 책임지는 일이 없도록 사전에 대비하여야 한다. 그리고 식비의 후불에 대해서 나중에 시시비비가 많기 때문에 식당이나 객실에서 음식을 주문했을 때에는 그 장소에서 현금으로 지불하도록 여행객들에게 철저하게 주지시키는 것 좋다.

여행객의 개인계산을 인솔자가 대신해서 갚는 것은 출발시간이 촉박하여 어쩔 수없이 하는 경우가 있지만 이는 바람직하지 못하다. 왜냐하면 인솔자와 여행객사이에 본의 아니게 금전거래를 하게 되더라도 불편한 것이 많고 특히 대신지급하게 되면 그 계산의 내용이 명백하거나 그렇지 않을 경우이든 돈을 지급하는 입장에서는 오해를 할수 있는 소지가 다분히 있기 때문이다.

3) 짐 수거(Baggage Collection) 확인

일반적으로 호텔출발 1시간 전까지 여행객들이 객실 문 바깥에 놓아 둔 수하물들을 로비의 지정된 장소에 집결시키도록 호텔 측에 요구를 해 두어야 하지만 대형호텔이나 절차가 까다로운 호텔에서는 여행객들이 직접수하물 가지고 내려오게 하는 편이 좋다.

호텔로비의 크로악룸(cloak room)에 모아진 수하물의 이상 유무를 확인하여야 한다. 즉 여행객이 무단으로 짐의 수를 증감하지 않았는가. 포터가 잘못 알고 손가방까지 함께 가져오지 않았는가? 다른 단체나 다른 개인의 짐이 섞여있지 않았는가? 짐 가방의 바깥 부분에 귀중품이나 선물 등이 들어 있는지를 확인시킨다. 짐 가방에 면세품 교환권이 나 기타 소지해야 할 것을 넣었는지를 확인시킨다. 마지막으로 개인 소지품 및 개인 소 지할 짐이나 빠트린 것이 없는지 반드시 확인해야 한다. 호텔체크아웃이 끝나고 집결 시간이 되면 인솔자는 인원파악과 함께 반드시 수하물의 개수를 확인해야 한다. 이때 인솔자가 갖고 있는 여분의 수하물꼬리표(baggage tag)를 가지고 미부착수하물에 붙이도 록 한다. 그리고 여행객들로 하여금 각자의 수하물을 버스에 싣기 전에 반드시 스스로 확인하도록 주지시킨다.

4) 버스의 확인 및 여행객의 인원수 확인

인솔자는 우선 버스가 호텔 앞에 도착하여 준비되었는지를 확인하고, 여행객이 도착 하는 대로 객실배정표(rooming list)에 따라 승차할 인원과 짐의 개수를 동시에 확인해야 한다. 도착하지 않은 고객이 있을 때에는 객실에 연락해서 빨리 오도록 조치한다.

5) 여행객에 대한 마지막 주의사항

단체여행객들이 버스에 승차가 완전히 끝나면 출발하기 전에 다음사항을 마지막으 로 확인해야 한다.

개인부담의 지불 분을 잊어버리고 온 사람은 없는지를 확인해야 한다. 이는 차후 회 사로 청구하면 곤란하기 때문이다. 그리고 두고 온 물건은 없는지, 즉 여권, 귀중품 보관소(safety box), 세면장에 시계, 침대베게 밑, 빨래한 옷가지 등을 잊어버리고 오는 경우도 많다. 객실 키를 프런트에 반납했는지 등을 확인해야 한다.

6) 공항이동 중 버스에서의 수행업무

공항에서 여유있는 출국수속과 면세점 쇼핑을 할 수 있는 시간을 가지려면 가급적 일찍 공항으로 출발하는 것이 좋다. 버스에 승차해서 공항까지 이동하면서 일정한 시간이 주어진다. 이때 인솔자는 현지행사에 대한 마무리를 하여야 한다. 버스 내에서의 인솔자의 업무수행요령을 살펴보면 다음과 같다.

√ 버스에 승차한 후 우선 여행객들이 호텔 내에 두고 온 물건이 없는지, 객실 키는 반납했는지를 다시한번 확인시킨다. 이는 아직까지 떠나지 않았기 때문에 공항출발 전에 확인되면 곧 바로 조치가 가능하기 때문이다.

√ 버스가 공항에 도착하는 시간, 이용항공사명과 출발시각, 소요시간, 한국도착시각 등을 간략하게 설명하여 준다. 그리고 귀국시 출국심사, 공항수속, 면세한도, 입국 심사, 검역 등에 대해 설명한다. 또한 나라에 따라 여행 중 사용하고 남은 화폐의 처리방법, 공항 면세점의 안내, 공항 도착 후 행동요령에 대해서 추가로 설명하면 도움이 된다. 면세점 영수증 교환권을 가진 사람들의 교환방법을 설명한다. 귀국 후에 해산식이 없이 자유해산 할 경우 미리 감사의 말과 작별인사를 나눈다.

√ 공항에 도착하기 직전에 현지가이드가 공식적인 여행종료인사를 하면 감사의 박수와 함께 현지가이드와 운전기사에서 감사의 표시로 약간의 팁(tip)을 주는 시간을 마련한다.

7) 현지공항 도착에서 탑승까지의 업무

귀국시의 공항도착에서 탑승까지의 수속은 한국을 출발할 때와 거의 동일하다. 귀국시 출국수속은 대체로 간단하지만 인솔자가 수행해야 할 업무를 상세하게 살펴보면 다음과 같다.

(1) 탑승수속의 진행

공항 도착 후 인솔자는 일단 여행객들의 여권을 회수하고, 여행객들을 지정된 장소에서 탑승수속이 끝날 때까지 기다리도록 한 후 현지가이드와 함께 신속하게 탑승수속을 한다.

인솔자는 소지한 여행객들의 항공권을 꺼내어 해당항공사의 수속창구(check-in counter)로 가서 탑승수속을 한다. 이때 여행객들의 수하물들은 공항의 포터(porter)들이 이동을 도와주지만, 인솔자는 가급적 여행객들이 그들의 수하물들에 신경을 쓰도록 부탁한다. 따라서 인솔자는 여행객들을 수속 카운터 근처의 의자에 대기하도록 하는 것이 바람직하다.

(2) 여권 및 탑승권의 배포

탑승수속이 완료된 후 인솔자는 탑승권과 여권을 여행객들에게 나누어 준다. 방문국의 출국신고서는 대개 입국시 입국신고서만 뜯어내고 여권에 다시 끼워주는 경우가 많으므로, 이것이 여권에서 빠지지 않도록 주의시킨다.

다음은 출국수속의 과정 및 항공기 탑승에 따른 간단한 주의사항을 간략하게 알려준다. 아울러 탑승할 게이트 넘버 및 탑승시간을 확실히 기억하도록 반복해서 주지시킨다.

(3) 환전시간의 부여

인솔자는 단체여행객들에게 방문국에서 쓰다 남은 현지화폐를 공항내 환전소에서 교환할 수 있도록 시간을 배려한다. 때때로 한국에 돌아와 우리 화폐로 교환할 수 없는 현지화폐도 있으므로 인솔자는 사전에 이를 여행객들에게 알려 주는 것이 바람직하다.

(4) CIQ의 통과 안내

출국수속은 대부분 한국 출국시와 거의 동일하기 때문에 별 문제는 없지만, 단지 현지화폐의 소지여부, 문화재 반출, 외환과다보유 등에 대해서 까다롭거나 CIQ를 통과하는데 많은 시간을 요하는 나라도 있음을 유의해야 한다. 따라서 인솔자는 방문국의 CIQ에 대한 정보를 사전에 입수하여 이에 대한 대비를 미리 해 놓는 것이 바람직하다. 특히 일부 중동국가나 필리핀과 같은 나라는 CIQ를 통과하는데 많은 시간을 요하게 되므로 이에 대한 주의가 요망된다.

(5) 출국대기구역 안내

CIQ에 대한 수속을 마치고 출국대기구역(보세구역)에 진입하면 공항면세점이 나오는데 시간적 여유가 있는 경우 인솔자는 이곳에서 쇼핑할 자유 시간을 주도록 한다. 이때 국내 면세통관의 범위를 주지시키고 차후 문제가 발생하지 않도록 한다. 아울러 최소한 탑승시간 30분 전까지는 해당 탑승게이트 앞에 집결하도록 당부한다.

(6) 탑 승

인솔자는 단체여행객들보다 먼저 해당탑승구(boarding gate) 앞에서 대기하고 있다가 여행객들이 전부 탑승(boarding)했는지 확인한 후 가장 마지막에 탑승하도록 한다.

8) 귀국시 기내에서의 업무

귀국시 기내에서의 인솔자의 업무는 출국시 기내에서의 활동과 거의 동일하다. 한국에 귀국시에는 입국신고서를 제출하지 않아도 된다. 한국에 도착한 후 입국수속 및 해산방법 등에 설명하고 미리 인사를 해두는 것이 좋다. 입국을 하면 자동적으로 해산함으로 기내에서 인사하지 않으면 시간이 없다. 그리고 소속여행사의 설문지를 나누어주어 고객들의 평가를 지접기록으로 받아 차후에 참고자료로 활용할 경우도 있는데 이때 하는 것이 좋다.

세관신고서의 경우 여행객 자신들이 직접 작성하게 하는 것과 여행객들 모두에게 그동안 도와주어서 여행을 무사하게 마칠 수 있었다는 감사의 인사와 함께 차후에 여행할 기회가 있으면 꼭 자사를 이용해 달라는 부탁을 잊지 않고 하는 것이다.

(1) 인원파악 및 좌석의 재배치

출발공항에서의 탑승과 마찬가지로 일단 기내에 단체여행객들이 착석하게 되면 인솔자는 우선 인원파악을 한 후, 비행기가 이륙하여 정상비행을 하는 시점에 일행끼리 같이 앉아 가기를 원하는 여행객들의 좌석을 재배치해 주도록 한다.

(2) 기내 승무원과의 협의

인솔자는 기내승무원(cabin crew: steward or stewardess)에게 긴밀한 협조를 요청하고 입국에 따른 제반 신고서를 부탁한다.

(3) 입국신고 서류의 작성

기내에서 세관신고서(customs declaration)는 모두 작성하여야만 하는데 가급적이면 여행객 자신들이 직접 작성하도록 유도한다. 물론 세관신고서는 가족일 경우에 대표로 한 사람만 작성하면 된다. 가끔 인솔자가 대신 작성하여 세관통과시 문제가 발생하는 경우가 있으므로 주의해야 한다. 그리고 우리나라 입국시에는 자국민은 입국신고서를 생략하고 있으므로 작성하지 않아도 된다.

(4) 단체여행객의 건강상태의 확인

일반적으로 여행이 끝나고 긴장이 풀리면 그동안 쌓였던 피로가 갑자기 엄습해 오는 경우가 많다. 그러므로 인솔자는 여행객들 개개인에게 직접 대화를 통해 건강상태를 확인하는 것이 바람직하다. 만약 여행객들 중에 신체적 이상이 있는 경우에는 신속하게 조치하여야 한다.

(5) 감사의 인사 및 입국준비

인솔자는 단체여행객들 모두에게 일정 중 많은 협조와 이해에 대한 감사의 인사를 일일이 전하고 향후에도 소속여행사를 이용해 줄 것을 부탁한다. 그리고 한국도착이 가까워지면 입국준비를 할 수 있도록 도와주고 두고 내리는 짐이 없도록 주의시킨다.

3 한국공항 입국수속업무

인솔자가 여행을 종료하고 국내에 도착하여 입국하는 과정에 있어서의 업무는 목적 국가의 입국과 거의 동일하다.

인천국제공항에 도착하면 2층 입국장을 통해 1층으로 내려오게 된다. 1층 수하물 수 취장에서 수하물을 찾은 후 세관 검색을 하게 되며, 환영홀을 지나 1층 승하차지역으로 나가면 연계 교통편을 이용할 수 있다.

1) 입국수속 장소로 이동

항공기가 활주로에 착륙하면 인솔자는 여행객들에게 두고 내리는 물건이 없도록 주 의를 환기시키고, 가급적 먼저 항공기에서 내려 여행객들을 인솔해 입국수속 장소로 향한다.

2) 입국심사

■ 검역 및 입국심사(quarantine & immigration check)의 진행

우선 검역과정은 대개 간단한 설문용지로 대체하는 경우가 많은데 여해객 자신의 신 체 상태를 정확하게 기록하도록 해야 한다.

다음은 입국심사는 내국인용 사열대와 외국인용 사열대가 구분되어 있으므로 단체 여행객들이 엉뚱한 곳에 줄을 서지 않도록 주지시킨다. 입국사열대에 여권을 제출하면 여권상에 날짜가 포함된 입국심사의 스탬프를 찍어 주는 것으로 종료된다.

■ 세관검사(customs clearance)의 진행

입국심사가 끝나면 먼저 문형 금속탐지기에 의한 검색이 실시된다. 이것은 신변에

금속류의 소지 여부에 대하여 검색을 하는데, 필요하면 촉수검사도 할 수 있다. 아울러 여행자가 소지한 휴대품은 전부 에스레이투시기의 검사를 받기 위해 커베이어상에 따로 올려놓고 여행객 자신만 문형 금속탐지기를 통과해야 한다.

다음은 세관검사대 앞에 위치한 턴테이블(turn table)에서 여행객 자신들의 위탁수하물들을 찾아서 자진 신고할 물품이 있으면 검사통로(적색)로 없으면 면세통로(녹색)로 간다. 그리고 세관신고서와 여권을 함께 검사지정관(marshal officer)에게 제출하게 되는데, 이때 세관신고서가 수리되고 통관이 허용되면 세관검사가 모두 종결된다.

참고로 신속한 통관을 위하여 별송품이 있는 경우는 별송품신고서, 휴대품의 반출이 있는 경우는 휴대물품반출신고서 등을 앞에 나온 검사지정관에게 제시하는 것이 바람직하다. 또한 면세범위를 초과하는 물품은 소정의 세금을 납입창구에 납부하고 통관할 수 있다.

3) 작별인사

일반적으로 여행객들이 공항입국장 밖으로 나오게 되면 기다리고 있는 가족이나 친지들로 인해 여행객들과 작별인사를 할 여유가 없다. 그러므로 인솔자는 가능하면 짐을 찾아 세관검사대를 통과하기 바로 직전에 미리 여행객들과 작별인사를 하는 편이 바람직하는 것이다.

4) 공항 입국장 밖 입국대기구역(arrival waiting area)

세관검사가 끝나고 공항 입국장 밖으로 나오게 되면 바로 입국대기구역이 나온다. 여기서 인솔자는 단체여행객들 중 통관상의 문제가 발생하는 여행객이 있을 수 있으므로 마지막 고객이 나올 때까지 출구에서 남아 기다리는 유종의 미가 필요하다.

08 귀국 후 업무

1 귀국보고 업무

귀국 후 업무라 함은 회사에 출근하여 지난 여행에 관한 총괄적인 보고와 부대수익과 원가계산에 대한 정산, 고객 사후관리 차원으로 나눠볼 수 있다.

1) 전화보고

국외여행인솔자는 단체여행객들과 여행을 마치고 귀국하여 공항에 도착하는 즉시 소속여행사에 도착하였음을 보고해야 한다. 특별한 문제가 없으면 무사히 끝났음을 보고하고 만약에 시급히 처리해야 할 문제가 있을 경우에는 처리방안과 대책을 강구할 수 있도록 보고한다. 또한 소속여행사가 일과 중일 경우에는 전화 상 간단하게 보고하고 회사에 들어가서 세부적인 내용을 보고하는 것이 좋다.

2) 해외여행 출장보고서의 작성제출

해외여행 출장보고서는 인솔자가 여행 중 투숙하였던 숙박호텔·식사내용·현지가이드·현지차량여부·관광 등의 전반적인 사항에 대한 평가보고서라 할 수 있다. 행사 중 메모한 내용들을 정리하여 정확하게 작성하여 제출하여야 한다. 또한 고객평가에 대한 내용도 포함되어야 한다. 여행사는 고객만족을 통해 이익을 추구하는 영업이므로 고객에게 만족할 만한 서비스가 행하여 졌는지에 대하여 평가하는 것은 차후의 영업을 위해서는 중요한 반성의 계기로서 꼭 필요한 일이다. 즉, 평가결과에 따라 시정할 점, 개선할 점, 계속 발전시켜야 할 점 등이 나타나게 되고 이에 따라 더욱 만족한 서비스를 고객에게 제공해야 한다.

기록은 주관적인 내용보다는 고객의 입장에서 객관적이고 구체적으로 기록하는 것이 중요하다. 그리고 현지에서 행사 중에 알게 된 새로운 정보나 변경된 정보가 일을 경우에 그 내용을 구체적으로 기록해야 한다.

출장보고서는 다음과 같은 목적이 포함되어 있어야 한다.

√ 여행일정, 진행 내용의 기록
√ 사고나 불평 발생 유무, 처리 상황의 확인
√ 현지 여행사와의 계약사항 이행여부 및 제공 서비스의 좋고 나쁨 평가.
√ 다음 여행상품 기획을 위한 참고자료(설문지 등)
√ 인솔서비스의 개선 교육자료
√ 차후 고객관리를 위한 자료

3) TC 정산서의 작성제출

인솔자정산서는 국외여행인솔자가 여행 중 발생한 제반 수입 및 지출에 대한 수익과 지출 내역서라고 할 수 있다. 즉 현지 지상경비(land fee)의 정산에 대한 수지, 선택관광 (option tour)실시에 대한 수입, 쇼핑(shopping)수입에 관한 수입 등 여행일정 중 발생한 모든 수입과 지출의 내역을 상세하게 기록하고 정산을 하는 것이다. 그러므로 인솔자는 행사일정 중 발생하는 제반의 경비와 수입에 대해 영수증과 같은 증빙서류를 꼼꼼하게 채기는 습관을 가져야 한다.

본 정산은 상품기획 및 예비정산서를 기초로 하여 실제 발생한 내용들을 상세하고 구체적으로 정산을 함으로써 정확한 수익을 계산하는 것이다. 정확한 정산을 위해서는 항공권의 환불 등 기타 행사에 참여하지 못한 고객들의 환불금 및 취소수수료 등을 정리를 한 후에 하여야 하며, 본 정산서는 해당부서장의 결재를 필한 후 경리부서로 제출하여 회계처리를 한다. 인솔자의 정산업무내용은 다음과 같은 내용으로 집약할 수 있다.

√ 단체의 고유번호와 행사명, 행사기간, 성별에 따른 인원수, 목적지, 인솔자명을 기본으로 행사 경비인 출장비와 공항세 그리고 교통, 숙박, 식사, 가이드비용, 입장료 등의 현지 지상비와 일정 중 발생할 수 있는 임의의 잡비가 포함된다. 특히, 정산서 에서는 반드시 영수증이 첨부되어야 한다.

√ 투어 지참금에 대한 지출내역

√ 쇼핑 및 선택 관광 실시에 관한 수입과 지출내역

√ 그 밖의 수입의 수수 등

4) TC 업무일지의 작성

여행의 시작부터 종료까지의 여행일정에 관한 상세한 내용을 기록하는 일종의 행사 일지이다. 대부분의 여행사에서는 이를 포함하지 않는 경우도 있으나 이와 관계없이 차후 귀중한 여행의 업무자료로 이용될 수 있으므로 기록의 유지보관함으로써 향후 좋은 자료로 활용할 수 있도록 한다.

2 사후 고객관리업무

국외여행인솔자는 귀국 후 가까운 시일 안에 자신이 인솔했던 단체여행객 각각에게 전화를 해서 무사히 행사를 마칠 수 있도록 협조해 주신데 대한 감사의 인사와 함께 향후에도 자사의 여행상품을 이용해 줄 것을 당부의 말을 전한다. 또한 금번 행사 중에 섭섭했던 일이나 시정해야 할 사항들은 없는지를 확인하고, 잘못된 것이 있다면 시정할 것을 약속하고 고객의 기분을 풀어야 할 것이다.

인솔자는 자신이 인솔한 고객을 영원한 고객으로 만들기 위해서는 귀찮게 생각하지 말고 반드시 사후의 고객관리에 철저해야 한다.

고객관리에 있어서는 여행객들과 업무적인 관계이외의 인간적인 유대관계를 지속적으로 함으로써 한번 인연으로 끝나는 것이 아닌 영원한 동반자가 될 것이다. 차후에 여행에 참가하지 않더라도 지속적으로 대화하고 유대관계를 하는 것이 바람직하다.

참고문헌

■ 국내문헌

강혜숙, 항공예약발권, 대왕사, 2009

고영길 · 곽영대 · 천민호, 여행안내와 인솔업무, 대왕사, 2010

고종원, 여행상품개발론, 백산출판사, 2007

김경호 · 고승익, 관광학원론, 형설출판사. 2003

김성동, 여행상품실무론, 기문사, 2009

김시중 · 김희정 · 이은아, 항공예약실무, 대왕사, 2010

김영규, 여행사경영과 실무, 대왕사, 2008

나태영 · 천민호, 여행사경영실무, 대왕사, 2009

도미경, 신 웰빙시대의 여행사실무, 백산출판사, 2010

서철현 · 이현동, 여행사경영실무론, 갈채, 2006

서철현 · 이현동, 여행사경영실무, 남두도서, 2009

손수건 · 심성우 · 조인환, 여행사경영과 실무, 대왕사, 2010

윤대순 · 구본기 · 허지현, 세계의 문화와 관광, 기문사, 2005

이교종, 여행업실무론, 백산출판사, 2000

이정훈, 여행사경영과 실무, 형설출판사, 2007

이현동, 국외여행인솔자 가이드북. 2009

임용식 · 김재곤, 최신국외여행인솔업무론, 대왕, 2006

장석칠 · 송두석외2, 국외여행인솔업무론, 2003

정익준, 항공여행업무 관리론, 대왕사, 1999

정찬종, 여행상품 기획판매실무, 백산출판사, 2006

정찬종, 여행사실무실습, 백산출판사, 2009

정찬종 · 신동숙, 국외여행인솔실무, 대왕사, 2004

조희정 · 원종혜 · 최미선, 항공예약실무, 한올출판사, 2008

하인수, 여행사경영과 실무, 기문사, 2010

천덕희 · 김지선 · 김화영, 여행사경영과 실무, 대왕사, 2009

천덕희 · 이려정, 항공예약실무, 대왕사, 2010

최승국 · 이낙귀 · 오수경 · 윤세환, 여행사실무론, 현학사, 2009

최태광, 관광가이드실무론, 백산출판사, 2003

■ 기타자료

국제공항협의회, http://www.airports.org/cda/aci/display/main/aci_content.jsp? zn=aci&cp=1_9_2

나리타 국제공항, http://www.narita-airport.jp/kr/index.html

대한항공, http://kr.koreanair.com/

대한항공, TOPAS 예약매뉴얼, 2009

마카오 국제공항, http://www.macau-airport.com/en/index.php

모두투어, http://www.modetour.co.kr

미국대사관, http://usembassy.state.gov/seoul

미국 덴버 국제공항 http://flydenver.com/maps/index.asp

미국 올랜도 국제공항 http://www.orlandoairports.net/goaa/ops/term.htm

미국전자여행허가제 ESTA, http://www.estakorea.co.kr/

샤를드골 국제공항, http://www.paris-cdg.com/

시드니 국제공항, http://www.sydneyairport.com.au/SACL/default.htm

싱가포르창이국제공항, http://www.changiairport.com/changi/en/index.html

오사카 칸사이 국제공항, http://www.kansai-airport.or.jp/index.htm

여행신문, http://www.traveltimes.co.kr/

외교통상부, http://www.mofat.go.kr/

외교통상부 여권접수, http://passport.mofat.go.kr/JSP/main.jsp

이웃나라 엿보기, http://www.wasuba.com/

인천국제공항, http://www.airport.or.kr/home.jsp

하나투어, http://www.hanatour.co.kr

한국관광공사, http://www.knto.or.kr/main.jsp

한국관광협회중앙회, http://www.koreatravel.or.kr/

한국일반여행업협회, http://www.kata.or.kr/

호텔여행나라 다음카페, http://cafe.daum.net/Tourguide/

홍콩 국제공항 http://www.hongkongairport.com/eng/index.html

후쿠오카 공항, http://www.fuk-ab.co.jp/k/frame_index.html

히드로 국제공항, http://www.heathrowairport.com/

캐나다 밴쿠버 국제공항 http://www.yvr.ca/guide/around/connecting.asp

찾아보기

이현동

- 계명대학교 경영대학원 관광경영학과 수료(경영학석사)
- 대구대학교 대학원 관광경영학과 박사수료

〈경력〉

- 수도통역관광학원 원장 역임
- (주)명준항공여행사 대표이사 역임
- 수성대학교 관광계열 외래교수
- 경주대학교 관광경영학과 외래교수
- 경일대학교 관광비즈니스학부 외래교수
- 한국산업인력공단 원격훈련과정 심사위원
- 대구대학교 호텔관광학과 외래교수
- 영남외국어대학 관광계열 전임강사
- 영남사이버대학교 관광경영학과 전임강사
- 경운대학교 항공관광학부 전임강사
- 현)영남사이버대학교 겸임조교수

김병보

- 부산동아대학교 관광경영학 학사, 석사

〈경력〉

- 부산관광협회 이사
- 부산관광미래네트워크 정책분과 위원
- 부산동주대학교 호텔관광과 겸임교수

여행항공 실무

초판 1쇄 발행   2010년 8월 10일
4판 2쇄 발행   2023년 8월 25일

저　　자　　이현동 · 김병보
펴낸이　　　임순재
펴낸곳　　　(주)한올출판사
등　　록　　제11-403호
주　　소　　서울시 마포구 모래내로 83(성산동 한올빌딩 3층)
전　　화　　(02) 376-4298(대표)
팩　　스　　(02) 302-8073
홈페이지　　www.hanol.co.kr
e-메일　　　hanol@hanol.co.kr
ISBN　　　 979-11-5685-861-4